Gute Töchter – Gute Söhne

Kulturnetzwerk Neukölln / Bettina Busse (Hg.)

Von Missverständnissen des Zusammenlebens

Gute Töchter – Gute Söhne

Eine Dokumentation

Impressum

Kulturnetzwerk Neukölln/Bettina Busse (Hg.)
Gute Töchter – Gute Söhne
Von Missverständnissen des Zusammenlebens
Eine Dokumentation

ISBN 3-9809348-2-9

Redaktion: Jutta Aumüller, Bettina Busse

Grafische Gestaltung: Jeannette Abée

Druck: Oktoberdruck Berlin
Auflage: 1000

Wir danken insbesondere für die Mitarbeit

dem Beirat: Katja Jedermann, Dr. Dorothea Kolland, Karin Korte,
Dr. Ursula Nguyen, Paul Räther, Niki Reister, Burkard Weinmann

für die Mitarbeit/Koordination des Begleitprogramms: Regina Kramer

den Ausstellungsdesignerinnen: Karen Scheper de Aguirre, Hanna Sjöberg

den wissenschaftlichen Mitarbeiterinnen: Jutta Aumüller, Andrea Weilbacher

in Zusammenarbeit mit dem Arbeitskreis
Kulturelle Sensibilisierung (AKS)
der Humboldt-Universität zu Berlin

Inhaltsverzeichnis

Zu dieser Dokumentation

„Gute Töchter – Gute Söhne" war der Titel eines interkulturellen Projekts, das sich mit den alltäglichen kleineren und größeren Missverständnissen und Irritationen im multikulturellen Zusammenleben in Berlin-Neukölln beschäftigte. Im Mittelpunkt dieses Projekts stand eine Ausstellung, die von Februar bis April 2004 in der Galerie im Körnerpark in Neukölln präsentiert und von zahlreichen weiteren Aktivitäten flankiert wurde: Dazu zählten Workshops zur kulturellen Sensibilisierung an Schulen, ein Künstlerwettbewerb, die Entwicklung gemeinsamer Aktionen und Präsentationen mit dem Institut für Kunst im Kontext der Berliner Universität der Künste, Vortragsreihen, eine Serie öffentlicher interkultureller Talk-Runden, ein Schreibwettbewerb und anderes mehr.

Der vorliegende Band möchte die Spannbreite dieser Aktivitäten dokumentieren. Die Kontroversen, die die Ausstellung und ihr Projektumfeld während der Entstehungs- und Präsentationsphase hervorriefen, geben einen guten Einblick in das multikulturelle Spannungsfeld eines Großstadtbezirkes mit hohem Anteil von MigrantInnen. In ihnen eröffnen sich aber immer wieder auch originelle Ideen und Handlungsansätze, wie sich durch diese ethnische Vielfalt Pfade zu einem verträglichen und zukunftsorientierten Handeln hin schlagen lassen.

Während der Ausstellung gingen bei den OrganisatorInnen immer wieder Anfragen ein, ob und wo die präsentierten Texte der „Tiefenbohrungen" zu einzelnen Wertebegriffen nachzulesen seien. Auch diesem Bedürfnis möchten wir in dieser Dokumentation nachkommen und die Überblicks- und Quellentexte aus der Ausstellung in einer etwas gekürzten Version einem Lesepublikum zugänglich machen.

Die Vielfalt der Themen und Arbeitsbereiche, die sich im Fluchtpunkt von „Gute Töchter – Gute Söhne" kreuzten, macht deutlich, dass die Debatte um das Zusammenleben von Menschen unterschiedlicher kultureller und nationaler Herkunft niemals abgeschlossen werden kann: Die Sichtweisen auf das Phänomen, die Vorstellungen von Integration wie auch die Wertebegriffe sind einer permanenten Veränderung unterworfen; gleiches gilt für die sozialen Verhältnisse. Mit dieser Dokumentation möchten wir einem Publikum, das sich aus wissenschaftlichem, politischem, pädagogischem oder ganz allgemein bürgerschaftlichem Interesse heraus mit Themen der Multikulturalität befasst, Anregungen und kritische Reflexionen präsentieren, die aus einem konkreten interkulturellen Stadtprojekt resultieren.

Insbesondere möchten wir uns bei den interkulturellen Einrichtungen und Vereinen bedanken, ohne deren Mitarbeit und gute Ideen dieses Projekt nicht möglich gewesen wäre.

Bettina Busse   Berlin-Neukölln, im September 2004

Dorothea Kolland

Auf der Suche nach Neuköllner Leitkulturen und ihren Bruchkanten

Es gibt verschiedene Möglichkeiten, Nord-Neukölln wahrzunehmen: Vorurteilsgesättigt kann man Endstationsgefühle pflegen und babylonische Untergangsvisionen produzieren, unrettbar optimistisch Gesonnene entdecken hier eine Aufzuchtstation für paradiesische Artenvielfalt und ein Lernlabor für weltweites friedliches Zusammenleben.

Wie immer liegt die Wahrheit irgendwo zwischen diesen beiden Polen, die Realität ist es auf jeden Fall. Sich auf Realität einzulassen kann jedoch nicht heißen, dass Visionen keine Bedeutung mehr hätten. Die Präferenz der Autorin, die sich in langen Jahren und vielen schwierigen Situationen, aber auch in sehr schönen Arbeitsprojekten und im internationalen Kollegennetzwerk in Neukölln herausgebildet hat und die – hoffentlich nicht nur qua Amt, sondern vor allem qua Argument – die Kulturarbeit Neuköllns prägt, tendiert ganz klar zum Labor für Zukunft. Ins Labor begibt sich, wer Neues lernen will, wer Ursachen und Lösungen für Probleme sucht. Jeder weiß aber auch, dass es in einem problemlösungsorientierten innovativen Forschungslabor Fehlversuche und ungewünschte Reaktionen gibt. Aber gerade aus dem, was nicht gelingt oder wo schlichtweg die Voraussetzungen falsch sind, wird am meisten gelernt.

Die multiethnisch orientierte Kulturarbeit in Neukölln hat sich als Ziel die Arbeit an einem gesellschaftlichen Paradigmenwechsel gesetzt: Kulturelle Vielfalt, die Neukölln auszeichnet, kann, soll und muss als Zukunftsfaktor gewertet werden und nicht als Handicap. Nicht ein wie immer geartetes „Ausländerproblem" soll die Handlungsmaxime sein, sondern die Entdeckung und Nutzung der Chance der Vielfalt.

Noch ist diese Vision weit von der Realität entfernt. Die Chancen, sich ihr anzunähern, sind abhängig von vielen Bedingungen außerhalb unserer (direkten) Einflussmöglichkeiten, sie wachsen aber durch all die Experimente, die in unserem Labor Neukölln tagtäglich stattfinden, ungeplant oder geplant. Das Modellprojekt „Kulturnationen Neukölln", das auch den Rahmen darstellt für das Projekt „Gute Töchter – Gute Söhne", ist eines der relevantesten Kultur- und Gemeinwesenprojekte der letzten Jahre, um sowohl analytisch wie auch konkret das Zusammenleben unüberschaubar vieler Kulturen in diesem überschaubaren Raum von Konflikten zu entlasten, indem man diese verstehbar und sichtbar macht und über Brücken nachdenkt, die die größeren oder kleineren Gräben überschreitbar machen.

Ein solches Projekt bewegt sich natürlich nicht im klinisch reinen Laborraum, sondern ist geprägt von der Realität und von vielen Bedingungen, die meist außerhalb unserer (direkten) Einflussmöglichkeiten liegen.

Globale Probleme und Konflikte, gespiegelt in Neukölln

Dies sind ganz schlicht und einfach die Neuköllner Fakten: Menschen aus etwa 165 Nationen leben in Neukölln, darunter viele Asylsuchende und Flüchtlinge. 30 Prozent der Neuköllner haben keinen deutschen Pass. In Nord-Neukölln dürften es fast doppelt so viele sein, denn der Süden des Bezirks stemmt mit deutscher Ahnenreihe dagegen (deshalb ist nirgends jeder demografische Durchschnittswert so aussageunfähig wie in Neukölln). Die größte türkische Community außerhalb der Türkei lebt nicht in Kreuzberg, sondern in Neukölln. Der hohe Migrantenanteil paart sich in Nord-Neukölln mit großen sozialen Defiziten und hoher Arbeitslosigkeit. Der neue Sozialstrukturatlas[1] enthüllt diese Wahrheiten schonungslos, da er durch sein kleinräumiges Erhebungsverfahren sehr präzis Einblicke in einzelne Quartiere geben kann. Doch bereits die (irreführenden) Durchschnittswerte sind erschreckend: Etwa 24 Prozent der Neuköllner sind nach den Kriterien des Statistischen Landesamtes arm, etwa ebenso viele sind arbeitslos. Und es gibt – als zusätzliches „Armutsrisiko", wie Verwaltungssprache zynisch formuliert – viele Kinder in Nord-Neukölln, wie die aus allen Nähten platzenden Grundschulen belegen. 30 Prozent der Neuköllner Kinder sind auf Sozialhilfe angewiesen. In Nord-Neukölln sind etwa 85 Prozent der Schüler der Grundschulen nichtdeutscher Herkunftssprache, in der Vorklasse einer Grundschule sind es 100 Prozent.[2] Dreißig Prozent der Schüler verlassen die Schule ohne Abschluss und gleiten unmittelbar in die Arbeitslosigkeit und Armut. Wenn unsere Kinder unsere Zukunft sind, dann ist diese in Neukölln auf jeden Fall sehr international. Aber wenn nicht dringend bildungspolitisch gehandelt wird, so ist diese Zukunft überwiegend ohne Schulabschluss oder ohne Ausbildungsplatz und/oder arbeitslos.

Anmerkung: Kulturarbeit kann diese Schlüsselprobleme nicht lösen, sie kann nur darauf aufmerksam machen, den Blick schärfen und als Sprachrohr fungieren. Aber abwarten, bis diese gelöst sind, darf und kann sie auch nicht, sondern sie muss sich ihrer spezifischen Möglichkeiten zur Entwicklung von Persönlichkeiten und Gemeinwesenstrukturen bewusst werden, sie entfalten und entwickeln. Die Arbeit der Berliner Kulturinstitutionen (und die Neuköllner sind da nicht ausgenommen) orientiert sich immer noch viel zu einseitig am deutschen kulturellen Erbe und am alteingesessenen, (fast ausschließlich) deutschen Kulturpublikum.

Die alltägliche Neuköllner Realität wird auch geprägt durch kriegerische Auseinandersetzungen und/oder ethnische beziehungsweise religiöse Diskriminierung, wo auch immer auf dieser Welt – hier leben viele Flüchtlinge und Asylsuchende als deren Opfer:[3] Palästinenser, die schon seit Generationen heimat- und wurzellos sind, Flüchtlinge des Balkan-Krieges, die nur mühsam den Weg zurück finden, Flüchtlinge des Vietnamkrieges, die als Boat people entkamen und, in ihrem Flüchtlingsstatus anerkannt, ihr Domizil hier aufschlugen, Polen, die in vergangenen Zeiten des Kriegsrechts und des eisernen Vorhangs hier Zuflucht fanden und blieben, Flüchtlinge aus Afghanistan und dem Irak, die der

1 Senatsverwaltung für Gesundheit, Soziales und Verbraucherschutz: Sozialstrukturatlas. Berlin, 2004.
2 Bezirksamt Neukölln von Berlin, Abt. Bildung, Schule und Kultur: Schülerzahlen, Stand 13.02.2004.
3 Dieser Zusammenhang wurde bei der Neuköllner Woche der Menschenrechte, realisiert vom Museum Neukölln im Dezember 2003, sehr deutlich dargestellt am Beispiel der Pontos-Griechen. Er war auch ständiges Thema in der Gesprächsreihe „Kulturnationen im Gespräch", die als Begleitveranstaltung zur Ausstellung „Gute Töchter – Gute Söhne" durchgeführt wurde.

Entwicklung in ihren Heimatländern noch nicht ganz trauen, Flüchtlinge aus Afrika, die dem Hunger oder politischer Verfolgung entkamen. Zahlreiche Menschen strömten aus dem russischen Kulturraum hierher, viele von ihnen mit deutschem Pass als Aussiedler, andere kamen als Kontingentflüchtlinge. Andere wieder – vor allem Frauen – kamen, um kurz hier zu arbeiten, und blieben aus Liebe – sprichwörtlich sind die koreanischen Krankenschwestern, die indischen Ehefrauen von indischen Technikern. Und die meisten von ihnen blieben in Neukölln, weil es hier verhältnismäßig billig ist, weil Wohnungen bezahlbar sind, weil bereits Freunde und Bekannte hier wohnen, weil es all das, was man an Besonderheiten zum Leben braucht, zu kaufen gibt und weil die Atmosphäre offen und wenig fremdenfeindlich ist.

Außerhalb unserer direkten Einflussmöglichkeiten liegen aber auch politische Ereignisse und gesellschaftspolitisch-ideologische Diskurse, die für die Formulierung unserer Aufgabenstellung des Neuköllner Projektes wichtig waren, weil sie Voraussetzungen veränderten. Tiefe Einschnitte hat insbesondere der 11. September 2001 hinterlassen. An diesem Tag wurden nicht nur die Twin Towers zerstört. Viele kleine und größere Brücken, die nur auf Vertrauen aufgebaut werden konnten, wurden zumindest brüchig, wenn sie nicht ganz zusammenbrachen. Vor jedem Kontakt mit einer Gruppierung, einem Verein, einem Projekt aus dem arabisch-islamischen Raum steht die verheerende, Vertrauen aufs Spiel stellende Vermutung möglicher terroristischer Kontakte. Geprägt davon war und ist die Diskussion um einen großen Moscheeneubau in Neukölln – die Angst ist ständiger Gesprächsteilnehmer, zumal in einer Neuköllner Moschee tatsächlich Kontaktleute zum islamistisch-fundamentalistischen Terror verkehrten.

Katalysator Leitkultur

Die politischen und staatlichen Rahmenbedingungen waren geprägt durch die mühselige Diskussion um das Einwanderungsgesetz, das nach vielen Jahren im Sommer 2004, also erst vor kurzer Zeit, seinen pragmatischen Abschluss fand. Die parteipolitischen Auseinandersetzungen lähmten insbesondere die Möglichkeit und die Bereitschaft der Migranten, sich als Bürger Deutschlands zu verstehen und auch zu verhalten – den Schritt vom „Ausländer" zum „Immigranten" zu gehen, der – wie in traditionellen Einwanderungsländern wie USA, Australien, Argentinien – seinen Teil zur sich entwickelnden nationalen Identität beiträgt und sich als Staatsbürger mit Rechten und Pflichten verhält. Von dieser Debatte um das Einwanderungsgesetz abhängig – und sie zugleich beeinflussend – waren die gesellschaftspolitisch-ideologischen Diskurse, die unter der Überschrift „Leitkultur" rubriziert werden können. Der Diskurs wurde im Kontext der Zuwanderungsdebatte entfacht durch eine eher nebensächliche Bemerkung von Friedrich Merz im Oktober 2000,[4] und im Laufe der folgenden Wochen bemühte sich die CDU/CSU um eine Präzisierung des Begriffs, dabei zwischen „eigener nationaler und kultureller Identität" und „christlich geprägten Wertgrundlagen unserer freiheitlichen Demokratie"

4   Vergleiche Wagner, Multikultur als „Leitkultur".

jonglierend und fordernd: „Dies bedeutet, dass die Werteordnung unserer christlich-abendländischen Kultur, die von Christentum, Judentum, antiker Philosophie, Humanismus, römischem Recht und der Aufklärung geprägt wurde, in Deutschland akzeptiert wird. Das heißt nicht Aufgabe der eigenen kulturellen und religiösen Prägung, aber Bejahung und Einordnung in den bei uns für das Zusammenleben geltenden Werte- und Ordnungsrahmen."[5] Eine heftige Diskussion brach los, gespickt von Versatzstücken aus Samuel Huntingtons Kulturkampf, Rettung der christlich-abendländischen Kultur, verzweifelten Versuchen, „Deutsch sein" zu definieren (was seit Wagner und Nietzsche immer fehlgeschlagen ist oder in Gewalt mündete), die aber die Notwendigkeit der Klärung dessen deutlich werden ließ, wie eine zukünftige, für Zuwanderung offene Gesellschaft in Deutschland aussehen solle – ein Diskurs, der lange hinter dem wohlwollenden Mäntelchen eines Multi-Kulti-Ideals versteckt wurde. Einen solchen hatte Daniel Cohn-Bendit, Dezernent für Multikulturelle Angelegenheiten in Frankfurt, bereits 1992 eingefordert: „Eine Gesellschaft, die von Einwanderung geprägt ist, untergräbt ihre Grundlagen, wenn sie es bei einem Nebeneinander der Zuwandererkulturen und Ethnien belässt, wenn sie also auf Integration und die Herausbildung eines für alle verbindlichen Wertekanons verzichtet."[6] Die konservative Leitkulturdebatte drohte die kritisch-produktive Auseinandersetzung über neue gesellschaftliche und kulturelle Spielregeln des Miteinanderlebens zu vernichten, denn „Leitkultur" – zum Unwort des Jahres 2000 erklärt – erwies sich als perfekte Überschrift aller denkbaren Versatzstücke aus dem Vorurteilssegment Fremdenfeindlichkeit und Rassismus; endlich konnte man aussprechen, was man eigentlich schon immer dachte, aber so richtig nicht zu sagen wagte.

Die erste und notwendige Reaktion war eine Zurückweisung der Forderung nach einer Norm gesellschaftlichen Wohlverhaltens und der Anpassung, die unendlich viele Chancen auf Zukunft verspielen würde. Die Befürworter einer offenen, veränderungsbereiten Multikulturalität in Deutschland sahen und sehen jedoch häufig die Notwendigkeit, bereits erkannte Probleme und Konflikte des multikulturellen Zusammenlebens wieder zu verstecken, um nicht selbst Einfallstore für Restriktionen zu schaffen. Man fürchtet, den nach Tradition, Ruhe, Ordnung und Leitkultur Rufenden eine Vorlage zu liefern, wenn man auf Konfliktwahrnehmung, Ehrlichkeit, Nachdenken über und Aufstellen von Spielregeln des Miteinanderumgehens, reales Konfliktmanagement – möglicherweise auch durch Verordnungen und Gesetze – pocht. Doch diese vielen kleinen und größeren Gesellschaftsverträge müssten auf die Agenda eines von vielen Kulturen geprägten Gemeinwesens in Deutschland, das auf einem in und durch Geschichte geprägten republikanischen Konsens basiert.

Es zeugt nicht von Weltoffenheit, sondern von bildungspolitischen blinden Flecken, wenn in Grundschulen in Neukölln, Kreuzberg, Tiergarten oder Wedding viele der 80 Prozent Kinder nichtdeutscher Herkunftssprache bis zum Ende ihrer Schulpflicht weder die deutsche noch eine andere Sprache mündlich und schriftlich zu beherrschen lernen und damit zum Sozialfall abgestempelt sind. Weder die Kinder noch die sich oft sehr bemühenden Lehrer haben eine

5   Zuwanderungskonzept des Parteivorstandes der CDU vom 6.11.2000.
6   Cohn-Bendit/Schmid, Heimat Babylon, S. 318.

Chance, die Erleichterung der Prüfungsfragen ist erst recht keine. Es ist nicht akzeptabel, wenn Mädchen ihrer Schulpflicht nicht nachkommen können, weil sie auf ihre kleinen Geschwister aufpassen müssen. Es ist nicht multikulturell und tolerant, wenn türkische oder arabische Jungmännerbanden Straßen terrorisieren und die einzige Antwort darauf ist, dass freundliche Sozialarbeiter einen Treffpunkt „deutschfrei" räumen und ihnen zur Verfügung stellen. Es schafft nur Verelendung, wenn eine Wohnungsbaugesellschaft – aus dem alleinigen Interesse heraus, möglichst wenig Leerstand zu verbuchen – national und sozial explosive Mischungen produziert, ohne auf die Einhaltung von Spielregeln zu achten. Es ist nicht akzeptabel, wenn islamisches Eherecht neben den im Bürgerlichen Gesetzbuch kodifizierten Regeln praktiziert wird. All diese Probleme – und noch viel mehr – sind nicht mit der erzwungenen Subordination unter eine vage Anmutung von „Leitkultur" zu lösen, sie drängen aber.

Auf der Suche nach den Neuköllner Leitkulturen

Nicht nur die sichtbaren Konflikte sind ernst zu nehmen, es geht um ein genaueres Erkennen ihrer Hintergründe, Ursachen und Mechanismen: Wenn die Existenz eines historisch gewachsenen, durch Religion, Kultur, Ökonomie, Arbeit, Politik geprägten (europäischen) Normen- und Wertesystems, also „Leitkultur" im Sinne des Sozial- und Politikwissenschaftlers Bassam Tibi[7] – in Syrien geborener Muslim deutscher Staatsangehörigkeit –, akzeptiert wird und diesem entscheidende Bedeutung für Verhalten, Handeln und Kommunizieren der von ihnen geprägten Personen zugemessen wird, so liegt natürlich die Frage nach dem Normen- und Wertesystem der anderen, der Zugewanderten nahe. Auch dieses ist jeweils geprägt durch Kultur, Religion, Ökonomie, Arbeit, Politik und bestimmt in seiner Bedeutung genauso Verhalten, Handeln, Kommunizieren wie das autochthone System der Einwanderungsgesellschaft. Diese unterschiedlichen Wertesysteme gilt es zu erfassen, denn sie begründen letztendlich die Tragfähigkeit des Gemeinwesenkonsenses. Hier sind Fragen der Kompatibilität zu stellen, ist nach Unvereinbarkeit, aber vor allem nach Deckung und Konvergenz zu fragen. Sowohl das Konzedieren von Unterschieden wie auch das Gewahrwerden eines überraschend großen Feldes der Übereinstimmung schafft eine Basis für Konfliktminimierung.

Es war letztendlich die unselige Leitkultur-Debatte, die als große Herausforderung im Raum stand und die die Aufgabenstellung für unser Projekt „Gute Töchter – Gute Söhne" formulierte: Wie konstituiert sich das Werte- und Normensystem unterschiedlicher Kulturen, die das Gemeinwesen Neuköllns ausmachen? Wie prägen unterschiedliche Werte- und Normensysteme Alltagsverhalten, Erziehungskonzeptionen, Vorstellungen vom idealen „guten Sohn", von der idealen „guten Tochter"? Wie stimmen die kodifizierten und tradierten Ideale mit der Neuköllner Realität überein? Welchen Veränderungs- und Hybridisierungstendenzen sind diese in der „Diaspora" unterworfen? Und wo kracht Leitkultur auf Leitkultur, ohne dass die Jugendlichen, bei denen es kracht, wissen, warum es kracht? Im Grunde versuchten wir eine große Feld-

7   Tibi, Europa und der Rest der Welt.

studie in Sachen Leitkultur; die Motivation war jedoch durchaus keine rein wissenschaftliche, sondern lag in der Absicht, Werkzeug für Konfliktmanagement im alltäglichen Clash of Cultures in Neukölln zu gewinnen.

Nicht jedoch in Anwendung repressiver Toleranz – „Wir sind alle gleich und haben gleiche Rechte, was aber das Ausgangsmodell und das Maß für Gleichheit ist, bestimmen wir, und wer nicht gleich sein will, ist selbst schuld" –, sondern in dialogischem Prinzip soll dieses Konfliktmanagement geleistet werden, eine tagtägliche Gratwanderung zwischen gegenseitiger Öffnung für die Gastgeber- wie für die Gastkultur und der Akzeptanz eines gemeinsamen Regelsystems einerseits und andererseits der Akzeptanz der Tatsache, dass Identitäten, Traditionen und kulturelle Differenzen anerkannt werden müssen und Voraussetzung für nachhaltigen gesellschaftlichen Frieden unter demokratischen Bedingungen sind. Dies ist das Anliegen des Projekts „Kulturnationen Neukölln", dessen – wesentlicher – Teil „Gute Töchter – Gute Söhne" ist.

Sein Essential ist die Arbeit an einem Gemeinwesen, das die Einwanderungsgesellschaft wie die Migranten in einer Verantwortungspartnerschaft für dieses verpflichtet, ein Gemeinwesen, das allen seinen Mitgliedern ebenso gleiche Rechte wie gleiche Pflichten – auch die des bürgerschaftlichen Engagements – einräumt, das jedoch bereit ist, die kulturelle Vielfalt der Bewohner dieses Gemeinwesens und damit auch Differenzen auszuhalten, und in dem sich im alltäglichen Zusammenleben sowohl durch das Nebeneinander von Gewohntem wie auch durch die Begegnung (auch im Clash!) neue, hybride Formen der Kommunikation und des Verhaltens entwickeln werden.[8] Deshalb wird im Projekt „Kulturnationen" neben vielfältigen Aktionen mit Jugendlichen dem Kontakt und der Entwicklung einer Kommunikationsstruktur mit und zwischen den Communities große Aufmerksamkeit gewidmet. Die Ausstellung „Gute Töchter – Gute Söhne" bündelte diese Anliegen; sowohl Jugendliche wie all die, die sich an deren Erziehung versuchen, waren ihr Publikum.

Eine Ausstellung ist nicht nur eine Visualisierung eines Anliegens. Sie kann sich auch als Forum für einen Diskurs anbieten; sie verharrt in ihrer Aussage und gibt dem wahrnehmenden Rezipienten Anregung, Zeit und gedanklichen Raum, sich selbst zu positionieren und doch immer wieder zurückzuholen. Sie bietet den Rahmen für andere als nur visuelle Kommunikation und gibt dem Besucher möglicherweise sogar die Chance, selbst in die Präsentation einzugreifen. Diese Möglichkeiten des Mediums führten zu der Entscheidung, unsere Suche nach den Spuren von Leitkultur(en) als Ausstellung zu präsentieren, die zugleich als Forum für andere Kommunikations- und Informationssysteme dienen sollte.

Experiment: Visualisierung des „Clash of Cultures"

Die Konzeption der Ausstellung entwickelte sich aus zwei verschiedenen Strängen: Der eine Strang war die Frage nach den unterschiedlichen Werte- und Normenkodizes der vielen Neuköllner „Kulturnationen" und deren mögliche generationsspezifische, geschlechts- und schichtenspezifische Ausprägung

8 Kolland, Neue Aufgaben kommunaler Politik.

und Tradierung. Zum anderen erfuhren wir über Kontakte zu Schulen von Konflikten, die nicht durch unterschiedliche individuelle Meinungen oder Verhalten ausgelöst wurden, sondern die ihre Ursache in der jeweiligen kulturellen Prägung der Konfliktpartner fanden; die interkulturelle Fachöffentlichkeit nennt sie „Critical Incidents". Der (unsichtbare) Werte- und Normenkanon der Konfliktpartner wurde im Konflikt in einem winzigen Augenblick sichtbar, für die Beteiligten aber im Regelfall nicht realisierbar, schon gar nicht analysierbar. Diese kleinen Momente des „Outings" wurden für uns „Ausstellungsobjekt", wobei das „Objekt", eine Konfliktsituation, als Anstoß für die Suche nach dem Dahinter fungierte. Eine fast unmöglich erscheinende Versinnlichung eines abstrakten Begriffs rückte durch diesen Konfliktmoment, der ja sichtbar und greifbar war, in das Umfeld des Möglichen. Als geeignete Fragestellung, die die Formulierung und Benennung dieses Wertekanons provozierte, erwies sich die nach der „guten Tochter" oder nach dem „guten Sohn": Die Erwartungshaltungen an die Kinder beziehungsweise das Wissen über Erwartungshaltungen der Eltern als Projektion von Werten waren allen vertraut; die Frage verstand jede Mutter, jeder Vater, jede Tochter und jeder Sohn. Auch Übersetzungsprobleme gab es bei dieser sehr klaren Frage nicht. „Gute Töchter" und „gute Söhne" haben offenbar immer und in allen Kulturen viel mit dem Traum vom eigenen Glück zu tun, aber auch mit eigenen Fehlschlägen und Fehlern, die man den Kindern nicht wünscht. Dies wurde in den Vorgesprächen ebenso deutlich wie in den die Ausstellung begleitenden Gesprächsforen mit Vertretern der Neuköllner Communities, die darüber in sehr autobiografisch geprägten Gesprächen reflektierten.

Die Annäherung an die „Outing-Momente" geschah entlang von zwei grundlegenden Strängen. Zum einen wurde eine intensive Zusammenarbeit mit Neuköllner Schulen aufgebaut, die in einer Anzahl von längeren Workshops in den Schulen ihre Konkretisierung erfuhr. Unser Anliegen war es, sowohl etwas über die Erfahrung mit und das Erleben von „Critical Incidents" zu erfahren, zum anderen schien es eine hervorragende Möglichkeit, den Werte- und Normenkanon kennenzulernen, so wie er sich in den Köpfen jugendlicher Neuköllner und ihrer Eltern abbildet. Hervorragende Unterstützung erfuhren wir bei diesen Feldstudien durch die Kooperation mit dem Institut für Vergleichende Pädagogik der Humboldt-Universität (Prof. Dr. Jürgen Henze und seine Mitarbeiterin, Dr. Ursula Nguyen), die mit ihrem Arbeitskreis Kulturelle Sensibilisierung einen erheblichen Teil der Arbeit in den Schulen leisteten und auswerteten (und selbst viele nötige Praxiserfahrung gewinnen konnten).[9] Wir einigten uns letztlich auf die Präsentation von drei Fallgeschichten, so genannten Critical Incidents, die als beispielhaft für Missverstehen zwischen Kulturen gelten können, wobei wir mit diesem Begriff etwas großzügiger umgingen als in der reinen Lehre.[10] So vereinte einer unserer Critical Incidents den missverstandenen/missverständlichen Augenblick mit einer double-bind-Situation und gewann dadurch für das betroffene Mädchen an Schärfe und Komplexität, wenn nicht gar an Tragik.

9 Ausführlich dokumentiert wurde der erste dieser Workshops, der das Modell für die weiteren bildete und im September 2002 an der Kurt-Löwenstein-Oberschule in Berlin-Neukölln stattfand. Dokumentation erhältlich im Kulturamt Neukölln.
10 Siehe den Beitrag „Critical Incidents und kulturelle Missverständnisse" in diesem Band.

Das Wesentliche war: Es ging uns um die Verdinglichung, Sichtbarmachung des „Clash of Cultures", und der ist auch im Neuköllner Alltag manchmal ausgesprochen kompliziert, auch wenn er nur als kleine Momentaufnahme eines Augenblicks in Erscheinung tritt.

Assia kommt zu spät

Assia ist 15 Jahre alt und kommt wiederholt zu spät zum Unterricht. Da ihre Eltern beide berufstätig sind, muss sie am Morgen erst ihre siebenjährige Schwester zur nahe gelegenen Grundschule bringen, bevor sie selbst zu ihrer Hauptschule geht. Auch heute hat sie sich verspätet und ist ärgerlich, weil sie das Schultor verschlossen vorfindet und erst zu Beginn der nächsten Schulstunde eingelassen wird. Die Lehrerin ist über das erneute Zuspätkommen Assias sehr verärgert und will die Entschuldigung mit der kleinen Schwester nicht mehr akzeptieren. Sie droht Assia damit, dass sie wegen ihrer häufigen Verspätungen eine Eintragung in das Halbjahreszeugnis bekommen wird, mit dem sich Assia um eine Lehrstelle bewerben muss.

Der Augenblick

Herr Li, ein junger Wissenschaftler aus Vietnam, hat ein internationales Begabtenstipendium erhalten, um seine Promotion in Germanistik zu beenden. Eines Tages hat er einen Beratungstermin bei seinem deutschen Doktorvater, um mit diesem Zwischenergebnisse und Arbeitsschritte der Promotion zu besprechen. Herr Li kleidet sich besonders gut und begibt sich zum Büro des Professors. Die Tür steht offen, sein Doktorvater begrüßt ihn sehr freundlich, bietet ihm mit einer einladenden Handbewegung einen Stuhl am Tisch an und fragt Herrn Li nach seiner Eingewöhnung in Berlin. Anschließend widmen sich beide der Dissertation. Der Professor, der sich für dieses Gespräch viel Zeit nehmen möchte, hat sich gut auf das Treffen vorbereitet und macht mehrere Verbesserungsvorschläge. Herr Li nimmt die Worte des Professors mit einem steten Kopfnicken zur Kenntnis, allerdings mit gesenktem Blick, ohne ihn direkt anzuschauen und nachzufragen.
Nachdem die Anmerkungen des Professors ohne Einwände oder Reaktionen bleiben, geht dieser nun rasch punktuell durch die Arbeit und verabschiedet Herrn Li nach dem Gespräch mit den Worten „Dann wünsche ich Ihnen weiterhin viel Erfolg – und noch eine gute Zeit in Berlin". Herr Li ist überrascht von der schnellen Gesprächsbeendung, erhebt sich unmittelbar, verabschiedet sich mit einer tiefen Verbeugung und verlässt eilig den Raum.

Ali grüßt nicht

Ulrike ist am Nachmittag mit ihren Eltern in der Neuköllner Innenstadt unterwegs. Auf der Karl-Marx-Straße begegnet sie ihrem Klassenkameraden Ali. Ali sieht Ulrike, grüßt sie aber nicht. Ulrike ist über diese Nichtbeachtung sehr beleidigt. In der Schule fällt der Lehrerin auf, dass Ulrike zunehmend gegen Ali stichelt. Als Ulrikes Verhalten gegenüber Ali immer feindseliger wird, befragt sie die Lehrerin danach. Ulrike bezeichnet Ali im Gespräch mit der Lehrerin als „arrogantes Arschloch". Dann berichtet Ulrike von dem Vorfall auf der Straße und wie dieser sie gekränkt habe. Als die Lehrerin Ali zu der Begegnung auf der Straße befragt, erklärt dieser beleidigt, dass er Mädchen in Begleitung ihrer Eltern auf der Straße nie grüßen würde.

Werte und Normen im babylonischen Bedeutungschaos

Der zweite Strang unserer Recherchen führte uns in die Tiefen der Werte, wo wir uns manchmal auch in deren Untiefen verloren. Mühsam tasteten wir uns an Werte heran, die in verschiedenen Kulturen wichtig sind, aber unterschiedlich gefüllt sein können. Wir versuchten, die Werte der deutschen Kultur und Gesellschaft herauszufinden und strandeten oft an der Frage, ob überhaupt so etwas wie ein moralischer und ethischer Grundkonsens der deutschen Gesellschaft (und hier wollten wir uns nicht ins Europäertum flüchten) die Katastrophen und Paradigmenwechsel des 20. Jahrhunderts überlebt habe. Und wenn noch relevant – wie gehen wir mit Werten wie Ehre, Respekt, Scham, Gehorsam um? Für einige war es der Begriff der Toleranz, der eine zentrale Rolle spielte – was aber wiederum die Diskussion aufwarf, ob er in Deutschland heute tatsächlich die Rolle eines Grundwertes spielt oder ob wir das nur gerne so hätten. In Generation, Kultur, Geschlecht und Schicht berücksichtigenden Diskussionen innerhalb der entsprechend zusammengesetzten Arbeits- und Overheadgruppe[11] einigten wir uns auf Werte, die in allen Kulturen, mit denen wir uns befassten, eine grundlegende normenprägende Rolle zu spielen schienen. Dabei ergab sich sehr bald das „babylonische Problem": Bei dem Versuch, die gewählten Begriffe in andere Sprachen zu übersetzen, entstanden schon innerhalb des multikulturellen Arbeitsteams große Schwierigkeiten, denn natürlich war der deutsche Begriff und seine in ihm geronnene Konnotation nie mit nur einem Wort in eine andere Sprache zu übersetzen (wobei schon die Einigung der Deutsch-MuttersprachlerInnen auf eine Bedeutung sehr schwierig war). Scheinbar einfach zu übersetzende Begriffe wie „Scham" hatten extrem unterschiedliche Bedeutungsfelder. Bei der Übersetzung in Deutsche stellte sich das Problem in gleicher Weise. Und natürlich musste geklärt werden, welche Werte in welchen Kulturen welche Relevanz haben – sind es andere Werte, sind es andere Wertigkeiten? Wichtige Hilfe war auch hier die Arbeit einiger Studenten aus dem Arbeitskreis Kulturelle Sensibilisierung der Humboldt-Universität, die versuchten, aus eigener Erfahrung und

11   Unter anderem arbeiteten dort VertreterInnen des Internationalen Arbeitskreises Neukölln, der Werkstatt der Kulturen, die Neuköllner Migrationsbeauftragte, eine Mitarbeiterin des Instituts für Vergleichende Pädagogik der Humboldt-Universität, Lehrende und Studierende des Instituts für Kunst im Kontext der Universität der Künste und Mitarbeiterinnen des Kulturamtes mit.

aus der Literatur Werte unterschiedlicher Kulturen herauszufiltern beziehungsweise unsere Auswahl zu überprüfen. Das Gesamtmaterial in Papieren und Köpfen wurde einem Ranking unterworfen, und die fünf in allen untersuchten Kulturen am häufigsten genannten Begriffe wurden neben den Critical Incidents zum zweiten Standbein für die Ausstellung: Respekt, Ehre, Scham, Toleranz und Gehorsam.

Wir einigten uns darauf, das Projekt nicht ganz weltweit zu gestalten, denn unsere Forschungskapazitäten[12] und damit die Wahrscheinlichkeit wissenschaftlich vertretbarer Aussagen ließen es nicht zu, sinnvolle Aussagen etwa über die vielfältigen Kulturen Amerikas und vor allem Afrikas zu machen – bedauerlich, denn Neukölln beheimatet die größte afrikanische Community Berlins, circa 3000 Menschen. Wir erfuhren in unseren Recherchen von keinem Critical Incident, der insbesondere eine der afrikanischen Kulturen betreffen könnte.[13]

Im Mittelpunkt unseres Projekts standen letztendlich Wertsysteme der arabischen, türkischen und fernöstlichen Kulturen, dabei immer wieder gezwungenermaßen innerhalb dieser Kulturen verallgemeinernd. Als wichtigster Nährboden für Werte stellten sich die Religionen und die von ihnen abgeleiteten Gebote dar, grundlegender als aktuelle politische Orientierungen, wobei die jeweilige Interpretation der Religion durchaus nicht frei ist von politischen Einflüssen, wie etwa die sehr diversifizierte Auslegung des Koran zeigt. Und doch ist die aktuelle politische Lage, geprägt und geleitet durch Streben nach Vormacht und Herrschaft, immer dominierend. Es verursacht Kriege und gegenseitige Vernichtung – auch wenn das Verständnis vom „Scham" oder „Ehre" auf beiden Frontseiten möglicherweise das gleiche ist. Offensichtlich ist die Übereinstimmung der Werte, eine gemeinsame „Leitkultur", keine hinreichende Bedingung für Frieden, was die Geschichte Europas allein im 20. Jahrhundert unschwer belegt.

Sichtbarmachung des Unsichtbaren: die Ausstellung

Die Annäherung an das Ausstellungskonzept wies Analogien zur Geologie unserer Erde auf: Wir hatten es mit einer Art von Erd- und Gesteinsschichten zu tun, den von uns dingfest gemachten Werten und Normen, die in unterschiedlichen Regionen sehr unterschiedliche Konsistenz angenommen hatten und auch von sehr unterschiedlicher Heftigkeit waren. Durch Wanderungsbewegungen der Kontinente kommt es an den Stoß- und Bruchkanten zu Verwerfungen, Beben, Ausbrüchen, zu Konflikten, die Ausdruck, aber nicht Ursache von Unterschiedlichkeit (und Unverträglichkeit) sind.

Dies waren unsere Critical Incidents, nach deren Ursache wir fahndeten und dabei unsere Besucher auf diese Forschungsreise mitnehmen wollten. Deshalb wurde zu einem zentralen Element der Ausstellung die „Tiefenbohrung" durch viele mögliche Gesteins- oder Bedeutungsschichten: Bewegliche kleine Tool Bars mit Materialien aller Art zu den ausgewählten Werten, „Wissen auf Rädern", sollte dabei Werkzeug liefern. In diesen jeweils individuell gestalteten Werkzeugkästen konnte sich der Besucher, die Besucherin auf die Suche nach

---

12 Als Wissenschaftlerinnen arbeiteten eine Kultur- und eine Sozialwissenschaftlerin im Projekt.

13 Anreicherbar wäre die Ausstellung heute auf jeden Fall um ein afrikanisches Fallbeispiel. In den ausstellungsbegleitenden Gesprächsrunden der Communities berichtete ein Afrikaner aus Südostafrika, dass „sein" ständiger Critical Incident, der in Berlin ununterbrochen Missverständnisse ausgelöst habe, darin bestanden hätte, dauernd zu lächeln und zu lachen – auch bei gar nicht fröhlichen Anlässen. In seiner Heimat sei dies die normale Ausgangsposition, die ihm hier häufig sehr übel genommen wurde.

einer Annäherung an Werte in den vielen gesammelten Texten und Bildern machen. Nie jedoch war eine einfache Definition zu finden; man musste sich einlassen auf eine Vielzahl von Sichtweisen und unterschiedlichen Perspektiven: die des Theologen ebenso wie die des Ethnologen, auf die des Philosophen ebenso wie auf die des Märchenerzählers.

Wir haben uns mit dieser Entscheidung in Grenzbereiche der Gattung Ausstellung begeben, deren Sinn und Zweck ja die ästhetische Visualisierung einer gewünschten Botschaft ist; an die Wand gehängte lange Texttafeln genießen nicht ohne Grund nur sehr geringes Ansehen im Ausstellungswesen. Dies haben wir nicht getan. Wir boten in der Ausstellung Mini-Bibliothekssituationen an. Mit den „Tiefenbohrungen" konnte sich der Besucher, die Besucherin in Lesebereiche zurückziehen und sich vertiefen. Man konnte es aber auch sein lassen und sich „nur" auf eine sehr sinnlichen Ebene einlassen, die der Kunstinstallationen und -objekte, in der Hoffnung und im Vertrauen auf künstlerische Ausdrucksformen, die eine andere als die verbale Sprache benutzen, um damit auch deren Grenzen überschreiten zu können. Kunst kann durch die ihr eigene komplexe Sprache eine Vielfalt von Ebenen und Wahrnehmungsmöglichkeiten, Vernetzungen und Verstrickungen, Innen- und Außensichten, Bedeutungs- und Assoziationsfelder, Botschaften des Senders und zugleich Resonanz des Empfängers, Rationalität und Emotion, Verstand und alle Sinne aktivieren – dies nicht immer und überall zugleich und gleichermaßen gewollt, aber als Potential. Dieses Potential ermöglichte uns, die Ausstellung auch für die verstehbar zu machen, die weder die deutsche Sprache beherrschten noch sich auf die komplexe „Leitkultur"-Diskussion einlassen wollten oder konnten: Die in den Kunstobjekten formulierten Probleme erkannten alle wieder.

Im optisch wahrnehmbaren Mittelpunkt der Ausstellung standen drei Inszenierungen der drei ausgewählten Critical Incidents (siehe Seite 15f.), die eine schwedische und eine deutsche Künstlerin realisierten.

Zwischen diesen zentralen Punkten reihten sich Objekte und Installationen, die Ergebnis eines Kunstwettbewerbs waren, der für junge Künstler an den Berliner Kunsthochschulen ausgeschrieben worden war und der das Thema „Gute Töchter – Gute Söhne" ausloten sollte. Eine internationale Jury (mit VertreterInnen aus Japan, dem Irak, Bosnien, Griechenland und Deutschland) wählte aus einer Vielzahl von Ideenkonzepten sechs Objekte zur Realisierung aus, die insbesondere für junge Ausstellungsbesucher sehr attraktiv wurden, vor allem dann, wenn sie zu Interaktivität einluden. Weitere reizvolle und spannungsgeladene Objekte wurden von Künstlern des Instituts für Kunst im Kontext entwickelt, das uns im gesamten Ausstellungsentwicklungsprozess nicht zuletzt aufgrund seines multikulturellen Blickes ein unverzichtbarer Partner war. Und schließlich wurden Arbeiten von Neuköllner Schülern präsentiert, die in den vielen Workshops der ersten Projektphase entstanden waren und die sich mit dem Thema der guten Tochter, des guten Sohnes und deren/dessen wünschenswerten Eigenschaften auseinandersetzten – aber auch mit der Last, die die Hoffnungen und Erwartungshaltungen ihrer Eltern bedeuteten.

Von zentraler Bedeutung für die Ausstellung, und viel bedeutsamer als dies normalerweise in Ausstellungen der Fall ist, waren die Führungen sowohl für Jugendliche, die im Wesentlichen aus Neuköllner Hauptschulen kamen, wie auch für Erwachsenengruppen aus den Neuköllner Communities, Beratungs- und Betreuungseinrichtungen. Kompetent durch Vertreter unterschiedlicher Kulturen durchgeführt, entwickelten sie sich zu Diskussionsforen für gelebte kulturelle Vielfalt und Multiethnizität, in denen viele der Probleme zur Sprache kamen, die sonst beispielsweise in Schulklassen unterschwellig schwelen, aber allenfalls im Streit oder in Gewalt an die Oberfläche kamen.[14]

Kulturnationen im Gespräch

Den Bogen zum Gesamtprojekt „Kulturnationen Neukölln" spannte insbesondere die Reihe der Talk-Runden „Kulturnationen im Gespräch", die während der Ausstellungszeit fünfmal stattfanden. Zu ihnen eingeladen wurden jeweils VertreterInnen von zwei in Neukölln lebenden Communities. Ins Gespräch miteinander und mit dem Publikum kamen Griechen, Polen, Russen, Iraker, Vietnamesen, Afrikaner, Palästinenser, Bosnier, Inder und Türken. In ruhiger, sehr konzentrierter Atmosphäre konnten die – überwiegend weiblichen – Gäste ihren durch die jeweilige kulturelle Herkunft geprägten, selbst erlebten und meist auch bewusst an die nächste Generation weitergegebenen Wertekanon ausführen, wobei sich die Eingangsfrage nach der „guten Tochter" und dem „guten Sohn" wiederum als ausgesprochen hilfreich erwies, denn jede, jeder wollte einst eine gute Tochter, ein guter Sohn sein. Mancher hatte jedoch um des eigenen Lebens, der eigenverantwortlichen Zukunft willen schmerzhaft den traditionellen Konsens verlassen und hoffte dennoch von den eigenen Kindern, dass diese bei aller notwendigen Befreiung Werte der Herkunftskultur in der Fremde weitertradieren würden, wenn auch entschlackt und durch die Lebensrealität in der anderen Heimat verändert. Nicht über abstrakte Werte wurde gesprochen, sondern gelebte Biografien wurden erzählt – von der Tochter des jugoslawischen Partisanen, die als Gastarbeiterin versuchte, aus der Enge der Herkunft in ein Studium in Deutschland aufzubrechen, von den Inderinnen, die in hektisch von den Familien arrangierten Ehen nach Deutschland kamen, weil man fürchtete, die jungen, in der Ferne lebenden und arbeitenden Männer könnten alleine Unsinn machen. Sie, die bei ihrem Start in Berlin weder Deutschland noch ihre Männer kannten und doch ihr Leben hier entwickeln konnten, wiesen uns einen Weg zu den „guten Töchtern", die in eine für uns unvorstellbare, von den Eltern arrangierte Ehe einwilligten und glücklich wurden. Wir hörten von vietnamesischen Kindern und Jugendlichen, die den Zwang zu Harmonie und Unterordnung unter das Alter nicht aushalten und einfach so sein möchten wie ihre deutschen Altersgenossen: Kinder, Eltern und vor allem Großeltern zerbrechen an dem von ihnen wahrgenommenen Mangel an Respekt, an dem Verlust traditioneller Werte. Besonders kompliziert stellt sich die Situation palästinensischer Kinder und Jugendlicher dar, bei denen inhaltslos gewordene tradierte Werte wie insbesondere der

14 Siehe den Beitrag von Claudia Hafner und Handan Kaymak in dieser Dokumentation.

der „Ehre" den realen Verlust einer Existenzbasis – Schulversagen oder -ver-
weigern, Arbeitslosigkeit beziehungsweise fehlende Arbeitserlaubnis, Krieg, seit-
dem sie denken können, Kriminalisierung – überbrücken müssen und in völlig
übersteigerter, aggressionsgeladener Form demonstriert und zum Anlass von
Gewalt werden.

Deutlich wurde auch, wie stark Armut und vor allem Arbeitslosigkeit (die bei
vielen Migranten durch das mit dem Status des Asylsuchenden verbundene
Arbeitsverbot begründet ist) zu Übersteigerung und Überhöhung von Werten
(„Mein Sohn soll das erreichen, was mir verwehrt war") und damit zu uner-
hörtem Erwartungs- und Leistungsdruck führen kann. Doch auch Hoffnungs-
und Orientierungslosigkeit der Eltern, aus der sich unvermutet, aber heftig Fun-
damentalismen (das Einfordern der Jungfräulichkeit der Töchter beispielsweise) herauskatapultieren, wurde immer wieder spürbar.

Auf der anderen Seite erfuhren wir viel über selbstverständliche, optimistisch und glücklich gelebte Multikulturalität und über Entwicklungschancen
der Kinder der zweiten und dritten Generation, die der anfangs annoncierten
„Aufzuchtstation für paradiesische Artenvielfalt", in der es dann wunderbare
Hybriden geben wird, sehr nahe kam.

Diese Gespräche, so spürten alle Teilnehmer, bargen die Möglichkeit des
Bausteins einer friedlichen multiethnischen neuen Gesellschaft: Selten hatte
man sich in Neukölln so intensiv zugehört wie bei diesen Gesprächen, selten
hatte man so persönlich, unaggressiv und zugleich präzis von Entwicklungsmöglichkeiten, Problemen, Unterschieden, Ähnlichkeiten gehört, und oft hatte
man das dringende Bedürfnis, manche ganz banalen, aber ungeheuer wichtigen
Tatsachen sofort in einen zwangsweise zu lesenden Informationsdienst für
Ausländerbehörden, Arbeits- und Sozialämter, Schulbehörden, Nachbarn etc.
zu münzen.

Kulturnationen Neukölln: Wege zu einem neuen Gemeinwesen

Projekte wie „Gute Töchter – Gute Söhne", wie „Kiez International", wie das
gemeinsame Feiern von Zuckerfest und Nikolaustag, wie unsere „Längste Kaf-
feetafel" in der Gropiusstadt, wie die Jugendprojekte „@nien" oder „Zeig dich,
ich seh dich", doch auch zahlreiche Projekte des Museums Neukölln, der
Volkshochschule und insbesondere der „Werkstatt der Kulturen" sind mögliche Wegmarken auf einem langen Weg in ein neues Gemeinwesen, das getragen wird von vielen Bürgern unterschiedlicher ethnischer Herkunft, die nach
und nach bereit sind, auch als „Citoyen" Mitverantwortung zu übernehmen.
Die Verabschiedung des neuen Einwanderungsgesetzes hat eine neue Phase
des Miteinanderlebens eröffnet, es ist nur zu hoffen, dass neue Armut und hohe Arbeitslosigkeit insbesondere im Migrantenbereich diese Chance nicht kon-
terkarieren.

Die Kulturarbeit in den Kommunen kann ihren erheblichen Teil zur Gang-
barmachung dieses Weges beitragen, Neukölln versucht dies.[15]

15 Dorothea Kolland, „Kiez International".

Die Initiative um den Aufbau einer Bürgerstiftung Neukölln ist ein weiterer wesentlicher Schritt, denn hier wird erstmals versucht, bürgerschaftliches Engagement und multiethnische Vielfalt durch Herausforderung und Ermutigung eigener Handlungsfähigkeit der Neuköllner und ihrer Communities, die aus aller Welt kommen, zu verbinden. Sie begibt sich dezidiert in das Labor Neukölln, um an Zukunftsentwicklung mitzuarbeiten. In der Präambel zur Satzung heisst es: „Neukölln ist einer der interessantesten und facettenreichsten Bezirke Berlins. Das Potential an Zukunftsfähigkeit, das in dieser Bündelung von Buntheit, Kreativität und zugleich Beständigkeit liegt, für den Lebens-, Wohn- und Arbeitsraum Neukölln transparent und produktiv zu machen, hat sich diese Stiftung zum Ziel gesetzt.

Zum Zeitpunkt ihrer Errichtung leben mehr als 300 000 Menschen aus 163 Nationen in Berlin-Neukölln. Bürgerinnen, Bürger und Unternehmen in Neukölln haben diese Stiftung ins Leben gerufen, um das friedliche Zusammenleben in einem multiethnischen Neukölln und die Verbesserung der Lebensverhältnisse nachhaltig zu fördern.

In einer Welt, die nach Einheit in Humanität und nach Vielfalt in Gerechtigkeit sucht, ist das Zusammenleben von Menschen aus vielen unterschiedlichen Kulturen und sozialen Schichten eine besondere Herausforderung. Sie ist aber auch eine besondere Chance für die Entwicklung einer friedlichen, produktiven, kreativen, zukunftsfähigen Gesellschaft und für ein Leben in und mit kultureller Diversität. Kommenden Generationen möchten wir eine Erbschaft hinterlassen, die zu ihrem Lebensglück beiträgt."[16]

Noch ist überwiegend Tatsache, dass dieses gemeinsame politische und/oder bürgerschaftliche Handeln von deutschen Bürgern und Migranten kaum anzutreffen ist, weil es lange nicht erwünscht und gefördert wurde und zudem unter gut gemeintem Stellvertreterhandeln erstickte.

Die Zukunft der deutschen Städte wird international sein, bestimmt durch Migration vieler Ethnien. Soll diese Zukunft produktiv sein, erfordert dies die Entwicklung von Teilhabestrukturen, die es den Menschen nichtdeutscher Herkunft ermöglicht, sich an der Entwicklung neuer multiethnischer Gemeinwesenstrukturen zu beteiligen.

Auf diesem Weg befindet sich Neukölln, ob es will oder nicht. Projekte wie „Gute Töchter – Gute Söhne", die Entwicklung von Situationen, die Teilhabe ermöglichen, die Gründung der Bürgerstiftung als Werkzeug von gemeinsamem bürgerschaftlichen Engagement können den Weg begleiten und ebnen helfen. Über ihre Nachhaltigkeit wird die Qualität dieses Weges entscheiden.

---

16 Präambel der Satzung der Bürgerstiftung Neukölln (i.G.). Informationen für Interessenten und potentielle Unterstützer im Internet unter www.buergerstiftung-neukoelln.de.

Er denkt wohl, ich bin eh ein Mädchen.

...eser Macho...

...en streit

...re ich doch d...

Bettina Busse / Regina Kramer

Gute Töchter – Gute Söhne

Ein Ausstellungsprojekt über kulturelle Irritationen und Wertkonflikte

Den ersten Anstoß für das Projekt „Gute Töchter – Gute Söhne" gaben Be-obachtungen in einer Neuköllner Hauptschule: Dort beschwerte sich eine deutsche Jugendliche bei ihrer Lehrerin darüber, dass ein türkischer Mitschüler sie nachmittags auf der Straße nicht gegrüßt habe und sich wohl für etwas Besseres halte. Als die Lehrerin den Jungen dazu befragte, erläuterte dieser, dass er Mädchen in Begleitung ihrer Eltern auf der Straße nie grüße, da die Eltern denken könnten, er hätte mit dem Mädchen näheren Kontakt. Dadurch könne das Mädchen ja in Schwierigkeiten geraten. Der Junge war nun seiner-seits beleidigt, da er aus seiner Sicht sehr respektvoll mit dem Mädchen umgegangen war.

Ohne die Nachfrage der Lehrerin hätte sich dieser Vorfall negativ auf die Klassengemeinschaft und die weiteren Beziehungen untereinander ausgewirkt. Leider gibt es selten solche Nachfragen; häufiger führen Missverständnisse dieser Art im Zusammenleben verschiedener Kulturen zu Vorurteilen und Ressentiments.

Der Alltag in Wohnquartieren wie denen in Neukölln ist geprägt von Missverständnissen, vom Aufeinanderprallen unterschiedlicher Werte und Normen. Diese Missverständnisse bildeten den Ausgangspunkt für das Projekt: Genauer untersucht werden sollten die Situationen, die von Menschen mit einem bestimmten kulturellen Hintergrund ein Verhalten erfordern, welches Menschen mit anderem kulturellen Hintergrund gerade als nicht angemessen erscheint. Diese Fehldeutungen von Verhalten und die daraus resultierenden Kollisionen, die so genannten Critical Incidents, sowie die dahinter stehenden Werte und Normen sollten genauer betrachtet werden.

Das Projekt „Gute Töchter – Gute Söhne" beabsichtigte mit Hilfe unter-schiedlicher Medien und Methoden ein größeres gegenseitiges Verständnis für die kulturell unterschiedlich angelegten familiären und sozialen Rollener-wartungen unter Jugendlichen verschiedener Kulturnationen in Neukölln zu entwickeln und parallel dazu den intensiven und konstruktiven Dialog zwischen den jugendlichen Akteuren zu fördern.

Eine sich als Forum verstehende Ausstellung schien der geeignete Weg, um die Thematik einem möglichst breit gefächerten Publikum näher zu bringen und gleichzeitig auch im Vorfeld mit verschiedensten Methoden (Workshops mit Schulklassen, Befragungen, Interviews in Communities etc.) Material zu er-arbeiten, das die Frage nach herrschenden Normen und Werten untersucht.

Denn ein Wertekanon, der das Wahrnehmen, das Denken, das Handeln und Bewerten jedes und jeder Einzelnen beeinflusst und der sich in Begriffen wie Toleranz, Respekt, Scham, Ehre, Gehorsam etc. ausdrückt, existiert in allen Kul-turen; doch unterscheidet sich die Wertigkeit zum Teil erheblich, und auch die

Interpretation dieser Normen differiert. Zugleich werden diese Werte in Frage gestellt: durch die in Werbung und den Medien propagierten Lebensstile sowie durch den Alltag in der Zuwanderungsgesellschaft und die damit einhergehende Konfrontation mit anderen Werthaltungen.

Missverständnisse, die auf Unterschieden in der Bildung, des Geschlechts oder der Generation beruhen, gab es schon immer. Potenziert werden die Möglichkeiten des Missverstehens durch das Zusammenleben von Menschen unterschiedlicher kultureller (also im engen Sinne: ethnischer) Herkunft, wie es in den Innenstadtbezirken von Berlin stattfindet. Gleichzeitig steigen mit der Anzahl dieser möglichen Missverständnisse die Anforderungen an Kinder und Jugendliche, den unterschiedlichen Ansprüchen, denen sie ausgesetzt sind, zu entsprechen.

Besonders für die Kinder von Einwanderern stellt die Frage „Was ist eine gute Tochter?", „Was ist ein guter Sohn?" häufig genug ein Problem dar, denn die jeweils unterschiedlichen Rollenerwartungen von Familie, Schule, Peer-Group etc. bedeuten manchmal einen kaum zu bewältigenden Spagat. So ist es beispielsweise für manche Mädchen qua kultureller Herkunft, also aufgrund der Erwartungen, die ihre Eltern beziehungsweise der Familienclan formulieren, verboten, sich zu verlieben, einen Freund zu haben – in einem Alter, in dem diese Erfahrungen von einem Großteil ihres Umfeldes gesammelt werden. Die erste Liebe ist ein zentrales Thema der Pubertät; wenn ein Teil der Mädchen diese Erlebnisse und Erfahrungen unbeschwert ausleben kann, ein anderer Teil aber nicht, so vergrößern sich die Konfliktmöglichkeiten.

„Was ist eine gute Tochter?"
„Was ist ein guter Sohn?"

Gerade für Mädchen, die in einigen Kulturen sehr strikten Kleidungsvorschriften unterliegen, sind die Kompromisse zwischen den verschiedenen Anforderungen häufig nur noch schwer zu ermitteln. Im Straßenbild jedenfalls wird offensichtlich, dass Mädchen und Frauen sehr viel expliziter kulturelle Normen und Werte durch ihre Kleidung nach außen tragen. Nicht nur deswegen muss die Frage nach der guten Tochter, dem guten Sohn geschlechtsspezifisch differenziert bearbeitet werden. Aber auch für männliche Kinder und Jugendliche, die in einem islamisch geprägten Elternhaus aufwachsen, kann zum Beispiel die Verteidigung der (Familien-, der Schwestern-, der eigenen) Ehre ein zentrales Thema sein, für das sie bei Jugendlichen mit anderem kulturellen Hintergrund nur wenig Verständnis finden.

Die Ausstellung, die von Februar bis April 2004 in der Galerie im Körnerpark realisiert wurde, konnte und wollte keine endgültigen Antworten liefern auf die Fragen nach der „guten" Tochter, dem „guten" Sohn. Sie wurde fokussiert auf Critical Incidents wie oben beschrieben und darüber hinaus inhaltlich vertieft: Verschiedene Wertebegriffe wurden in so genannten Tiefenbohrungen genauer betrachtet. Mit interaktiven Computerspielen, Hörstationen zur Einführung in die Critical Incidents, Kunstaktionen und Installationen der Universität der Künste und den Exponaten aus einem Kunstwettbewerb wurde das Thema auf den unterschiedlichsten Ebenen beleuchtet. Ergänzend fanden im Begleitprogramm weitere Workshops statt, ebenso Filmvorführungen, Vorträge und interkulturelle Talkrunden. Eine große Rolle spielten die Führungen, die für Schulklassen und andere Besuchergruppen angeboten wurden.

Wegen der Komplexität des Themas sollte bei der gesamten Planung und Durchführung ein interkulturell zusammengesetztes Team beteiligt werden, um zu vermeiden, dass immer nur der „deutsche" Blick auf das Thema fiel und fällt. Dies ist während der Vorbereitung der Ausstellung leider nicht ausreichend gelungen: Die dort zusammengestellten Texte der „Tiefenbohrungen" repräsentieren vor allem die Sichtweise von Menschen deutscher Herkunftssprache auf die verschiedenen Themen. Jedoch sind bei den SchülerInnenarbeiten (Ergebnisse aus Workshops in Zusammenarbeit mit der Humboldt-Universität und mit StudentInnen der Universität der Künste) auch deren Inhalte mit eingeflossen – während der Ausstellung wurde deutlich, dass diese Teile die jugendlichen BesucherInnen am ehesten ansprechen konnten. Vor allem bei den Führungen mit Schulklassen erwies es sich außerdem als ein großer Vorteil, dass drei der beteiligten AusstellungsführerInnen zweisprachig aufgewachsen waren. Die Vermittlung der Inhalte gelang dadurch wesentlich besser, da sich viele der teilnehmenden Jugendlichen von Menschen mit Migrationshintergrund eher verstanden fühlten. Umgekehrt ist bei Menschen dieser Herkunft das Verständnis für die Irritationen der Jugendlichen häufig größer.

Zur Fortsetzung des Projekts – vor allem mit den Jugendlichen des Bezirks Neukölln – ist unter anderem geplant, im Herbst 2004 für einen begrenzten Zeitraum einen künstlerischen Aktionsraum zu installieren: Hier sollen sowohl inhaltliche Workshops stattfinden als auch in Kooperation mit KünstlerInnen aus den Bereichen Bildende Kunst, Musik, Theater, Video eigene künstlerische Beiträge erarbeitet werden.

Der vorliegende Band widmet sich der Dokumentation der Ausstellung in ihren vielen Facetten: Materialien aus den „Tiefenbohrungen" bieten allen Interessierten die Möglichkeit, sich in die einzelnen Wertebegriffe und ihre verschiedenen Konnotationen zu vertiefen; daneben werden die verschiedenen Aspekte der künstlerischen Aufarbeitung beleuchtet und begleitende Aspekte – wie die Führungen mit den Schulklassen – ausführlicher vorgestellt. Die kritische Betrachtung einzelner Aspekte dient auch der Weiterentwicklung der angewandten Methoden, denn unseres Erachtens kann diese Ausstellung keinesfalls als Ergebnis des Projektes betrachtet werden, sondern als Teil eines Prozesses, der kontinuierlich fortgesetzt werden muss.

Critical

Jutta Aumüller

Critical Incidents und kulturelle Missverständnisse

Assia ist die Tochter libanesischer Bürgerkriegsflüchtlinge, die morgens ihre kleine Schwester zur Schule bringt und deshalb selber nicht pünktlich zum Unterricht erscheinen kann. Herr Li ist ein vietnamesischer Stipendiat, der sich über die Umgangsformen seines deutschen Doktorvaters verwundert. Ulrike und Ali besuchen dieselbe Klasse einer Neuköllner Hauptschule und können einander nach einer merkwürdigen Begegnung nicht mehr ausstehen.

Bei diesen Figuren handelt es sich um die Protagonisten der Ausstellung „Gute Töchter – Gute Söhne".[1] Diese Geschichten wurden uns aus unterschiedlichen Quellen überliefert: Teilweise leben diese Akteure wirklich; teilweise haben wir den Kern der Erzählung nach eigener Vorstellung ausgeschmückt. Bei der Auswahl dieser Geschichten haben wir uns an der Fallmethode im interkulturellen Training orientiert.

Im Mittelpunkt dieser Methode steht ein so genannter Critical Incident; wörtlich übersetzt ein „kritischer Vorfall". Gemeint ist damit eine interkulturelle Begegnungssituation, an der zwei oder mehrere Personen aus mindestens zwei unterschiedlichen Kulturen beteiligt sind. Dabei ist es gleichermaßen möglich, dass sich die unterschiedliche Kulturzugehörigkeit auf verschiedene Herkunftsnationalitäten zurückführen lässt oder sich aus schicht-, geschlechtsbeziehungsweise generationsbedingten Unterschieden heraus erklärt. Ein Critical Incident zeichnet sich durch folgende Merkmale aus:

- Er ist alltäglich und typisch für das Verhalten des fremdkulturellen Interaktionspartners.
- Er wird von dem jeweils anderen Interaktionspartner als fremd, ungewöhnlich, verwirrend und zum Teil konflikthaft erlebt.
- Er kann aufgrund fehlender Kenntnisse der jeweiligen Fremdkultur falsch interpretiert werden.
- Er ist bei einem entsprechenden kulturellen Hintergrundwissen aber eindeutig erklärbar.

---

1 Siehe Seite 15f.

Ein typischer Critical Incident ist die Geschichte von Ulrike und Ali, deren Konflikt auf unterschiedliche Grußrituale in den beiden Herkunftskulturen und das Nichtwissen darum zurückzuführen ist. Entscheidend ist dieser Vorfall deshalb, weil er bei den betroffenen Personen idealerweise einen Lernprozess auslöst, der schließlich zu einem besseren Verständnis des fremdkulturellen Interaktionspartners führt.

Übertragen auf die Fallgeschichten in der Ausstellung „Gute Töchter – Gute Söhne" bedeutet dies, dass Ali und Ulrike sowie Herr Li aus ihren Begegnungssituationen tatsächlich etwas über ihr Verhalten sowie das ihres Interaktionspartners lernen können. Ali und Ulrike werden durch die Vermittlung einer engagierten Lehrerin darüber informiert, dass es in verschiedenen Kulturen unterschiedliche Begrüßungsformen oder auch Tabus der Begrüßung gibt. Wird Herr Li darüber aufgeklärt, dass man im mitteleuropäischen Kulturkreis Blickkontakt mit dem Gesprächspartner hält, so kann er sein Verhalten an die Erwartungen seiner neuen Lebenswelt anpassen – oder zumindest das Verhalten seiner Kommunikationspartner künftig besser einschätzen.

Das Auffinden, die Identifikation von Critical Incidents ist Teil eines Verfahrens der kulturellen Sensibilisierung, das in den USA entwickelt wurde. Zielgruppen dieses Trainings sind vor allem solche Personen, die aus beruflichen Gründen mit Menschen anderer Kulturkreise zu tun haben und die auf diesem Wege befähigt werden sollen, Missverständnissen, die aus unterschiedlichen kulturellen Orientierungen resultieren, vorzubeugen beziehungsweise mit solchen konstruktiv umzugehen. Dazu gehören Manager in international tätigen Unternehmen, Studenten, die am internationalen Studentenaustausch teilnehmen, Armeeangehörige, aber auch Personen, die professionell Umgang mit Angehörigen der unterprivilegierten Schichten in der US-amerikanischen Gesellschaft zu tun haben. Mit Hilfe eines so genannten Intercultural Sensitizer werden diese Personen auf sehr konkrete Begegnungssituationen mit Menschen verschiedener Fremdkulturen hin vorbereitet. Der Intercultural Sensitizer ist eine Sammlung von Critical Incidents, üblicherweise in Form eines Buches. Die kulturellen Interaktionsfälle werden darin einzeln vorgestellt und jeweils mit mehreren Erklärungsmöglichkeiten versehen. Der Proband des interkulturellen Trainings wählt aus den verschiedenen Erklärungsmöglichkeiten die für sein Verständnis der anderen Kultur plausibelste aus. Ein schriftlicher Lösungsteil am Ende des Buches oder aber ein persönlicher Trainer klärt den Probanden dann über die Triftigkeit seiner Antwort auf. Ziel dieses Verfahrens ist es, zum einen Wissen über Verhaltensweisen von Angehörigen einer anderen Kultur zu erwerben, zum anderen soll das Bewusstsein für die eigene kulturelle Prägung sensibilisiert werden. Damit soll der Proband auf konkrete Begegnungen mit Menschen einer fremden Kultur vorbereitet werden.

Dieses Konzept leitete uns bei der Auswahl von Critical Incidents, die wir in der Ausstellung „Gute Töchter – Gute Söhne" präsentieren wollten. Mit der Zeit hat sich aber auch unser Blick für die Schwierigkeiten des Verfahrens geschärft. Inwieweit lässt sich dieses zielorientierte Lern- und Trainingsprogramm auf Begegnungen innerhalb einer Zuwanderungsgesellschaft, in der sich eine sehr differenzierte ethnisch-soziale Gesellschaftsstruktur herausgebildet hat, übertragen? Schließlich hat sich unter den Zuwanderern im Verlauf ihres langjährigen Aufenthalts eine ganz eigene Migrantenkultur herausgebildet, und das Verhalten des in Berlin geborenen Enkels anatolischer Gastarbeiter lässt sich nicht mehr angemessen mit den Verhaltensstandards in einer traditionellen Dorfgesellschaft beschreiben.

Für welche „Herkunftskultur" ist sein Verhalten dann eigentlich typisch? Haben wir das breite Spektrum möglicher Wahrnehmungs- und Deutungsmuster in der Ausstellung angemessen präsentiert?

Critical Incidents wie das Missverständnis zwischen Ali und Ulrike verführen leicht dazu, Stereotypen zu bilden. Ist der Schüler, der seine Schulkameradin auf der Straße grußlos übergeht, ein ehrbarer Sohn türkischstämmiger Eltern oder ist er ein ungezogener Stoffel? In der Ausstellung präsentieren wir Ali als den ehrbewussten Sohn aus der dritten Zuwanderergeneration. Ali erklärt sein unhöfliches Verhalten aus einer eigenkulturellen Deutung heraus. Reicht dies bereits als Entschuldigung oder sollten wir vehement ein anderes Verhalten von ihm einfordern? Diese Fragen sind nicht leicht zu beantworten, aber es sind die, die wir uns in der multikulturellen Gesellschaft immer wieder stellen müssen.

In unserer Gesellschaft ergibt sich die kulturelle Zuschreibung nicht mehr notwendigerweise aus der Zugehörigkeit zu einer bestimmten Gruppe. Persönliche Identitäten sind in einem gewissen Maß frei wählbar. In Neukölln und auch anderswo verlaufen kulturelle Demarkationslinien nicht nur zwischen Menschen unterschiedlicher Herkunftsnationalität, sondern auch zwischen solchen aus unterschiedlichen sozialen Schichten, aus unterschiedlichen Wohngebieten, mit unterschiedlicher Freizeitorientierung usw. Es kann also auch unfair und unzutreffend sein, Ali in die Rolle des Migrantenabkömmlings zu drängen und sein Verhalten daraus zu erklären. Im Ausstellungspublikum gab es geteilte Reaktionen auf diesen Critical Incident. Viele Besucher empfanden die Darstellung Alis als „guten türkischen Sohn" plausibel; andere Besucher, auch türkischer Herkunft, dagegen äußerten, wie unmöglich sie das Verhalten des Jungen Ali fänden, der Unhöflichkeit aus einer kulturellen Eigentümlichkeit heraus zu erklären versuche.

Unserer Ausstellung waren mehrere Projektwochen an Neuköllner Schulen vorangegangen. Ein ursprüngliches Ziel dieser Workshops war auch die Erarbeitung einer Sammlung von Critical Incidents, die Neuköllner Schüler und Schülerinnen, Lehrer und Eltern aus unterschiedlichen Herkunftsnationen betreffen und die als Trainingsmaterial für LehrerInnen eingesetzt werden sollte. Die Hoffnung, Neuköllner SchülerInnen in den Workshops gewissermaßen „nebenher" nach kritischen Interaktionssituationen abzufragen, hat sich leider nicht erfüllt, da den SchülerInnen solche Begegnungen nicht einfielen. Einen Critical Incident zu erkennen setzt offensichtlich ein geschärftes Bewusstsein für kulturelle Missverständnisse schon voraus beziehungsweise bedarf es eines Mediators, der missverständliche Begegnungen als solche aufdecken und erklären kann.

Wie die Geschichte von Assia, der sich häufig verspätenden Schülerin zeigt, lässt sich ein Konflikt nicht immer dadurch lösen, dass man ihn als ein interkulturelles Problem erkennt. Dass Assia als eine „gute Tochter" handelt, schützt sie nicht vor andauernden Schwierigkeiten in der Schule. Auch die Verständigung mit der Lehrerin über die Ursachen dieses Handelns schafft den Konflikt nicht aus der Welt. Hier versagt der Problemlösungsoptimismus einer interkulturellen Verständigung vor den diffizilen und widersprüchlichen Anforderungen zweier mächtiger Institutionen: Familie und Schule. Möglicherweise bleibt der Person Assia nur die resignative Einsicht, dass sich manche Probleme nicht lösen lassen, dass man sie einfach auszuhalten lernen muss. Die Geschichte Assias zeigt, dass ein Leben zwischen den Kulturen voller Spannungen ist, in denen das Individuum häufig genug auf sich selbst gestellt bleibt.

tante

onkel

tante

onkel

Karen Scheper de Aguirre / Hanna Sjöberg

Dem Unsichtbaren eine Bühne

Einrichtung einer Ausstellung

Die Galerie im Körnerpark ist in einer neobarocken Parkanlage gelegen, etwas versenkt, umgeben von Mietshäusern in einem ziemlich strapazierten Neuköllner Viertel. Park und Galerie – die ursprünglich eine Orangerie war – stehen in starkem Kontrast zu ihrer städtebaulichen Umgebung. Für viele Neuköllner ist der Körnerpark eine Oase, ein gepflegter Ort, der nicht vandalisiert wird.

Mitten in Neukölln also liegt dieser Ort, scheinbar untypisch für das Neuköllner Leben, Gastgeber für die Ausstellung „Gute Töchter – Gute Söhne", die sich einem wesentlichen Aspekt der Neuköllner Realität widmet: interkulturellen Missverständnissen.

Der Besucher aus Neukölln weiß hier mehr als wir Ausstellungsgestalter, wir können ihn nicht belehren. Was also könnten wir dann anbieten? Idealerweise einen Ort zum Zusammenkommen und Nachdenken – und diese Voraussetzungen bestehen ja bereits im Körnerpark –, sowie eine attraktive Ausstellung, in der Information, Austausch und Wissensvermittlung möglich sind.

Die Gestaltung entstand in enger Zusammenarbeit mit der Ausstellungsgruppe in regelmäßigen Sitzungen der „Entimon"-Runde. Was sollte gezeigt werden und wie? Zu Beginn hatten wir als Diskussionsanregung für die Runde drei gestalterische Denkmodelle vorgestellt: die Idee vom „Supermarkt" mit seinem vielfältigen Warenangebot, das Bild der „Straße" als Territorium und Erfahrungsraum und das Modell eines experimentellen Untersuchungsraumes.

Letztlich kombinierte die Ausstellung den offenen Charakter eines Straßenraumes, der sich schon durch die langgestreckte Form der Galerie anbietet, mit der Einrichtung von besucheraktiven Versuchsanordnungen.

Die Konzeption für „Gute Töchter – Gute Söhne" verknüpfte verschiedene Vermittlungsebenen miteinander: bildnerische, informative, interaktive.

Die Ergebnisse eines künstlerischen Wettbewerbs sollten genauso berücksichtigt werden wie die von einer Arbeitsgruppe des Instituts für Kunst im Kontext entwickelten interaktiven Stationen, die Gestaltung von bühnenbildartigen Stationen musste korrespondieren mit der Archivierung und Zugänglichkeit von Wissen in Schriftform. Wir setzten auf eine „erfahrbare" Gestaltung mit der Anforderung an die BesucherInnen, sich die Thematik eigenständig zu erarbeiten. Dementsprechend entwickelten wir bühnenbildartige, nutz- und begehbare Installationen, deren Angebot sich der Besucher in selbstbestimmter Zeit aneignen konnte.

Als inhaltliches Ausgangsmaterial wählte die „Entimon"-Runde drei so genannte Critical Incidents aus. Durch die Verwendung von Podesten wurden sie als Ereignisfelder in der Ausstellung markiert. Zwischen diesen Bauten finden sich interaktive Segmente wie ein assoziatives Dominospiel (Universität der Künste) und das Computerspiel „Ich will mit" (Kulturamt Neukölln). Die prämierten Beiträge des Kunstwettbewerbs wurden in der Mitte der Ausstellung als individuelle Kommentare und Arbeiten zum Thema zusammenhängend präsentiert. Lesestationen nebst Sitzgelegenheiten präsentierten wissenschaftliches Material in Form eines mobilen Archivs.

„Wissen auf Rädern"

Angesichts des umfangreichen Schriftmaterials von ursprünglich als „Werteinseln" konzipierten Lesestationen stellte sich die Frage, wie sich Text in einer Ausstellung vermitteln lässt, wenn er nicht als grafisches, also gestalterisches Element eingesetzt werden kann.

Ein archivarischer Bereich verlangt per se nach einer lesegemäßen „Einrichtung", die zu gleichen Teilen der Konzentration und der Bequemlichkeit förderlich ist. Da die Wissensstationen zu den Begriffen „Ehre", „Respekt" etc. zum Teil mehreren Critical Incidents zugeordnet werden konnten, konstruierten wir sie als mobile Behältnisse, die als „Wissen auf Rädern" durch die Ausstellung bewegt werden konnten. Auch die zahlreichen unterschiedlichen Sitzkissen wurden nach Gesichtspunkten schneller Transportierbarkeit und Bequemlichkeit produziert. Sie konnten für Veranstaltungen rasch zu einer Gesprächsrunde umgruppiert werden.

Zeuge und Beobachter von Critical Incidents

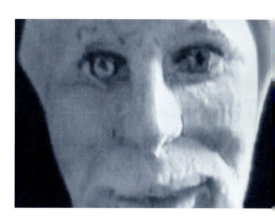

Ein Critical Incident, so lernten wir, ist so unauffällig, dass er für Außenstehende und Verursacher fast unbemerkt bleibt, und nur ein aufmerksamer Beobachter, der mit beiden Kulturverhalten vertraut ist, mag das Missverständnis bemerken. Das Spezifische an Critical Incidents schien uns, dass ein solcher Beobachter zwingend notwendig ist, um den Unfall in seiner ganzen Kleinheit überhaupt wahrzunehmen. In der Folge spielt ein kommunikativer Vermittler zwischen den Parteien eine wichtige Rolle.

Sobald die BesucherInnen von „Gute Töchter – Gute Söhne" die Kulisse eines Critical Incidents betreten, werden sie Zeugen einer zunächst rätselhaften Situation. Im Fall von „Assia kommt zu spät" geraten sie zwischen die abstrahierten Pole „Familie" und „Schule"; die Begegnung zwischen Ali und Ulrike („Ali grüßt nicht") können sie auf einem nachgebauten Stück Neuköllner Straße gespiegelt sehen; Herrn Li und seinen Doktorvater finden sie als kleine Figuren in einem Schreibtisch versenkt.

Diese – visualisierte – Ebene des Critical Incidents liefert noch keine Erklärung für die gebotene Erzählung. Das Nachstellen des Ereignisses versucht möglichst neutral zu sein und keine Wertung vorzunehmen. Der eigentliche Unfall bleibt ja beinahe unsichtbar und erzählt sich schlecht: er kann sich einzig durch Artikulation und Erklärung materialisieren. Ironischerweise wird das Objekt erst sichtbar, indem es dekonstruiert wird.

Ein kurzer Hör- und Lesetext führt in das Ereignis ein, indem er lediglich das „was passiert ist" beschreibt. Der Betrachter kann das visuelle Angebot besser verstehen, wenn er den auf einer zweiten Darstellungsebene angelegten „inneren Monologen" der beteiligten Personen folgt. Diese Texte sind individuelle Gefühls- und Verständnisprotokolle. Eine dritte, informative Ebene schließlich beinhaltet ergänzendes und weiterführendes Textmaterial im weiteren Kontext, zum Beispiel zu kulturellen Verhaltensmustern.

Die Installation „Assia kommt zu spät" macht sich die schlauchartige Gestalt der Galerie zunutze, um zwei entgegengesetzte Positionen einander räumlich gegenüberzustellen und den Besucher zwischen ihnen hindurchzuschleusen.

Ein arabisches Mädchen muss sich zwischen den Erwartungen seiner Familie und den Anforderungen des deutschen Schulsystems arrangieren. Für die Darstellung dieses interkulturellen Konflikts einer Einzelnen zwischen zwei Institutionen wurden die Metapher des sozialen Netzes und das Bild der Leiter als Symbol für gesellschaftlichen Aufstieg verwendet.

Auf der Wandseite wird das „sichere" Netzwerk der Familie in Form einer Porträt-Fototapete mit fiktiven Verwandten dargestellt. Assia ist sozial eingebunden, nicht zuletzt gibt es in diesem Clan eine Anzahl von Cousins, die für Assias Mutter als Wunschkandidaten für einen Schwiegersohn ganz weit oben stehen. Ein Podest in Sofaform, mit Teppich überzogen, lädt zum Gespräch, zum Lesen oder zum familiären Miteinander ein.

Auf der gegenüberliegenden Seite symbolisiert eine kaum erkennbare Leiter im Fenster die Institution Schule. Abstrakte Begrifflichkeiten auf den Sprossen formulieren Wünsche und Entwicklungsmöglichkeiten, aber auch Forderungen an und Einschränkungen des Individuums durch das Schulsystem. Fiktive Dokumente wie ein Zeugnis und das Protokoll einer Schulbesprechung enthüllen Entstehung, Ausmaß und Folgen des Konflikts. Ein Klassenbuch dient als zusätzlicher „Beweis". Ein Brief von Assias Mutter schildert den Sachverhalt aus anderer Sicht. Assia selbst kommt in ihrem Tagebuch zu Wort. Auf einem rollenden Tischchen präsentiert, ist es das zentrale Dokument der Installation.

„Assia" verlangt dem Besucher ein extrem hohes Maß an Kombinationsbereitschaft ab. Zudem ist eine Fülle von Zusatzinformationen in den beiden Buchobjekten enthalten, die als Fibel oder Geschichtensammlung in den Senken der Sofa-Plattform untergebracht sind und in denen geschmökert werden kann.

Der Blick in den hinteren Ausstellungsraum eröffnet die Perspektive auf eine Straßenszene, in der ein überlebensgroßes Wandbild die Fluchtung der Galerie fortführt. In ein Foto der Karl-Marx-Straße, der bekannten Neuköllner Einkaufsmeile, wurde eine Figurengruppe eingefügt, die den Critical Incident „Ali grüßt nicht" nachstellt.

Das interkulturelle Missverständnis zwischen dem türkischen Jungen Ali und seiner deutschen Klassenkameradin Ulrike, der er in Begleitung ihrer Eltern begegnet, gilt als verbriefte Neuköllner Alltagsgeschichte. Es gefiel uns, dass es, obgleich hier zwei kulturelle Grußverhalten ganz offensichtlich aufeinander prallten, doch keinen unmittelbaren Zusammenstoß gab. Der Aufmerksamkeit der Klassenlehrerin beider Protagonisten war es zu verdanken, dass das Missverständnis zwischen beiden aufgedeckt werden konnte.

Die Bodeninstallation, die ein Stück asphaltierte Straße imitiert, zeigt die Fußwege der Akteure in Kombination mit ihren Gedanken. Diese weißen „Denk-Streifen" führen aneinander vorbei, ohne sich zu nähern: es gibt kein Zusammentreffen. So denkt zum Beispiel Ulrikes Vater daran, einen Hamburger zu essen, während direkt neben ihm das kleine Drama seinen Lauf nimmt.

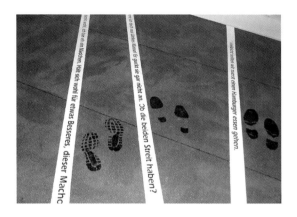

Eine rechter Hand gelegene Bar offeriert Exemplare der Zeitung „Neuköllner Kulturspiegel" und hierin wiederum umfangreiches Material zu Grußverhalten und Hierarchie-gefälle. Acht Illustrationsobjekte mit der Darstellung rituellen Grußverhaltens wie z.B. Handkuss, Bikergruß und Salaam runden die Installation ab.

In einer dritten Installation werden nonverbale Kommunikation und steiles Hierarchiegefälle thematisiert.

Herr Li und sein deutscher Doktorvater treffen sich in einer konzentrierten Gesprächssituation. Beide sind beruflich mit dem Thema Sprache befasst, sie forschen. Zwei Menschen, die sich kritisch und kreativ mit Sprache auseinandersetzen, können dennoch nicht miteinander kommunizieren.

Tatort ist ein durchaus realistischer und nutzbarer „Arbeitsplatz" in Form eines Schreibtisches, in dessen Schubladen eine umfangreiche Textsammlung untergebracht ist.

In die Schreibtischplatte versenkt wurde eine Acrylglasbox, in welcher ein hölzernes Kammerspiel stattfindet.

Für die Greifbarmachung dieses Critical Incident schien ein figuratives Modell geeignet, den fehlgeschlagenen Austausch der Protagonisten zu spiegeln. Die Bildhauerin Birgit Kammerlohr schnitzte dafür Herrn Li und seinen Professor samt Schreibtisch im krippenspielartig anmutenden Miniaturformat. Um die Aufmerksamkeit auf die unterschiedlichen Blickperspektiven der Gesprächsteilnehmer zu fokussieren, produzierte die Videokünstlerin Tatjana Ravlic ein kurzes Video. Wie durch eine Lupe wird die Figurengruppe als bewegtes kleines Drama inszeniert. Indem die winzigen Holzgesichter auf dem Monitor auf die Größe des menschlichen Antlitzes hochgezogen werden, kann just ihre Unbeweglichkeit zur perfekten Projektionsfläche für den Zuschauer werden. Hier ist der ganze kleine Unfall, durch Vitrine und Monitor hermetisiert und vom Betrachter getrennt, schon beinahe sakralisiert und dadurch zu etwas sehr Bedeutsamem geworden.

Wir begriffen die ausgewählten Critical Incidents als hyperrealistische Konstruktionen, auf alltäglicher Erfahrung basierend, jedoch mit eindeutigem Modellcharakter. Jeder von ihnen zeigt eine Gelegenheit, in die jeder Mensch geraten kann; wir besetzten sie also nicht mit Individuen, sondern mit Stand-in-Figuren / Statthaltern. Auf diese Weise kann jede/r BesucherIn mit Anteilnahme oder kritischer Distanz und Unparteilichkeit in die Thematik einsteigen.

Die räumliche Inszenierung von „Gute Töchter – Gute Söhne" haben wir als Mischung aus Bühnenbild und laborhaften, untersuchenden Wissensstationen begriffen. Ein Bühnenbild wird üblicherweise erst belebt durch die Akteure. In der Ausstellung scheinen die Kulissen zunächst seltsam leer zu sein: reine Installation simuliert „Realität". Die Akteure sind nicht mehr da, sie haben ein leeres Spielfeld hinterlassen und lediglich einige Spuren, anhand derer der aufmerksame Besucher den Vorfall rekonstruieren kann. Der Besucher wird hier zum Ermittler, und erst durch seine aktive Teilnahme an der Inszenierung wird die Ausstellung zu dem, was sie sein will: Aktionsfeld, Bildungsraum, Ereignis. Das Tracing, die Praxis der Spurensuche, erfordert vom Besucher ein hohes Maß an Eigeninitiative: Er muss die Installation beschreiten, kombinieren, Schlüsse ziehen, sich Gedanken machen und schließlich Informationen erlesen. Indem er sie betritt und zum Leben erweckt, wird er selber zum Erzeuger; im Handeln, Lesen, Reflektieren produziert er mit.

Katja Jedermann

Kunst im Kontext eines interkulturellen Projekts

Chronologisches

Seit Anfang der achtziger Jahre kooperieren das Kulturamt Neukölln und das Institut für Kunst im Kontext[1] und
seine Vorgängereinrichtungen, vor allem in Ausstellungs-
projekten, die sich besonderer Themen annehmen und
damit spezielle Bevölkerungsgruppen und Communities
ansprechen. Für das Institut für Kunst im Kontext sind die
Projekte in einem so spannenden Stadtteil wie Neukölln,
dessen Kulturamt in den letzten 20 Jahren seine Aktivitäten vervielfacht hat und immer wieder neue Aktionsfelder
auftut, ein wichtiges Praxisfeld für die Studierenden. Die
Künstler/innen können unterschiedliche Arbeitsweisen
ausprobieren und herausfinden, in welchen Zusammenhängen und/oder mit welchen Adressatengruppen sie
aktiv werden wollen. Sie können hier dezentrale Kulturarbeit at it's best kennen lernen und selbst zu deren
Weiterentwicklung beitragen.

Rahmenbedingungen

Als Lehrende, die die Zusammenarbeit über Jahre
begleiten, versuchen wir gemeinsam mit den Mitarbei-
ter/innen des Kulturamts die Projektarbeit immer wieder
neu nach den sich verändernden Bedingungen zu gestalten. Im Projekt „Gute Töchter – Gute Söhne" wurden die
Rahmenbedingungen für die Beteiligung von Studierenden
des Instituts im Verlauf der Arbeit entwickelt beziehungsweise geändert. Das war, so vermute ich im nachhinein,
für die beteiligten Künstler/innen nicht immer leicht zu
überblicken.

Die Projektgruppe am Institut konstituierte sich im
Sommersemester 2003. Sie bestand zunächst aus den
bildenden Künstlerinnen Sandra Contreras, Ines Doleschal,
Silvia Hildebrand und Tanja Ravlic. Kristina Leko, zu der Zeit
mit einem Stipendium in New York, sagte von Ferne ihre
Mitarbeit für Herbst zu. Der Beirat, an dessen Sitzungen
ich teilnahm, hatte schon ein halbes Jahr getagt und die inhaltliche Ausstellungskonzeption in groben Zügen skizziert.

1   Siehe die Anmerkung im Anhang.

Dem Thema der Ausstellung gerecht zu werden, hieß für die Künstler/innen zunächst, sich mit der gegenwärtigen Situation von Jugendlichen multiethnischer Herkunft in Neukölln auseinander zu setzen. Neben der Diskussion von Konzepten interkulturellen Lernens, von Texten zu postkolonialer Theorie, den Shell-Jugendstudien und aktuellen Presseberichten ging es natürlich auch um direkten Kontakt.

Erste Befragungen

Für die Künstlerinnen bot das Kulturfestival „48 Stunden Neukölln" im Juni 2003 eine Gelegenheit, Jugendliche auf der Straße zu befragen, Interviews zu machen — und ein Gefühl für den Bezirk zu bekommen. Die spontanen Befragungen führten zu ähnlichen Ergebnissen wie sie die Projektgruppe der Humboldt-Universität[2] an Neuköllner Schulen erzielt hatte: Gute Töchter und Söhne sind höflich, treu, ehrlich und gerecht, hilfsbereit und zuverlässig, nehmen keine Drogen und haben gute Leistungen in der Schule. Sie leben überwiegend in Harmonie mit ihren Eltern. Na klar. Die Jugendlichen bestätigten Klischees, verhielten sich normal. Die Künstler/innen hatten nicht erwartet, in so kurzer Zeit näher an die möglichen Generationskonflikte und Probleme der Jugendlichen heranzukommen. Aber durch die Befragungen bekamen sie einen ersten Eindruck des möglichen Publikums.

Für die Ausstellung entwickelte die Gruppe erste Ideen, die die Besucher/innen einbeziehen sollten — work in progress. Die Künstler/innen wollten von den Besucher/innen etwas wissen, ihnen höchstens Denkanstöße geben, Fragen stellen, nicht pädagogisch sein.

Künstlerrollen

Im Juli 2003 wurden zwei Absolventinnen des Instituts, Hanna Sjöberg und Karen Scheper de Aguirre, mit der Ausstellungsgestaltung beauftragt.

Ein anonymer künstlerischer Wettbewerb wurde vom Kulturamt ausgeschrieben.

Zwei Mitglieder der Projektgruppe beteiligten sich, und ihre Arbeiten wurden später von der unabhängigen Jury ausgewählt — auch die beiden anderen Preisträger waren Studierende des Instituts, aber nicht Mitglieder der Projektgruppe. Der Wettbewerb, der vor allem die Qualität der Exponate absichern sollte, führte dazu, dass die beiden Künstlerinnen nun unterschiedliche Rollen hatten — als Künstlerinnen mit Einzelarbeiten, die unangefochten „Kunst" sein durften, und als Mitglieder der Projektgruppe, die noch zusätzlich interaktive Exponate entwickeln wollte und die mit den anderen Beteiligten diskutiert werden mussten.

Damit waren also bildende Künstler/innen in drei verschiedenen Positionen am Ausstellungsprojekt beteiligt. Die damit verbundene Arbeitsteilung und Honorierung war nicht von Anfang an klar definiert, vor allem auch dadurch, dass die Personen z.T. zwei Rollen einnahmen.

---

2   Eine Projektgruppe, die sich aus Mitgliedern des Arbeitskreises Kulturelle Sensibilisierung (AKS) des Instituts für Allgemeine Pädagogik der Humboldt-Universität Berlin rekrutierte, hatte unter der Leitung von Dr. Ursula Nguyen und in Kooperation mit dem Kulturamt Neukölln an drei Neuköllner Schulen jeweils mehrtägige Workshops zur kulturellen Sensibilisierung durchgeführt. (Anm. d. Red.)

Erste Ideen

Im August standen bereits drei Ideen: ein überdimensionales Dominospiel, in dem Haltungen, Verortungen und Bewertungen zu aktuellen Themen von Jugendlichen flexibel zusammengesetzt, neu kombiniert und interpretiert werden sollten, eine begehbare Wunschbox und eine Toninstallation mit einem Esstisch, an dem man unterschiedliche Tischsitten, Rituale und Konventionen aus vier Familien unterschiedlicher Herkunft hörend kennen lernen könnte. Um die Ideen zu konkretisieren, wurde ein Projekttag in einer 9. Klasse der Kurt-Löwenstein-Oberschule in Neukölln verabredet.

Wieder wurden Jugendliche befragt. Bereitwillig gaben sie Auskunft über ihre Haltungen, Ansichten, Wünsche und Träume. Die Ergebnisse flossen in die konkrete Gestaltung der Projekte – auch der Wettbewerbsbeiträge – ein (Texte im Anhang).

Was noch fehlte, waren die vier Familien aus vier verschiedenen Ländern für die Toninstallation. Aus Zeitmangel wurde dieses Projekt zunächst vertagt.

Neue Leute

Zu Beginn des Wintersemesters kamen wir überein, dass es nichts schaden würde, die Gruppe zu erweitern, ein paar Ideen mehr in die Ausstellung zu integrieren und die vorhandenen Ideen weiter zu entwickeln und in der Gruppe zu realisieren.

So kamen Ende Oktober Roman Minaev, Tiko Karrasch, Despina Stokou und die italienische Gasthörerin Irene Ammaturo hinzu.

Das Thema des multiethnischen Zusammenlebens und der kulturellen Diversität von Bewohner/innen eines Berliner Bezirks wurde nunmehr von einer Gruppe von Künstler/innen aufgegriffen, die selbst nicht diverser hätte sein können. Die Herkunftsländer der Beteiligten waren Mexiko, Russland, Kroatien, Griechenland, Italien und Deutschland, wobei das „Deutschsein" eines Künstlers durch einen langjährigen Frankreich-Aufenthalt relativiert wurde.

Die Gespräche in der neu zusammengesetzten Projektgruppe fanden abwechselnd und gleichzeitig in Deutsch, Englisch, Italienisch und Spanisch statt. An Critical Incidents[3] herrschte nach meinen Beobachtungen kein Mangel, manche wurden aufgedeckt, andere blieben möglicherweise unerkannt. Die Vorbereitungszeit war kurz. Allein die Erläuterung der Projekt- und Entscheidungsstrukturen war kompliziert und langwierig.

---

3   Siehe den Beitrag „Critical Incidents und kulturelle Missverständnisse".

Video

Ein Teil der Gruppe nahm sich vor, die Kontakte zu der schon interessierten Schulklasse an der Kurt-Löwenstein-Oberschule auszubauen und mit den Schüler/innen einen Videofilm zu drehen. In unendlichen Diskussionen in der Gruppe und in Treffen mit der Schulklasse und Gesprächen mit den Lehrern wurde an möglichen Storyboards gearbeitet. Die Schüler/innen formulierten ihre Filmwünsche und Fortsetzungen eines von Tiko Karrasch als Comic gezeichneten Anfangs eines Filmplots. Familienszenen wurden gespielt und aufgenommen, kleinere von Schülern gedrehte Video-Sequenzen entstanden. Die Arbeitsgruppe entwickelte Ideen für den Schnitt, wollte die Schüler/innen noch einmal den geschnittenen Film kommentieren lassen und sichtete schließlich gemeinsam das vorhandene Material. Es war dann doch nicht so ergiebig, wie die Gruppe es sich vorgestellt hatte. Daraufhin übernahm es Tanja Ravlic als erfahrene Video-Künstlerin, einen Vorschlag zu machen. Sie drehte einige Neuköllner Straßenszenen und schnitt das Material zusammen. Noch einmal wurde ausführlich diskutiert und kritisiert. Das Ergebnis blieb für die Gruppe unbefriedigend. Sie beschloss, den Film im Film selbst zu kommentieren und von den Schüler/innen kommentieren zu lassen. Als work in progress wurde der Film schließlich, zusammen mit der „Wunschbox" und anderen Projekten und Workshops, im neu hinzugekommenen „Aktionsraum" in der Galerie im Saalbau gezeigt.

Graffiti ohne Wand

Roman Minaev erarbeitete zunächst zusammen mit Tiko Karrasch den Vorschlag, Graffiti als einen wesentlichen Ausdruck von Jugendkultur, die in der Ausstellungskonzeption bis dato nicht thematisiert worden wäre, zum Gegenstand einer Installation zu machen. Seine Idee war, eine Ausstellungswand in der Galerie im Körnerpark von „Profis" aus der Szene besprühen zu lassen, vor diese Wand Rückenporträts von anonymen sprayende Jugendlichen zu hängen und die mit einer Überwachungskamera gefilmte Sprayaktion nachts von innen auf die Fenster der Galerie zu projizieren. Dies war nach Auffassung der Gestalterinnen für die ohnehin schon komplizierte Ausstellungskonzeption für den Körnerpark zu viel. Zudem schien die Galerie im Saalbau in der belebten Karl-Marx-Straße dafür der geeignetere Ort. Nicht bedacht wurde bei dieser Entscheidung, dass in diesem Raum keine Möglichkeit zum Sprühen bestand.

So blieben am Ende die Fotos der Jugendlichen vor einer leeren Wand und die Projektion von Filmaufnahmen eines Sprayers, der die Wand der Galerie nicht besprüht, aber die Bewegungen des Sprühens vollzieht. Der Film wurde auf die Schaufenster an der Karl-Marx-Straße projiziert und war so sichtbares Zeichen des Problems.

Zu einer Diskussionsveranstaltung lud Roman Minaev das mit seinem Provokationen in der Kunstszene bekannte russisch-österreichische Künstlerpaar Alexander Brener und Barbara Schurz ein. Ihr Vortrag über politische Graffiti, der für manche Zuhörer/innen wie ein Manifest aus den siebziger Jahren klang, löste kontroverse Diskussionen aus – allerdings weniger unter den Neuköllner Sprayern als unter den ambitionierten Künstlerkolleg/innen.

Wünsche

Die „Wunschbox" von Silvia Hildebrandt, ein Raum im Raum, bestehend aus drei Holzwänden, die innen mit Postkarten verkleidet waren, einem Eingang mit Vorhang, Tisch und Stuhl, Stiften und Papier, wanderte auch in die Saalbau-Galerie, die als Aktionsraum definiert wurde. Die Wunschbox sollte „ein neutraler Ort" sein, „an dem gesellschaftliche, religiöse und Altersunterschiede nicht von Bedeutung sein sollen".

Die Besucher/innen wurden dazu aufgefordert, „möglichst allein ein paar Minuten in der Wunschbox zu verweilen, um einen Wunsch aufzuschreiben".

Obwohl die Besucherzahl in der Saalbau-Galerie nicht sehr hoch war, war die Künstlerin mit der Wunschsammlung zufrieden: Es wurden viele verschiedene Wünsche geäußert, triviale Wünsche, wie „frische Himbeeren", „Ferien" oder dass die „Lieblings-Fußballmannschaft nicht absteigt". Als tiefer gehende Wünsche entdeckte sie Wünsche nach „Freiheit", nach „Leidenschaft", „Weltfrieden", „Arbeit" und „Liebe", aber auch „den afrikanischen Freund bei sich haben zu können".

In der Saalbau-Galerie fanden auch verschiedene Workshops mit Künstlerinnen statt. So schrieben einige Mädchen in langen Gesprächen mit Kristina Leko Geschichten über ihre Großeltern auf, ein Workshop, in dem die eigentlich zu geringe Teilnehmer/innenzahl zu besonderer Arbeitsintensität und allmählicher Vertrautheit führte.

Installationen

In der Galerie im Körnerpark stellte sich die gesamte Projektgruppe nach einer Idee von Ines Doleschal mit der Installation „There's no place like home" vor. Erinnerungen an die Kindheit am Esstisch zeigen Unterschiede und Ähnlichkeiten in den verschiedenen Herkunftsländern. Statt vier Familien verschiedener Herkunft ausfindig zu machen und zu interviewen, machte die Projektgruppe ihre eigene Vielfalt zum Ausstellungsgegenstand. Auszüge aus den einzelnen Erzählungen finden sich im Anhang dieses Artikels.

Das Domino-Spiel (siehe Anhang) mit seinen farbigen Bildsymbolen wurde zur visuellen Attraktion in der stark schwarz-weiss orientierten Ausstellung. Ines Doleschal und Despina Stokou hatten es gemeinsam gestaltet. Das Dominospiel war ebenso wie die Wettbewerbsbeiträge, die von den Künstler/innen in dieser Publikation selbst beschrieben werden, in die Gesamtkonzeption der Ausstellung integriert (siehe Seite 56ff.).

Die Ästhetik der einzelnen Objekte war zwar vielfältig, aber bei welchen Objekten es sich nun um „Kunst" handelte, blieb offen.

Erfahrungsgestalter

Künstler/innen als Ausstellungsgestalter/innen sind mittlerweile – abgesehen vom österreichischen Finanzministerium – allgemein anerkannt und erwünscht. Insbesondere das Dresdner Hygiene-Museum liefert durch seine Ausstellungen seit Jahren immer wieder hervorragende Beispiele der Zusammenarbeit von Wissenschaftler/innen, Künstler/innen und Designer/innen. Die großen Ausstellungen des Jahres 2000, die Expo in Hannover mit ihrem Themenpark und die Sieben-Hügel-Ausstellung in Berlin haben gezeigt, was möglich ist, wenn man sich ums Geld keine Gedanken machen muss. Das ist in Neukölln anders.

Oskar Bätschmann spricht in seinem Buch „Ausstellungskünstler" vom „Erfahrungsgestalter". „Erfahrungsgestaltung ist auf die Bereitstellung von Vorrichtungen, Einrichtungen oder Objekten gerichtet, die das Publikum von Ausstellungen mit einer unerwarteten Situation überraschen oder in einen Vorgang einbeziehen und dadurch einen Prozess der Erfahrung auslösen. Erfahrungsgestaltung zielt nicht primär auf die Herstellung von Kunstwerken mit einem traditionellen Autonomiestatus. Im Unterschied zur herkömmlichen Auffassung, die im Werk ein Ziel sieht, betrachtet Erfahrungsgestaltung die Installationen als Mittel zur Auslösung eines Erfahrungsprozesses. Sie impliziert den schwierigen Wandel des Publikums zum aktiven (wenn auch nicht unproblematischen) Partner und richtet sich auf Partizipation und Einbezug durch Einladung, Verlockung, Überwältigung, Schock und Gefährdung."[4] Mit diesem Zitat, das sich auf Künstler wie Serra und Kabakov bezieht, meint der Autor zwar Kunstausstellungen. Die Funktion der künstlerischen Herangehensweise ist jedoch sicher auch auf thematische Ausstellungen zu übertragen.

Wenn es in diesem Projekt auch darum ging, Erfahrungen zu gestalten, so waren für die Künstler/innen noch andere Aufgaben vorgesehen: Im ausgeschriebenen Wettbewerb wurden junge Künstler/innen gesucht, die zu einer

„Keine künstlerischen Tätigkeiten üben z.B. aus bzw. stellen dar:
Artist (VwGH 20.11.1989, 88/14/0211),
Ausstellungsgestalter (VwGH 5.5.1970, 1894/68),
Bauchredner (VwGH 20.11.1989, 88/14/0211),
Dekorieren von Schaufenstern und Verkaufskojen (VwGH 26.3.1969, 1320/68)."

Auszug aus den Richtlinien zum Steuerrecht, veröffentlicht vom österreichischen Bundesministerium für Finanzen (Stand Juli 2003), gefunden auf der Website des Wiener Steuerberatungsbüros „tax4art – die Steuerberatung für kreative Menschen".

4 Bätschmann, Ausstellungskünstler, S. 232.

vorgegebenen Thematik eigenständige Kunstwerke schaffen. Von den Mitgliedern der Projektgruppe des Instituts wurde erwartet, dass sie schon im vorhinein das anvisierte Publikum in die Erarbeitung interaktiver Exponate einbeziehen. Und von den beiden Künstlerinnen Hanna Sjöberg und Karen Scheper d'Aguirre, die die Gesamtgestaltung übernahmen, wurde eine Ausstellungsgestaltung erwartet, die die inhaltlichen Ideen der Vorbereitungsgruppe auf möglichst phantasievolle Weise verwirklicht.

Kunst

Die Übergänge zwischen Design und freier Kunst, zwischen Ausstellungsdidaktik und interaktivem Kunstobjekt sind fließend.

Zur Definition einer künstlerischen Installation gehört nach Juliane Rebentisch, dass sie „konstitutiv bedeutungsoffen" ist: „Weder für die jeweiligen Werke noch auch für deren einzelne Elemente lässt sich ein definitiver Kontext identifizieren, der ihr abschließendes Verstehen garantieren könnte. Als Kunstwerke bleiben sie ortlos auch und gerade dort, wo sie sich offensiv auf ihren doppelten Ort – den buchstäblichen und den gesellschaftlichen beziehen."[5] Kritisch wendet sich Juliane Rebentisch gegen eine zeitgenössische Kunst, die die „eigene Wichtigkeit durch die ihrer Inhalte" zu erpressen versuche: „Solche Umsetzungskunst vermittelt im schlimmsten Fall inhaltlich nichts, was nicht unabhängig von ihr, und zumeist differenzierter in der Theorie, erkannt worden wäre. Im Gegenteil, meist kommt die Botschaft, die im naiven Glauben an die Evidenz der Bedeutung bestimmter Materialien übermittelt werden soll, auf jenen Common Sense herunter, der bei den BetrachterInnen ohnehin vorausgesetzt werden kann: [...] Gesellschaftlich relevant wird Kunst nicht dadurch, dass sie bestimmte Inhalte vermittelt, die besser und differenzierter anders kommuniziert werden könnten als dadurch, dass man sie ‚kunstmäßig' dekoriert – als sei die Form eine diesen bloß äußerliche Zugabe. Kunst kommuniziert, verdient sie diesen Begriff, nie direkt. Sofern Objekte überhaupt als ästhetische, als Kunst, erfahren werden, bringen sie notwendig immer auch ihren eigenen Formalismus hervor, eine Konzentration auf die Form um ihrer selbst willen."[6]

Gratwanderung

Für die Künstlerinnen, die an Ausstellungen wie „Gute Töchter – Gute Söhne" beteiligt sind, bleibt die künstlerische Arbeit eine Gratwanderung zwischen Wissensvermittlung, der Reflexion unterschiedlicher Wissensformen, Didaktik und Kunst.

Künstlerinnen und Künstler, davon sind alle Beteiligten überzeugt, haben andere Möglichkeiten, Themen zu vermitteln, verfügen über besondere Fähigkeiten, über Phantasie und Einfallsreichtum, und Künstlerinnen und Künstler, die sich für ein Studium am Institut für Kunst im Kontext entschieden haben – und das sind oft solche, die zwischen verschiedenen Ländern, unter-

---

5   Rebentisch, Ästhetik der Installation, S. 275.
6   Ebd., S. 277.

schiedlichen Kulturen und Sprachen hin und her switchen, real und virtuell –, sind dabei zu lernen, sich schnell in ein Thema einzuarbeiten und zu kommunizieren, mit Schüler/innen und Jugendlichen auf der Straße, mit ethnischen und sozialen Minderheiten, mit Initiativen und Randgruppen, aber auch mit Sozialarbeiter/innen und Lehrer/innen und – natürlich – den Ausstellungsbesucher/innen.

Ungewohntes

So unterschiedlich sich die Aufgaben und Beauftragungskonstellationen für die Künstler/innen darstellen, so verschieden sind auch die Künstlerinnen und Künstler selbst. Für manche ist der Schritt aus dem Atelier, in dem sie sich seit Jahren mit sehr spezifischen künstlerischen Problemen auseinandergesetzt haben, hin zur Zusammenarbeit mit Kolleg/innen eine sehr große Herausforderung. Andere sind zwar viel in der Welt herumgekommen, haben in verschiedenen Ländern gelebt und studiert – und meistens auch gejobbt, weil die wenigsten allein von ihrer Kunst leben können –, haben aber ihre künstlerische Arbeit immer spontan aus der Situation entwickelt und sind es nicht gewohnt zu planen und anderen im Vorfeld zu erklären, was sie machen möchten. Wieder andere sind sehr gründlich in ihrer theoretisch-konzeptuellen Arbeitsweise. Sie brauchen Zeit und können nicht ohne genauere Kenntnis des Umfelds einfach ein Konzept vorlegen.

Neukölln war einigen der Künstler/innen vertraut, sie wohnen im Bezirk oder haben hier ein Atelier. Ungewohnt ist für die meisten aber die Zusammenarbeit mit einem Amt oder einer Behörde, wenn es nicht nur um einen Antrag oder einen Rat geht, sondern um konkrete Zusammenarbeit in einem Projekt. Da gibt es Zuständigkeiten, die es manchen Personen erlauben über etwas zu entscheiden und anderen nicht, feste Arbeitszeiten, die bedeuten, dass man sich um Schlüssel und Zugang kümmern muss, wenn man außerhalb der „Kernzeit" in den Räumen arbeiten will.

Critical Incidents

Es gibt geschriebene und ungeschriebene Gesetze über den Umgang mit Geld, das auch, wenn es für das Projekt bewilligt wurde, nicht einfach nur ausgegeben werden kann. Beim Einkauf auf die richtigen Belege zu achten und genaue Abrechnungen zu machen, sind nicht nur für Künstler/innen gewöhnungsbedürftige Tätigkeiten.

Aber auch, dass die Künstler/innen vor der Realisierung des Projekts immer wieder über ihre Arbeit sprechen, sie erklären sollen und sich Diskussionen stellen, ist für manche freie Künstler/innen ungewohnt. Sie reklamieren für ihre Arbeit – anders als ihre Kolleg/innen aus dem Design-Bereich – künstlerische Freiheit, wie sie es an den Kunsthochschulen gelernt haben, alles andere erscheint zunächst als Zensurmaßnahme. Dass diese Freiheit auch meist die Freiheit von Arbeitslohn bedeutet, hat viele dazu gebracht, über andere Perspektiven künstlerischer Arbeit nachzudenken, und ist für viele ein Motiv für das Studium am Institut für Kunst im Kontext.

Wenn bei solchen Projekten, bei denen man sich in der eigenen Arbeit – so jedenfalls das Gefühl und der Eindruck der Künstler/innen – weitgehend an den Wünschen und Bedürfnissen der Kooperationspartner orientiert hat, kaum Honorarmittel zur Verfügung stehen, gerät diese Perspektive jedoch ins Wanken. Natürlich kann man darauf hoffen, dass die Verantwortlichen Unterschiede machen zwischen Lernprojekten und ordentlichen Beauftragungen, aber ein verhaltenes Misstrauen bleibt bestehen.

Dies auszuräumen, die Missverständnisse und Critical Incidents zwischen den Künstler/innen und den Kooperationspartner/innen auf verschiedenen Ebenen immer wieder aufzuklären und zu vermitteln, ist – so jedenfalls meine Selbsterfahrung – die Aufgabe der Lehrenden des Instituts.

Anmerkung

Das INSTITUT FÜR KUNST IM KONTEXT (IfKiK) an der Universität der Künste Berlin (UdK) bietet einen postgradualen Weiterbildungs- und Ergänzungsstudiengang „ART IN CONTEXT" mit dem Abschluss MASTER OF ARTS/ART IN CONTEXT an. Im Institut wird Hochschulabsolvent/innen (Freie Kunst, Medien, Design, Gestaltung, Kunstpädagogik) die Möglichkeit gegeben, die eigene künstlerische Kompetenz zu reflektieren, sie in neuen Vermittlungszusammenhängen zu erweitern und sich für eine Tätigkeit mit unterschiedlichen Zielgruppen zu qualifizieren. Wissenschaftliche, soziale, pädagogische und organisatorische Zusatzqualifikationen werden ebenso vermittelt wie Medientheorie und -praxis im Projektkontext. Im Mittelpunkt des postgradualen Studiums steht die Projektarbeit, die den Studierenden die Möglichkeit eröffnet, zusammen mit anderen herauszufinden, auf welchem Gebiet die Interessenschwerpunkte liegen, eigene Vermittlungsfähigkeiten zu entwickeln sowie ein breites Spektrum an Institutionen und Zielgruppen kennen zu lernen.

I. „There's no place like home – Tisch und Stimmen"
(Ines Doleschal)

Die Idee im Hintergrund:

Wenn überhaupt, ist bei Tisch die Familie vereint. Dort sieht man sich, tauscht sich ein wenig aus, organisiert sich oder die anderen, diskutiert und trägt Konflikte aus. Bei Tisch entstehen Gespräche, die alle hören, alle angehen. Bei Tisch sind auch Regeln einzuhalten, die Hierarchien, kulturelle Konventionen und individuelle Gewohnheiten reflektieren und deutlich werden durch die Sitzplatzverteilung, Gebete oder andere Rituale vor und nach dem Essen, das Redevolumen der Familienmitglieder, die Arbeitseinteilung vor, während und nach dem Essen, Manieren, Tischschmuck, usf.

Das Objekt:

Ein mittelgroßer runder Esstisch mit vier Stühlen bildet das Kernstück der Installation. Jeder Platz ist mit einem Kopfhörer ausgestattet, der auf dem Tisch bereit liegt. Der Tisch ist hellblau. An jedem Platz sind transparente Sets auf der Tischplatte angebracht, auf denen ein Teller mit unterschiedlichem Inhalt sowie Besteck abgebildet ist. Auf den Stühlen liegen Sitzkissen mit Aufschriften wie „Mach wenigstens deinen Mund zu beim Schmatzen!" Und auf den Tonbändern kommen Menschen aus sechs unterschiedlichen Nationen zu Wort, die sich in etwa 5-minütigen Texten in deutscher Sprache (Originalstimme) an ein oder mehrere Erlebnisse bei Tisch erinnern. Jeweils zwei oder drei dieser Erzählungen sind als Loop aneinandergereiht und an einem Platz über Kopfhörer anzuhören.

Die Texte (Auszüge):

Sandra Contreras, *Mexiko*

„Immer gibt es Probleme, wenn die ganze Familie sich entscheiden muss, wo wir zusammen essen wollen: bei Oma, bei meiner Tante Aurora, bei Mama? … Meine Tante arbeitet wenig und hat deshalb Zeit, das ganze Essen vorzubereiten. Sie kocht lecker, und außerdem hat sie einen großen runden Holztisch. Wir haben uns also für sie entschieden. … Oma bringt die von Aurora servierten Suppenteller zum Tisch. Es gibt Tortillasuppe. Die Sache klappt gut, da alle Oma Bescheid gegeben haben, ob sie eine große oder kleine Portion wollen. … Keiner darf das Essen jemals kritisieren, sonst wäre Tante Aurora beleidigt. Wir müssen auch alles aufessen und nichts übrig lassen, denn sie mag nicht, wenn das Essen weggeschmissen wird: die Kinder in Afrika hungern!"

Tanja Ravlic, *Kroatien*

„In meiner Familie war das gemeinsame Essen eine Möglichkeit, sich zu sehen und miteinander zu sprechen. … Wir konnten bei diesen Sonntagsessen über unsere alltäglichen Probleme sprechen. Am Ende war es aber so, dass wir diese Probleme gar nicht hatten, denn meine Eltern sagten, diese Probleme seien überhaupt keine.

*Sie sagten, dass alles schon in Ordnung sei. … Beim Mittagessen war es immer so,
dass sich zuerst die Männer setzten, dann die Kinder und zuletzt die Frauen.
Die Männer aßen auch zuerst und so viel sie wollten, denn sie mussten hart arbeiten.
Die Männer unterhielten sich dabei über Ereignisse bei der Arbeit und machten sich
etwas wichtig, gerade so, als kennten nur sie das Leben und wüssten darüber Bescheid.
In Wirklichkeit war es aber so, dass die Männer viel redeten, die Frauen in meiner
Familie aber die dominanteren waren und wichtigere Entscheidungen trafen."*

Irene Ammaturo, *Italien*

*„An Heiligabend ist meine ganze Familie am Tisch versammelt.
Aus Tradition essen wir ‚Spaghetti rossi con le vongole', das sind rote Spaghetti
mit Venusmuscheln. Es sind rote, weil sie mit verschiedenen Arten von Tomaten
gemacht sind.
Der Tochter-Mutter-Konflikt zeigt sich, als meine Mutter und ich den besten
‚Baccala' vorstellen wollen. Das ist Stockfisch. Die Diskussion über dieses Gericht
und seinen Geschmack beschäftigt die ganze Familie.
Schon eine Woche vor Weihnachten legt meine Oma ihn ins Wasser. Er wird
im Wasser gekocht und mit Oliven und Paprika gewürzt. …
Und das Süße! Uaooo! ‚Struffoli' sind kleine Teigkugeln, die meine Oma rollt und
ich innerhalb von zwei Tagen schneiden muss. Die Kugeln werden frittiert und
dann mit warmem Honig überzogen.
Um Mitternacht sind alle satt, und es kommt der schönste Augenblick:
Meine Mutter nimmt die kleine Jesusfigur und beginnt die Wallfahrt durch das
ganze Haus. Wir kommen in einer Reihe hinterher, abwechselnd mit einer Kerze
oder Weihrauch. Währenddessen singen wir ‚Tu scendi dalle stelle, o re del cieeeelo'.
Wir gehen in jedes Zimmer hinein und mit besonderer Aufmerksamkeit in die
Toilette meiner Oma…."*

Despina Stokou, *Griechenland*

*„Am Tisch saß ich immer gegenüber meiner Schwester. Meine Mutter saß gegenüber
meinem Vater. Salat und Feta in der Mitte. Die Eltern saßen an der langen Seite, die
Kinder an der kurzen. Meine Mutter saß am nächsten zur Küche, damit sie schnell
aufstehen und alle rechtzeitig bedienen konnte. Das war schon selbstverständlich.
Wenn Gäste da waren, war mein Vater verantwortlich für Wein und die Getränke,
aber nur, nachdem meine Mutter ihn zweimal an diese Aufgabe erinnert hatte. …
Früher haben wir versucht, nur zweimal die Woche Fleisch zu essen und einmal Fisch:
man musste immer mittwochs und freitags fasten – ich glaube, aus religiösen Gründen.
Mittwochs gab es zum Beispiel immer Linsensuppe oder grüne Bohnen – die ich überhaupt nicht mochte. Freitags gab es etwas Besseres, es wäre auch zu schade gewesen,
den Tag mit Bohnen zu ruinieren. …
Manchmal machte Mutter Diät, dann gab es gar nichts mehr. …
Eine Zeit lang hat mein Vater ständig Pommes gemacht, weil wir meinten, dass er
sie sehr lecker zubereiten konnte. Dann habe ich eine Zeit lang Toasts mit viel Butter
für alle gemacht, oder Popcorn. Ich kann mich nicht erinnern, dass meine Schwester
je etwas für uns gemacht hat."*

Silvia Hildebrand, *Deutschland*

„…Mittags, natürlich nur während der Woche, gab es immer Tiefkühlkost. Tiefkühlkost war nun einmal unersetzlich praktisch für die halbtags berufstätige Mutter und weniger schlimm, als es sich zuerst anhört. Ich mochte Tiefkühlkost und mag sie auch immer noch, auch wenn ich mittlerweile ziemlich davon abgekommen bin und in den letzten paar Jahren mehr Rezepte gelernt habe zu kochen als jemals zuvor. Diese Tiefkühlkost wurde immer schwesterlich geteilt und zum Nachtisch mit einem Stück Schokolade belohnt. …

Samstagabends war dann der Höhepunkt der Woche, jedenfalls was das Essen betrifft, nämlich meistens ein Drei-Gänge-Menü, eigenhändig von meiner Mutter gekocht. Da hatte ich dann das Vergnügen, kulinarische Köstlichkeiten von französischer bis italienischer Küche zu genießen, unterstützt von gut schmeckenden Weinen, passend zum Essen.

Danach fiel es mir immer leichter, der neu anbrechenden Woche entgegenzutreten, egal wie viel Schwarzbrot auch kommen mochte. …“

Roman Minaev, *Russland*

„Mein Bruder ist Bodybuilder und Opernsänger.

Mit der Zeit ist es bei uns Tradition geworden, dass er an Feiertagen am Esstisch Arien singt. Das macht er meistens zwischen dem Salat und Hauptgericht, als Nachschlag auch manchmal vor dem Nachtisch, wenn er satt und gut gelaunt ist. Er fragt zuerst zurückhaltend, ob er uns was vorsingen soll. Dabei werden seine Wangen rötlich wie beim Schuljungen, der seine Schuld an begangener Tat nicht zugestehen will.

Das Repertoire ist davon abhängig, wie die Eltern gerade gelaunt sind. Da er nicht so viele Stücke kennt, wiederholt er immer wieder dasselbe Programm mit wachsender Meisterschaft. … Ich freue mich immer, wenn mein Bruder aufhört zu singen. Nur in diesen sehr kurzen Augenblicken weiß ich mein Gehör wieder zu schätzen. Diese taube Lautlosigkeit schwebt in der Luft und scheint mir plötzlich hörbar zu sein. Das sind wirklich sehr wertvolle Momente. …“

Tiko Karrasch, *Deutschland*

„Glaubst du, von einem Flügel kann ich satt werden? Mach wenigstens deinen Mund zu beim Schmatzen!“

Kristina Leko, *Kroatien*

„Mein Vater war Arzt und sagte immer, dass die Gesundheit daran liegt, dass man alles Mögliche isst. Ein bisschen von allem muss man essen, eben ein bisschen von dem, was man gar nicht mag. In der Woche saßen wir zu den Mahlzeiten in der Küche: mein Vater, meine Mutter und ich.

Ich sollte den Tisch nicht verlassen, bis ich alles aufgegessen hatte. Mein Vater hat immer aufgepasst, dass alles Mögliche auf meinem Teller war, auch einige Sachen, die ich nicht gemocht habe. …

Dies betraf Fett und Fleischhaut, warme Milchhaut, Lauch, Gelee, und so weiter. …

Ich steckte alles in meinen Mund, ohne es hinunter zu schlucken.

Auf meiner Seite vom Tisch gab es eine kleine Schublade. Bevor wir anfingen zu essen, öffnete ich die Schublade immer ein kleines bisschen. Während des Essens hustete ich ab und zu in meine Hand und versteckte das ungewollte Stück Essen in der Schublade. Jeden Tag, später am Abend, ging ich zurück, um meine Schublade sauber zu machen. So war es täglich, Jahre lang."

Ines Doleschal, *Deutschland*

„Wenn mein Großvater in seiner knappen Mittagspause für ganze 20 Minuten zu Hause erschien, um gemeinsam mit der Familie zu essen, hatten die Suppe dampfend auf dem Tisch zu stehen und alle Anwesenden bereit zu sitzen. Man sprach einen Spruch als Einleitung des Mahls: ,Erde die uns dies gebracht, Sonne die es reif gemacht, liebe Sonne, liebe Erde, euer nicht vergessen werde.' Das Essen verlief schweigend, Informationen wurden kaum ausgetauscht, der Großvater verließ den Tisch zwanzig vor eins, um den Rückweg zur Arbeit anzutreten. Er war der erste, der vom Tisch aufstand. ...

Die Manieren der Kinder bei Tisch hatten tadellos zu sein, wofür meine Großmutter sorgte, die auch alle Erziehungsfragen selbst löste. Nur der älteste Sohn erlaubte sich manche Provokation, was mein Großvater mit Augenrollen und drohend-erhobener Hand quittierte. Meine Großmutter beschwichtigte ihn dann und nahm immer Partei ihres Sohnes ein.

Mangel kannte man nicht am Esstisch, auch wenn sich alle sehr bescheiden mussten und man doch mitunter froh war, überhaupt etwas auf dem Teller zu haben. Verwandtschaft auf dem Dorf half über die mageren Zeiten hinweg mit Waren aus eigener landwirtschaftlicher Produktion."

2. Domino – ein Spielobjekt für Gute Töchter und Söhne, Wandinstallation
(Ines Doleschal, Despina Stokou)

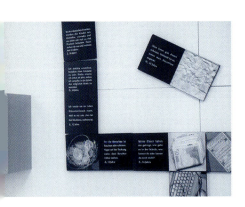

Regeln beherrschen ist kein Kinderspiel! Man muss den Anforderungen seitens der Eltern, Familie, Schule, Religion, Clique, des städtischen Umfelds und schließlich der Gesellschaft genügen, und dies in einem Stadtteil wie Neukölln. So kann es schon geschehen, dass man etwas Wesentliches übersieht oder missversteht und schlimmstenfalls einen Dominoeffekt auslöst!

Das „Domino" vermittelt einen Eindruck von aktuellen Themen Neuköllner Jugendlicher. Die Texte sind Zitate von Befragungen Jugendlicher in Neukölln, bei denen diese aufgefordert wurden, sich gegenüber Themen, die ihre Lebenswelt berühren, zu positionieren und eine (wertende) Haltung einzunehmen. Die Jugendlichen sollten sich dabei immer auch als potentiell guter Sohn oder gute Tochter verorten, was im Ergebnis weniger offensichtlich, als vielmehr „zwischen den Zeilen" herauszufiltern ist.

Spielregeln

1. Spielmöglichkeit: Jeder Spieler/jedes Team erhält (bei 2 Mitspielern/Teams) zehn, (bei 3) acht, (bei 4) fünf Steine. Etwa die Hälfte der Steine sollte liegen bleiben. Ein Spieler/Team beginnt und legt einen Stein der freien Wahl. Reihum wird angelegt, wobei Bild/Bild, Bild/Text und Text/Text-Kombinationen möglich sind. Wer nicht legen kann, muss sich einen Stein von den restlichen Steinen nehmen, diesen anlegen oder aussetzen. Nach einem Doppelstein (zweimal das gleiche Bild oder Leerstein) kann noch einmal angelegt werden. Nach einem Leerfeld kann ein Stein der eigenen Wahl angelegt werden. Wer seinen letzten Stein als Erster abgelegt hat, hat gewonnen. Die verbleibenden Steine der Mitspieler werden gezählt (dabei zählen Textfelder x 1, Bildfelder x 2 und Leerfelder x 3).

2. Spielmöglichkeit: Wie oben, jeder darf jedoch so lange anlegen, bis er nicht mehr kann. Ende wie bei 1.

3. Spielmöglichkeit: Die Steine werden unter den Spielern aufgeteilt; bleibt ein Stein übrig, so ist dies der Anfangsstein. Nun sollen alle Spieler so viele Steine wie möglich in einem Zug anlegen. Ende wie 1.

Texte

1) Waffe/Gewalt

„Die Leute fühlen sich sicher eine Waffe zu tragen. Z.B. in Amerika, aber bestimmt auch hier in Neukölln. Die denken, die sind cool." (J., 14 Jahre)
„Ich kenne das Gefühl, Angst zu haben vor einer Waffe." (J., 14 Jahre)
„Die Waffe kann ein Schutz sein oder eine Bedrohung." (A., 15 Jahre)

2) Drogen

„Heutzutage kiffen sehr viele Menschen, aber das hat nichts mit gut sein zu tun, obwohl Kiffen jetzt in ist." (D., 14 Jahre)
„Ich habe mit Drogen nichts zu tun. Ich habe andere Personen gesehen, wie die dann drauf sind und die kommen von diesem Zeug nicht mehr los. Damit will ich nichts zu tun haben." (D., 14 Jahre)
„Schlecht ist es halt, wenn sich andere mit Hanf die Birne vollkiffen." (C., 14 Jahre)
„O.k., Kiffen ist eigentlich voll cool. Ich habe jede Menge Freunde, die kiffen. Es ist auf jeden Fall gesünder als saufen." (C., 14 Jahre)

3) Sportgerät/Fußball/Freizeit

„Viele Sportler machen keine schlechten Sachen wie klauen, Drogen nehmen, rauchen." (?, 15 Jahre)
„Ich spiele schon seit acht Jahren in einer Fußballmannschaft, und das hat mich von schlechten Sachen weggebracht. Hoffentlich werde ich Fußballer." (C., 15 Jahre)

4) **Schulheft, -bücher, Zeugnisse/Schule**

„Man sollte lernen und sich für die Zukunft vorbereiten. Man sollte im Leben viel Information sammeln." (Ö., 17 Jahre)

„Ich würde alles tun, um in der Schule einen guten Abschluss zu bekommen." (Ö., Alter unbekannt)

5) **Fastfood/Ernährung**

„McDonalds ist eigentlich nicht so gut, weil so viel Werbung gemacht wird und die Leute so viel Geld ausgeben. Aber eins muss man sagen, es schmeckt lecker bei McDonalds!" (F., 15 Jahre)

6) **Computer**

„Man kann gut damit arbeiten. Schlecht ist, wenn man Sexseiten anguckt." (H., 15 Jahre)

7) **Bierflasche/Alkohol**

„Alkoholische Sachen darf man erst mit 18 kaufen. Alkohol kann zudem Schaden ergeben." (B., 17 Jahre)

8) **Graffiti**

„Es gibt Graffitimaler, die berühmt werden. Es gibt auch andere, die auf fremde Sachen, Züge, Hauswände usw. sprayen. Das finde ich nicht richtig." (S., 15 Jahre)

9) **Kondome/Sex**

„Eigentlich benutze ich Kondome sehr selten, außer wenn ich denke, dass das Mädchen nicht sauber ist." (F., 16 Jahre)

10) **Zigaretten/Rauchen**

„Meine Eltern möchten nicht, dass ich rauche, weil es ungesund ist und nur Schaden erzeugt." (D., 16 Jahre)

„Ich finde das Rauchen nicht so toll, wenn welche neben mir stehen und rauchen. Sonst aber ist es die Angelegenheit von denen, die rauchen, und ihre Gesundheit!" (S., 14 Jahre)

11) **Koran, Bibel/Religion**

„Im Koran steht, was nicht gut ist und was man nicht machen sollte, oder doch noch machen sollte, wie beispielsweise ein Kopftuch tragen." (D., 16 Jahre)

„Dieses Buch ist gut; darauf sollte man achten." (S., 14 Jahre)

„Manche Mädchen sagen, man müsste ein Kopftuch tragen. Das stimmt nicht, ich habe es auch gelesen: man muss beachten, nicht auffallend auszusehen." (?, 15 Jahre)

„Man muss unbedingt fasten. Und wenn man krank ist, dann muss man es wiederholen oder für 3, 4, 5 Leute Essen machen, bis sie satt sind." (M., 15 Jahre)

12) Eheringe/Ehe

„ Wenn ich heirate, soll mein Mann ehrlich, vertrauensvoll, liebevoll sein.
Wenn wir ein Kind haben, dann soll er mir helfen, das Kind zu erziehen."
(S., 14 Jahre)

Später kamen noch die Themen Familie und Freunde hinzu; wir führten eine zweite Befragung durch, um eine größere Auswahl von Zitaten zu erhalten und, möglicherweise, noch „ehrlichere". Die Zitate des ersten Projekttags schienen einigen im Ausstellungsteam nicht authentisch genug und warfen Fragen auf wie: Schreiben die Schüler die Wahrheit? Ist das genau so, wie sie die Dinge sehen, oder wollen sie uns (Erwachsenen) „gefallen"? Müssen wir Bildmaterial finden, das diese „Wahrheiten" ironisch bricht und sie als „Fiktion" entlarvt, und dürfen wir uns schließlich ein solches Urteil überhaupt anmaßen, etc.?

Andrea Weilbacher

„Wissen, woher man kommt
und wohin man geht"

Preisträger des Künstlerwettbewerbs stellen ihre Exponate vor

Gemeinsam schrieben im Juni 2003 Kulturamt Neukölln und Kulturnetzwerk Neukölln einen offenen künstlerischen Wettbewerb für das Ausstellungsvorhaben „Gute Töchter – Gute Söhne" aus. Die Ausschreibung richtete sich an Absolventen der künstlerischen Hochschulen. Aufgabe der Künstlerinnen und Künstler war es, Unterschiede in den familiären und sozialen Rollenerwartungen an Jugendliche aus verschiedenen Kulturnationen zu thematisieren. Durch die künstlerische Bearbeitung und Umsetzung sollte ein konstruktiver Dialog zwischen den Generationen und den Communities angeregt werde; die so entstandenen Kunstwerke sollten in die Ausstellung integriert werden. „Mit diesem Wettbewerb sollen Studierende und Absolvent/innen (bis zu 2 Jahre nach Studienabschluss) der künstlerischen Hochschulen dafür gewonnen werden, Entwürfe für künstlerische Arbeiten zum Thema „Gute Töchter – Gute Söhne" einzureichen – als Aufgabenstellung scheint dies im nachhinein ein wenig zu schwierig gewesen zu sein: die relativ geringe Anzahl der Einsendungen zumindest lässt diesen Verdacht zu.

Eine Jury, bestehend aus Dr. Dorothea Kolland (Leiterin des Kulturamts Neukölln), Professor Helmut Hartwig (Institut für Kunst im Kontext, UdK Berlin), Professor Rayan Abdullah (Designer, Hochschule für Grafik und Buchkunst, Leipzig), Professor Suikô Shimon (Kunsthistorikerin, Universität Kyoto, Japan), Dr. Susanne Binas (Leiterin des Berliner Kulturbüros), Bettina Busse (Projektleiterin Kulturamt Neukölln), Karin Korte (Ausländerbeauftragte des Bezirks Neukölln) und Bojana Pejic (Kunstwissenschaftlerin und Kuratorin), wählte nach einer langen, interkulturell geführten Diskussion vier Kunstwerke aus, die mit einem Preis ausgezeichnet wurden. Dabei stellte sich eine überraschende Einigkeit bei der Beurteilung der ästhetischen Leistung heraus.

Das Buchobjekt „Mutter? Vater?" von Annette Munk und die Wandinstallation „Gute Tochter, Guter Sohn, Gute Andere" von Thomas Buge erhielten beide den ersten Preis. Den zweiten Preis bekam Ines Doleschal für ihre Text-Foto-Installation „Superstars". Der dritte Preis wurde an Sandra Contreras für den „Chill Out Room" vergeben.

Im Folgenden werden die Kunstwerke vorgestellt und der Prozess von der Idee zur Realisation dokumentiert, wobei die Künstler selber zu Wort kommen.

„Mutter? Vater?" – Von der Idee zum Buch

Annette Munk porträtiert in ihrem Buch Neuköllner Jugendliche. Ausgangspunkt für die Porträts sind Fragen an die Jugendlichen zu ihren Eltern:

Mutter?	Vater?
Was magst du an deiner Mutter?	Was magst du an deinem Vater?
Was machst du gerne zusammen mit deiner Mutter?	Was machst du gerne zusammen mit deinem Vater?
Was würdest du gerne zusammen mit deiner Mutter machen?	Was würdest du gerne zusammen mit deinem Vater machen?

Diese Fragen dienen als Leitfaden für ein Gespräch und das Buch. In ihrem Konzept schreibt die Künstlerin:

„Es entsteht ein Buch, das verschiedene Familienverhältnisse aufscheinen lässt, die jeweiligen Rollen der Beteiligten, auch die Geschlechterrollen, indem nach Vater und Mutter getrennt gefragt wird. Im Buchobjekt werden die mütterlichen und die väterlichen Elternseiten den Gesichtshälften der Porträts zugeordnet, die sich zum Ganzen zusammensetzen. Durch Blättern lassen sich die Hälften einzelner Personen mischen, neu kombinieren: denkbare Kinder, mögliche Familien… – wie geht es den anderen?"

Januar 2004: Ich bin gespannt und neugierig, was mir junge Leute, die ich ansprechen will, über sich und ihre Eltern erzählen werden. Wird überhaupt jemand mit mir reden? Es ist ja nicht mit einem Satz getan. Und ausgerechnet nach den Eltern zu fragen … nicht so „der Hit". Und es ist kalt, es schneit: beste Zeit für Gespräche auf der Straße!

Annette Munk

Anfragen bei verschiedenen Jugendprojekten ergaben, dass ich Jugendliche unter 18 Jahren an betreuten Orten nur mit dem Einverständnis ihrer Eltern ansprechen und porträtieren darf. Das wusste ich nicht. Das vorherige Einverständnis der Eltern wird gerade, wenn sie selbst Thema sind, trotz meiner „positiven" Fragen ein Problem sein. Als ich nicht recht weiterkam, dachte ich, es mit Fragebögen versuchen zu müssen. Aber direkte Gespräche, auch mit festgelegten Fragen, sind viel offener und lebendiger. Trotz aller Widrigkeiten und nicht wenigen Ablehnungen werde ich mich mit 14 Jugendlichen beziehungsweise jungen Erwachsenen an verschiedenen Orten in Neukölln unterhalten können: im Einkaufszentrum (Neukölln-Arkaden), im Internet-Café und Berufsbildungsprojekt (Wedernet), in einer Kirchengemeinde in Britz und in der U-Bahn. Daraus sind die 13 Porträts im Buch entstanden.

Es zeigt sich schnell, dass nur diejenigen zu einem Gespräch bereit sind, die gern über sich und ihre Eltern sprechen: kein Wunder also, dass im Buch ein überaus positives Bild von Neuköllner Familien entsteht. Immerhin ist das auch Realität, hoffnungsvoll und wert, gezeigt zu werden – im Gegensatz zu allem Problematischen im Bezirk.

Ich merke, wie enorm hoch die Hürde für eine Beteiligung ist: einer zwar netten, aber wild-fremden Frau, die Porträts für ein Buch macht, unmittelbar sehr persönliche Auskünfte zu geben UND dazu sein Gesicht zu zeigen, das heißt zu veröffentlichen! Nur das eine oder das andere wäre einfacher. Eine junge Frau war zwar zum Interview bereit, aber ein Bild von sich, für das Buch in zwei Hälften geteilt und mit anderen vermischt, das verstand sie nicht und wollte sie auf keinen Fall. Jungen im Alter zwischen 15 und 18 Jahren lehnten meine Anfrage beinahe generell ab: haben keine Lust zu reden, schon gar nicht über Eltern. Um von ihnen etwas zu erfahren, müsste man in Ruhe mit jedem Einzelnen sprechen kön-nen oder sich schon länger kennen oder am besten, ohne viel zu reden, gemeinsam etwas tun. Die porträtierten jungen Männer im Buch sind etwa zwanzig Jahre alt und über die Zeit der allergrößten Unsicherheit des Selbst vermutlich schon hinaus.

Beteiligt haben sich Jugendliche aus verschiedenen deutschen, vier türkisch-deutschen und drei polnisch-deutschen Familien. In etwa der Hälfte der Familien leben die Eltern getrennt beziehungsweise zwei Väter sind schon gestorben. So ist mein getrenntes Fragen nach Mutter und Vater generell auf Zustimmung gestoßen, aber gerade von diesen Söhnen und Töchtern sofort angenommen und verstanden worden. Ein ungewollter Effekt: indem ich zuerst nach der Beziehung zur Mutter fragte, ergaben sich die Antworten zum Vater als Ableitungen daraus. Überrascht, ja beinahe überwältigt war ich von der spürbar liebevollen Nähe und großen Dankbarkeit, zum Teil auch Fürsorglichkeit der Jugendlichen gegenüber ihren Eltern – insbesondere den „tollen" Müttern! „Sie (oder er) ist immer für mich da!" war der am häufigsten geäußerte Satz.

Das zeugt natürlich auch davon, wie stark Mutter und Vater noch ganz direkt und „funk-tional" im Bezug zu den eigenen Bedürfnissen wahrgenommen werden. Wahrscheinlich werden sie als individuelle Personen erst mit zunehmendem Alter für die meisten Töchter und Söhne deutlicher sichtbar, wenn das eigene „selbstgemachte" Leben unabhängiger geworden ist. Interessant wäre es deshalb, dieselben Fragen beispielsweise zehn, zwanzig oder dreißig Jahre älteren Menschen zu stellen – als Weiterführung des Projekts.

Aufschlussreich sind überhaupt die Kleinigkeiten oder oft einfach der Ton, in dem über die Eltern gesprochen wird. Beim Abhören und Transkribieren der Tonbandaufnahmen kam mir

das ganz nah, und ich habe versucht, etwas davon trotz der Kürze der Bei-träge im Buch zu erhalten. Aber man muss schon aufmerksam lesen und vergleichen, um von verschiedenen Hintergründen etwas zu erfahren. So wünschen sich die türkischen Mäd-chen, dass ihre Mütter schwimmen könnten, und sind froh, wenn ihnen ihre besser deutsch sprechenden Väter bei den Hausaufgaben helfen können. Ein Sohn geht sogar mit seiner Mutter tan-zen, ein anderer musste mit seinem

Vater Pilze suchen (polnisch!). Zusammen „shoppen" macht vielen Spaß und zusammen kochen ist fast überall gut und wichtig. Väter bringen nicht nur Söhnen, sondern auch Töchtern Freude an Sport bei. Mehrere Töchter hätten gern mal eine Zeit mit ihren Vätern allein. Überraschend, dass sogar die punkige junge Frau „von Grund auf zufrieden" ist!

Das fotografische Porträtieren war nach den recht konzentrierten Gesprächen relativ entspannt und einfach: ich war kein ganz fremdes Gegenüber mehr und bekam einen klaren, direkten Blick in meine Kamera. Ich schaue gern in die Gesichter (real und im Buch) – neben dem, was sie sagen und was im Text lesbar ist. Lichttechnisch problematisch ist es, in völlig unterschiedlichen Räumlichkeiten passable Aufnahmen zu machen. Die notwendige digitale Bildbearbeitung war ein umfangreicher Teil der Arbeit für das Buch.

Nicht zuletzt habe ich alle Neuköllner „Töchter und Söhne", die sich am Projekt beteiligt haben, zur Ausstellung in den Körnerpark herzlich eingeladen: um sich selbst in dem Zusammenhang, den das Buch durch seine Zusammenstellung der Porträts schafft, zu sehen und einzuordnen. Gut wäre die Möglichkeit, das Projekt über eine etwas längere Zeit mit den dabei gewonnenen Erfahrungen fortsetzen zu können, um andere Jugendliche etwa aus problematischeren Milieus zu erreichen oder eine andere Generation befragen zu können.

Gute Tochter, Guter Sohn, Gute Andere

Ulrich Buge

Wandinstallation mit Babybändchen

Mit oder sogar schon vor der Geburt werden Wünsche und Träume der Eltern in ihr Baby gesetzt. Jeder verbindet etwas anderes mit der Tatsache, Mutter oder Vater zu werden. Der unverborgenste Wunsch ist wohl, dass das Baby gesund sein soll. Manchmal soll es ein bestimmter Mensch sein: ein Mädchen oder ein Junge, ein besonders süßes Baby, oder es soll Ähnlichkeit mit einem selber haben. Man findet Unterschiede zu anderen Babys und fürs eigene einen passenden Namen, zum Beispiel den Lieblingsnamen der Mutter. Diese Abgrenzung schafft einen weiteren Schritt zur Identität.

Nicht zuletzt hilft uns bei diesem Orientierungswunsch das kleine Namensbändchen am Handgelenk des gerade entbundenen Säuglings. Unser Name gibt uns eine Bezeichnung, wir können hier und dort gerufen, angesprochen und zugeordnet werden. In den folgenden Jahren unseres Lebens sind wir weiterhin überwiegend abhängig von unserem sozialen Umfeld. Häufig stellen wir später die Wünsche und Vorstellungen unserer Eltern und Mitmenschen in Frage. Eins unter vielen Beispielen hierfür sind die zahlreichen T-Shirts mit den koketten Aufdrucken: Zicke, Puppe, Loser, Egoist usw. Wir spielen mit unseren Regeln und Wertmaßstäben und suchen nach einer tolerierten Narrenfreiheit.

Was aber passiert, wenn uns ein anderer mit den Worten „Gute Tochter – Guter Sohn" „auszeichnet"? Können wir die dahinter stehenden Wünsche verstehen, wollen wir uns selber so sehen? Was bedeutet uns das Wort „gut"? Und was ist, wenn ein „gut" entfällt?

Zur Installation: *Circa 200 Babybändchen sind waagerecht in parallelen Reihen an einer weißen Wandinstallation symmetrisch fixiert. Statt differenzierender Namensgebungen sind in die Einschiebekärtchen der Bänder die Begriffe „Gute Tochter" oder „Guter Sohn" eingeprägt und scheinen somit, durch die Farben hellblau und rosa getrennt, offensichtlich eine Bestimmung festzulegen. Die teilhabenden Ausstellungsgäste sind aufgefordert, auf neutralen, weißen Bändchen Eigenbezeichnungen, Bedürfnisse, persönliche Zielvorstellungen oder auch Unmöglichkeiten zu benennen und auf den Leisten vor den farbigen Bändern zu platzieren. Diese weißen Babybändchen sind nicht fixiert und können immer wieder genommen oder verschoben werden. Dadurch dringt Bewegung in die Situation.*
Eventuell werden in manchen Zeilen die sortierten farbigen Bänder in den Hintergrund treten oder verdeckt werden, da im Vordergrund die neuen Bändchen die Spalten füllen. Die Worte „Gute Tochter" und „Guter Sohn" wirken aber auch kommentierend oder wegweisend im Zusammenspiel mit den geäußerten Lebensideen.

Das schlussendlich entstandene Bild der Wandinstallation zeigt eine mögliche Balance zwischen den Gegebenheiten und markiert gesellschaftliche Tendenzen, wobei die individuelle Person, ihr Bedürfnis und ihr Selbstverständnis, im Vordergrund steht. Die Installation bietet die Möglichkeit teilzuhaben und regt an, über Prägung, Zugehörigkeit und Identität nachzudenken. Sie konfrontiert mit der Schwierigkeit, sich selbst zu bezeichnen, und verweist einhergehend auf die Problematik des Fremdbestimmens.

Ines Doleschal   **„Superstars"**
Text-Foto-Installation

Objektbeschreibung: *Die Installation umfasst zehn gleichgroße „Kästen" im Format von ca. 44 x 29,5 cm. Sie sind 20 cm tief und bestehen aus weißlackiertem Holz. Die offene Seite des Kastens ist mit einer mattierten PVC-Folie bezogen, auf der ein kurzer Text zu lesen ist. Das Innere des Kastens ist farbig. Die geschlossene Seite trägt die Porträtfotografie eines Jugendlichen. Die Kästen sind mit einer der Schmalseiten an der Wand so angebracht, dass Texte und Fotos gut einsehbar bzw. lesbar sind.*

Idee/Hintergrund: *Es geht um Identitäten zwischen Fiktion und Wirklichkeit: Wie ist die ideale gute Tochter und wie der Sohn? Die Jugendlichen, die ich im September 2003 bei einem Schülerworkshop in der Kurt-Löwenstein-Oberschule in Neukölln kennen lernte, haben fast alle den Traum von einem anderen Selbst.*

Die Ergebnisse einer von mir durchgeführten Befragung zeigten, dass Eigenschaften oder Fähigkeiten, die traditionell als „gut" oder „wohlerzogen" bezeichnet werden, eine sehr untergeordnete Rolle spielen. Berühmtheit, Geld und Aussehen standen in der Wunsch-(Werte-?)skala bei dem Gros der Jugendlichen dagegen an erster Stelle.

Die Installation möchte etwas Persönliches, sehr Privates der Jugendlichen zeigen (Text und Porträt), aber nicht so, dass es sich auf einen Blick erschließt und Beziehungen sofort festgelegt sind. Text und Bild sind voneinander abgewendet, also Rücken an Rücken, und haben nur den Korpus des Kastens als Gemeinsames. Der Hohlraum dazwischen soll die unüberbrückbare Divergenz von Wunsch und Wirklichkeit andeuten, wie auch der Text vor einem unscharfen farbigen Hintergrund das Irreale der Worte unterstreichen kann. Die Kästen hängen so, dass sie eine Reihe oder Kette bilden; auf diese Weise ist es möglich, die Übereinstimmung beziehungsweise Ähnlichkeit der Wunschidentitäten dieser Gruppe Jugendlicher deutlich zu machen.

Ideenfindung & Realisierung: Die Texte und Fotos der Installation stammen von dem oben erwähnten Schülerworkshop, der im Rahmen eines Seminars des Instituts für Kunst im Kontext der Universität der Künste organisiert worden war. In Kenntnis des vom Kulturamt Neukölln ausgeschriebenen Wettbewerbs, jedoch noch ohne konkrete Vorstellung, wie eine künstlerische Arbeit zum Thema „Gute Töchter – Gute Söhne" aussehen könnte, nahm ich meine Kamera sowie einige Ideen, was ich gerne von den Jugendlichen erfahren würde, zum Workshop mit.

Neben einigen anderen Denk- und Schreibaktivitäten bat ich die Schüler der Klasse 9a – die Jugendlichen sind zwischen 15 und 18 Jahre alt und stammen vorwiegend aus nichtdeutschen Elternhäusern – auf folgendes Szenario mit einem kurzen Text zu reagieren: „Stellt euch vor, ihr könnt wie bei dem Film ‚Matrix' irgendwo eine Software einschieben und hättet damit eine Fähigkeit oder Eigenschaft, die ihr natürlicherweise nicht habt. Zum Beispiel perfekt Englisch sprechen oder super tanzen können oder immer pünktlich sein. Stellt euch auch vor, ihr hättet einen Einkaufsgutschein für ein virtuelles Warenhaus, das solche Software anbietet, und könntet dort sozusagen ein neues Ich einkaufen gehen oder zusammenstellen. Geschlecht und Alter könnt ihr auch verändern. Ihr habt maximal zehn Optionen und ausreichend Geld. Keiner und nichts würde euch hindern, weder Eltern noch Religion, noch Regeln und traditionelle Vorstellungen. Was würdet ihr kaufen?"

Ich ließ die etwa 22 Schüler den Text über ihr virtuelles Super-Ich auf farbige Papierbögen schreiben (die später mit den Farben der Hohlkörper der Kästen korrespondierten) und fotografierte sie anschließend – im Porträt, frontal, mit dem immergleichen zartgelben Hintergrund und guter, neutraler, undramatischer Ausleuchtung.

Mit viel Material ging ich nach Hause und ließ es kaum berührt bis etwa eine Woche vor Abgabetermin der Wettbewerbsbeiträge liegen. Wie könnte ich Fotos und Texte sinnvoll und interessant, nicht illustrativ oder abwertend zusammenfügen? Die Fotos rahmen und mit den Texten versehen? Die Texte als Papierröllchen in ein Fotoregal legen? Die Porträts der Schüler abmalen und mit den Fotos der jeweiligen Lieblingsstars konfrontieren?

Schließlich war die Idee geboren, das Modell en miniature gebaut und gerade noch rechtzeitig beim Kulturamt Neukölln abgegeben. Zwei Wochen später erfuhr ich bei einem Ausflug nach Dresden, dass ich den 2. Preis für meine Idee „Superstars" bekommen habe.

Bei der Konkretisierung des Objekts kam es bereits in der Vorlaufphase zu Komplikationen. Als ich die Schüler um ihre Einwilligung beziehungsweise die ihrer Eltern bat, ihre Fotos benutzen zu dürfen, zeigte sich trotz anfänglichen Interesses nun wenig Kooperationsbereitschaft. Das Problem waren die einige Monate zuvor aufgenommenen Fotos, die ich durchaus als gelungen betrachtete. Die Schüler gefielen sich darauf nicht, ließ mich der Klassenlehrer wissen. Ob ich nicht noch einmal kommen könnte, am besten mit Digitalkamera, so dass die Schüler die Chance hätten, das Foto sofort zu verwerfen oder zu genehmigen. Ich ging im Dezember noch einmal in die Klasse und porträtierte 13 Schüler – mehr konnten sich für das konkrete Vorhaben, das ich detailliert im Unterricht erklärt hatte, nicht erwärmen. Einige mehr hätten mitgemacht, wenn sie ihr eigenes (Lieblings-)Foto zur Verfügung hätten stellen dürfen – was ich ablehnte. Schließlich bekam ich die Einwilligung von zehn Schülern – sechs Jungen und vier Mädchen – und konnte mit dem Bau der Kästen beginnen.

Sandra Contreras   **„Chill Out Room"**

Sandra Contreras konzipierte für die Ausstellung einen Raum, eine Nische, der, zwischen Lounge und Chill Out Room, nach einer Techno-Party zum Verweilen einlädt.

Berlin hat, wie viele Großstädte, eine gemischte Bevölkerung. Seit ich in Deutschland bin, wurde ich auf das Zusammenleben verschiedener Kulturen aufmerksam.

Die sozialpolitische Ausrichtung des Instituts für Kunst im Kontext an der Universität der Künste hat mich als neue Kunstperspektive besonders interessiert, da ich bis dahin Kunst nur als ein persönliches Erlebnis wahrgenommen hatte. Mir wurde klar, dass man Kunst und Kultur nicht trennen kann. Das Projekt „Gute Töchter – Gute Söhne" war für mich eine Chance, mich mit neuen künstlerischen und kulturellen Perspektiven auseinander zu setzen.

Obwohl ich selber keine Deutsche bin, habe ich eine deutsche Schule in Mexiko-Stadt besucht. Engen Kontakt zu zwei verschiedenen Kulturen hatte ich immer, und es war oft komisch, in Mexiko zu deutsch zu sein und in Deutschland eine Mexikanerin. Bis heute habe ich das Gefühl, weder Mexikanerin noch Deutsche zu sein. Diese Gedanken brachten mich auf die Frage nach meiner eigenen kulturellen Identität. Schwierig zu beantworten, da der Begriff kulturelle Vorurteile und Klischees mit sich trägt. Die Frage nach „meinem Eigenen" – weder deutsch noch mexikanisch – bezog sich auf meine sozialen und individuellen Werte. Meine Identität war von keiner Nationalität abhängig. Ich wollte mich in meinem Entwurf mit der Frage nach dem eigenen „Zuhause", der „wirklichen Heimat", auseinander setzen. So schrieb ich 30 selbstreflektierende Fragen, die eine Reihe von Möglichkeiten und Richtungen anbieten konnten, um einen eigenen Weg „nach Hause" zu finden.

Die Jugendlichen waren für mich das wichtigste Publikum. Meine Gedanken drehten sich um ein partizipatorisches Werk. Das Publikum sollte etwas erleben und eine aktiv reflektierende Rolle übernehmen. So beschloss ich eine Installation zu machen, in der Fragen eine wichtige Rolle spielen. Ich beschloss dafür Audioguides zu benutzen, um das Textmaterial für die Ausstellung zu reduzieren.

Die Fragen übersetzte ich in acht verschiedene Sprachen, so dass beim Besucher ein Heimatgefühl zustande kommen konnte. Diese Fragen sollten eine Selbstreflexion über Bedürfnisse, Zustände, Wünsche, Motivationen, Ideale, Temperamente, Geschmäcke und Ideologien ermöglichen und klischeehafte Positionen vermeiden.

Es war mir wichtig einen Raum anzubieten, in dem die Jugendlichen eine eigene Meinung entwickeln könnten. So entschied ich mich für einen tatsächlichen Raum. Aus diesem Raum würde ich eine Installation machen. Ich wollte einen „Innenraum", der keine örtliche Grenzen oder Nationen erwähnte und stattdessen zu einer kleinen Introspektion motiviert. Die Installation, die ich Chill Out Room nennen wollte, ist ein attraktiver Spielraum für Jugendliche, er lädt Besucher ein, sich aufzuhalten und eine Reihe von Fragen anzuhören.

Ursprünglich sollten die Wände mit Zeichnungen gestaltet werden, später wurden es Browser-Ikonen. Der Boden sollte so bequem aussehen, dass die Besucher Lust bekämen, in den Raum einzutreten. Ich entschied mich für Teppichboden und viele Kissen. Die Farbe der Wände und des Teppichs hing mit der Größe und der Form des Raumes zusammen. So musste ich warten, bis der Raum gebaut war. Die Besucher sollten mit ihren Gedanken fliegen, deshalb durfte er nicht einengend wirken. Ich entschied mich für ein helles Blaugrau. Die Kissen waren am Anfang rot, aber für den kleinen Raum war Rot zu aggressiv, deshalb wurden es am Ende auch blaue Kissen.

Es gibt eine Sache, für die sich alle Jugendlichen interessieren: das Internet. Alle Jugendlichen „sprechen" diese Sprache. Das Cyberspace ist also ein virtueller Raum für alle. Es gibt unendliche Orte, an denen man sich aufhalten kann oder wo man nach etwas oder jemandem suchen kann. Einen eigenen Weg zu finden, um ans Ziel zu kommen, ist dort ein wichtiger Vorgang. Deshalb muss man immer wissen, woher man kommt und wohin man geht. Begriffe wie Home, Suchen und Orientierung kann man einfach nicht weglassen.

Barbara Kasper

Drei Kurzfilme

Die Ausstellung „Gute Töchter – Gute Söhne" beschäftigte sich mit dem Zusammenleben in einem dicht besiedelten Großstadtviertel. Viele der Bewohnerlnnen sind es nicht gewöhnt, Ausstellungen zu besuchen. Die kurzen Stummfilme, die abends an Häuserwänden dieses Quartiers gezeigt wurden, machten auf die Ausstellung neugierig, so dass vielleicht einige neue BesucherInnen den Körnerpark für sich entdeckten.

Entstanden sind die künstlerischen Informationsvideos für die Ausstellung in einem Videoaufbaukurs im Studiengang Gesellschafts- und Wirtschaftskommunikation der Universität der Künste. An dem Kurs nahmen StudentInnen aus Schweden, Spanien, Bulgarien und Deutschland teil. Produziert wurden drei kurze Videos, die für die Vorführungen auf DVD gebrannt wurden; sie liefen als Endlosschleife vor der Galerie im Körnerpark und an Häuserwänden in der Karl-Marx-Straße.

Die einzelnen Filme:

„Reigen"
(Arbeitstitel), 3 Minuten, von Anke Kreter, Silvia Mateeva und Anke Sademann

Auf einem Neuköllner Wochenmarkt treffen sich die Blicke eines deutschen jungen Mannes mit einer jungen Türkin und entdecken einander.
Schnitt: Auf einer Bühne werden von zehn Darstellern verschiedenen Alters und unterschiedlicher Nationen Kommunikations- und Körpergesten dargestellt: Anrempeln, Begrüßen, Aus-dem-Weg-gehen, Aufeinander zugehen etc. Unter den „Schauspielern" sind auch die beiden Protagonisten der Marktszene. Der Reigen schließt sich mit einem fröhlichen Tanz der beiden.
Schnitt: Auf dem Wochenmarkt lächeln sich die Frau und der Mann an und verschwinden in der Menge.

Die Studentinnen zu ihrem Konzept:
„Die Kernbotschaft unserer Darstellung ist, dass nur durch kommunikative Bemühung kulturelle Defizite und Missverständnisse aufgehoben werden können."

„Kinderzeichnungen"
(Arbeitstitel), 1 Minute, von Nadia Daskalova, Dessilava Kostova,
Maria Paliysna und Adrian Lorberth

In einer Parallelmontage zeichnen Kinder verschiedener
Nationalitäten ihre Eltern – die Eltern schreiben in ihren
Sprachen und Schriften den Satz „Ich wünsche mir, dass
mein Kind ein glücklicher, erfolgreicher und toleranter
Mensch wird."

Die StudentInnen zu ihrem Konzept:
„Wir wollen zeigen, dass Menschen aus allen Nationen
ihre Kinder lieben und sie glücklich sehen wollen."

„Selina"
(Arbeitstitel), 1 Minute, von Stephan Schätzel, Georgi Gavasov,
Vassilen Iocov und Christian Filla

Eine kreisende Kamerafahrt um eine junge Iranerin, Selina,
die westlich gekleidet ist, unterbrochen von kurzen Schnit-
ten, in der man sie traditionell gekleidet sieht, mit Kopftuch.
Auf verschiedenen Zwischentiteln ist zu lesen: „Selina liebt,
Selina ehrt, Selina respektiert, Selina toleriert und sie lebt in
zwei Welten."
Die Fahrten enden mit einem Split-Screen, in dem Selina
ihre beide Seiten zeigt – die beiden Selinas schauen sich an
und lächeln.

Die Studenten zu ihrer Idee:
„Wir wollen das ‚Innere', die Gedankenwelt, die inneren
Konflikte einer jungen Frau aus einer anderen Kultur
darstellen. Dieser Konflikt besteht in dem Widerspruch
zwischen den Vorgaben ihrer Kultur: ‚Du bist eine gute
Tochter wenn…', und den Vorgaben und Wünschen, die
durch ihr Leben hier in Deutschland geprägt sind."

Heute Abend

I W I M I

Game-Release-Party

nur für
geladene Gäst

WILL

ICH

MIT

Bettina Busse / Regina Kramer

„Ich will mit" – Eine Computeranimation

Wenn wie in Neukölln Menschen aus 160 verschiedenen Nationen in einem Bezirk leben, sind Missverständnisse und Auseinandersetzungen vorprogrammiert. Das Projekt „Kulturnationen Neukölln" geht der Frage nach, wie Jugendliche dabei unterstützt werden können, die unterschiedlichen kulturellen Hintergründe, die das Zusammenleben bisweilen erschweren, besser zu erkennen und zu verstehen.

Ziel der Computeranimation „Ich will mit" ist es in erster Linie, die beteiligten Jugendlichen dafür zu sensibilisieren, dass es unterschiedliche Regeln und Werte gibt und dass sie lernen (können), mit diesen Unterschieden bewusst umzugehen. 93 % der Jugendlichen in Deutschland im Alter zwischen 12 und 19 Jahren nutzen regelmäßig Computer, wobei kaum noch Geschlechts- oder Altersunterschiede in der Nutzung festzustellen sind. So erklärt sich von selbst, dass eine Ausstellung, die auch Jugendliche ansprechen will, mit diesem Medium arbeiten muss.

Das Spiel

Bei „Ich will mit" handelt es sich weniger um ein Computerspiel (es wird nur der Einfachheit halber so genannt), sondern vielmehr um eine Art Persönlichkeitstest, der mit kleinen Animationen und Filmen illustriert ist. Die Spielanweisung lautet: „Stell dir vor, dein Freund/deine Freundin stammt aus einer anderen Kultur und du willst erreichen, dass seine/ihre Eltern dich mit in den Urlaub nehmen – wie musst du dich verhalten, damit sie dich einladen?" Zur Auswahl stehen sechs Spielfiguren (je drei weibliche/männliche); eine davon wählt der/die SpielerIn aus und muss nun einige Prüfungen bestehen, um von den Eltern des Freundes oder der Freundin zum Sommerurlaub eingeladen zu werden. Diese Grundidee sowie die drei „Teststationen" (Begrüßung, Abendessen, Übernachtung) wurden von uns vorgegeben. Eine neunte Klasse eines Neuköllner Gymnasiums füllte dieses Gerüst in einem einwöchigen Workshop mit Inhalt; d.h. die SchülerInnen entwarfen die Spielfiguren, die Fragen und entschieden über die Punktevergabe bei den verschiedenen Antwortmöglichkeiten.

Im ersten Teil besucht der/die SpielerIn ihren Freund oder Freundin zu Hause und muss entscheiden, wie er oder sie sich in der Begrüßungssituation den Eltern gegenüber verhält – gebe ich die Hand, verbeuge ich mich oder ignoriere ich die elterlichen Gewohnheiten und wende mich sofort dem oder der FreundIn zu? Anschließend werden die Verhaltensregeln beim gemeinsamen Abendessen in der Familie zum Thema gemacht: Wie reagiere ich auf ungewohntes Essen oder ungewohnte Verhaltensweisen bei Tisch? Im dritten Teil wird es etwas heikler: Wie benehme ich mich, wenn ich bei der Familie übernachte? In jeder dieser drei Spielphasen kann eine bestimmte Anzahl von

Punkten erreicht werden. Am Ende des Spieles entscheidet die Punktzahl, ob der/die SpielerIn gewonnen hat und mitfahren darf oder verloren hat und die Ferien in Berlin verbringen muss.

Die Entstehung

Während des Workshops wurden die SchülerInnen in Mädchen- und Jungengruppen eingeteilt. Jede dieser Gruppen entwickelte eine Spielfigur, die ihrem Geschlecht entsprach. Um diese Spielfigur zu gestalten, stellten sich die SchülerInnen selbst vor – welcher Nationalität sie angehören, woher ihre Eltern kommen, was diese beruflich machen –, und überlegten anschließend, welche Informationen ihrer Meinung nach der/die SpielerIn darüber hinaus benötigt, um das Spiel zu spielen. Die SchülerInnen entschieden selbst, ob die Spielfigur aus Teilen ihrer eigenen Identitäten zusammengesetzt oder als eine fiktive Person gestaltet wurde. Jedoch war klar, dass ihre eigenen realen Erfahrungen den Fundus darstellen sollten, aus dem die konstruierten Spielsituationen entwickelt wurden.

Der Gewinn für die Schulklasse

In diesem Workshop kamen über das gemeinsame Erarbeiten der fiktiven Spielfiguren die realen Hintergründe der Jugendlichen zum Vorschein: Sie lernten einander besser kennen, erfuhren mehr über die jeweiligen häuslichen Verhältnisse und somit auch über die verschiedenen Herkunftskulturen beziehungsweise darüber, dass in den Familien unterschiedliche Regeln, Werte und Normen existieren. Durch das intensive Bearbeiten und Diskutieren der Spielvariationen vergrößerte sich das Wissen über die Spannbreite der unterschiedlichen Regeln. Zugleich wuchs die Erkenntnis, dass man in irgendeiner Form mit diesen Unterschieden umgehen kann und muss.

Indem die Jugendlichen sich überlegen mussten, welche verschiedenen Antworten beziehungsweise (Re-)Aktionsmöglichkeiten sie in verschiedenen Begegnungssituationen anbieten, wurde ihnen deutlich, dass ihnen selbst in unbekannten Situationen unterschiedliche Verhaltensweisen zur Verfügung stehen: vom unsicheren Abwarten über Flucht (Wegrennen) bis zum Thematisieren der Unsicherheit, also dem Offenlegen der eigenen Unwissenheit.

Für die SchülerInnen war der Workshop allerdings auch auf anderen Ebenen ein großer Erfolg: Ganz nebenbei konnten sie bei der Mitarbeit an dieser Animation auch den Umgang mit Computer und Internet lernen – mit einem Medium, das mittlerweile eines der gebräuchlichsten Arbeitsmittel ist und das in Zukunft auch in der weltweiten Kommunikation eine immer größere Rolle spielen wird. Einblicke in Bildbearbeitung, Webdesign, Programmierungsgrundkenntnisse – die SchülerInnen konnten lernen, wie kompliziert, aber auch wie leicht manche Seiten und Ergebnisse zu produzieren sind.

Das Arbeiten im Team wurde eingeübt. Dabei lernten die SchülerInnen beispielsweise auch, das Erfahrungswissen anderer zu respektieren. Gewohntes Gruppenverhalten wurde in Frage gestellt: Man musste einander zuhören, aufeinander eingehen lernen; andererseits waren auch schuluntypische Qualitäten wie etwa beim Organisieren von Requisiten nötig, so dass SchülerInnen, die sonst eher unauffällig sind, hier glänzen konnten.

Nicht zuletzt ist auch das fertige Produkt etwas, das den beteiligten SchülerInnen einen enormen Zuwachs an Selbstwertgefühl bringt: Ein Computerspiel, das mehrere Wochen lang in einer öffentlichen Ausstellung gespielt werden konnte und das auch im Internet – also weltweit – zur Verfügung steht, ist ein vorzeigbares Ergebnis, auf das Eltern, Geschwister, FreundInnen und Verwandte aufmerksam gemacht werden können und zwar mit den Worten: Daran habe ich mitgearbeitet!

Vorteil für alle

Profitieren können von der kleinen Animation aber auch diejenigen, die sie „nur" spielen: Beim Lesen der verschiedenen Situations- und Reaktionsbeschreibungen werden die dahinter versteckten Wünsche und Träume der SchülerInnen bisweilen sehr deutlich; sie geben aber auch Aufschluss über ihren kulturellen Hintergrund, über ihre Lebensrealitäten. Je nach Alter, Geschlecht, Bildungsstand und Lebensraum kann ein/e NutzerIn des Spiels den „Das kenne ich ja auch!"-Effekt oder aber ein Aha-Erlebnis haben. Und für Gleichaltrige in ähnlichen Lebensumständen ist es durchaus möglich, den Bezug zur eigenen Realität herzustellen; somit wird eine Übertragungsleistung im Hinblick auf eigene Erfahrungen ermöglicht.

Gleichzeitig stößt man beim Spielen immer wieder auf sehr fantasievoll (bis hin zu absurd) gestaltete Antwort-Angebote für Begrüßungs-, Speise- und Zubettgeh-Rituale. Diese extremen Situationen verdeutlichen, dass es sich bei den verschiedenen Familien und ihren Regeln nicht um real existierende Personen handelt. Durch die Übertreibungen, die die Schulklasse erarbeitete, werden keine neuen Vorurteile über Menschen mit anderem kulturellen Hintergrund geschaffen (im Sinne von: bei Menschen türkischer Herkunft muss man in der Wohnung immer die Schuhe ausziehen). Deutlich wird aber, dass es bei allen Familien sehr unterschiedlich zugeht.

Weiterentwicklung

Vor 20 Jahren waren die Lebenswege von Jugendlichen, die in derselben Gegend aufwuchsen, noch relativ ähnlich und somit auch für Erwachsene berechenbarer. In einem Bezirk wie Neukölln im Jahr 2004 sind aber die Erfahrungswelten von Kindern und Jugendlichen zum Teil sehr unterschiedlich (Kriegserfahrungen, Migration, Flucht usw.). Somit wird es für andere immer schwerer, sich in deren Situation hineinzudenken. Auch bei Jugendlichen mit Migrationshintergrund können Außenstehende nicht unbedingt erkennen, ob deren Sozialisation eher durch die deutsche oder durch die Herkunftskultur geprägt ist. Um mit Jugendlichen zu arbeiten, ist es enorm wichtig, einen Einblick in deren Neuköllner Leben zu gewinnen. Mit „Ich will mit" sollte der Versuch gestartet werden, die Lebenswelt dieser Jugendlichen erfahrbarer zu machen, auch für Erwachsene. Diesem Aspekt soll in der Weiterentwicklung mehr Aufmerksamkeit geschenkt werden.

In Workshops mit weiteren Schulklassen sollen noch weitere Identitäten erarbeitet werden, wobei die statistischen Daten der SchülerInnen genauer erfasst werden sollen, um einen Vergleich zwischen der Realität und den von den Jugendlichen erdachten Personen anstellen zu können. Neben einem streng muslimischen Elternhaus könnte ein katholischer Haushalt dargestellt werden, eine Tochter reicher Eltern könnte neben einer aus der Arbeiterschicht stammenden als Spielfigur zur Verfügung stehen etc.

Zusätzlich soll das Spiel um eine inhaltliche Ebene erweitert werden. Zum Beispiel könnte in die schon bekannte Situation „beim Abendessen" ein kompliziertes Thema eingebaut werden, zu dem die SchülerInnen Stellung beziehen müssen (ab wann dürfen Mädchen einen Freund haben? Sex vor der Ehe? Verhütung? Küssen in der Öffentlichkeit? . . .).

Das Sekundärziel, mehr Computerwissen an Schulklassen zu vermitteln, wird weiterhin beibehalten und noch ausgebaut werden, da es das Spiel für die beteiligten Schulklassen besonders attraktiv macht: Es gibt kaum Jugendliche, die nicht lernen möchten, mit diesem Medium umzugehen.

In jedem Fall soll eine optische Verbesserung stattfinden. Damit die Animation zu einem veritablen kleinen Computerspiel wird, sollen die Filme und Grafiken auf jeden Fall größer und ansprechender gestaltet werden. Einige Verbesserungen im Bereich der Funktionalität sind ebenfalls geplant, so dass das Spielen zukünftig nicht nur wegen der fantasievollen Einfälle der SchülerInnen amüsiert und weiterbildet, sondern auch Spaß macht, weil es benutzungsfreundlich und ansehnlich gestaltet ist.

Das große Interesse, das der Prototyp von „Ich will mit" während der knapp dreimonatigen Ausstellungsdauer erfahren hat, bestätigt jedenfalls die anfängliche Hypothese, dass Jugendliche mit neuen Medien eher anzusprechen sind als mit traditionellen Ausstellungselementen. Dass dieses „Spielchen" teilweise als „banal" abgeurteilt wurde, könnte auch darin begründet sein, dass es einigen NutzerInnen peinlich war, nicht die erforderliche Punktzahl erreicht zu haben. Bei vielen jugendlichen BesucherInnen jedoch führte das „negative" Spielergebnis durchaus zu nachdenklichen Gesichtern und im Folgenden zum intensiveren Studium der anderen Exponate. Wir hoffen, dass sich solche Prozesse fortsetzen lassen.

Jutta Aumüller

Über Werte und ihren Wandel

Wenig Begriffe sind in der öffentlichen Diskussion des vergangenen Jahrzehnts so häufig strapaziert worden wie der der „Werte". Ursprünglich aus der Ökonomie kommend, bezeichnete der Begriff „Wert" das, was einen hohen Preis erzielte. Sprechen wir heute von Werten, so meinen wir etwas anderes: „Vorstellungen des Wünschbaren" (H. Meulemann), „Intensitäten unserer Schätzung von Gütern und Tugenden" (H. Lübbe), so definieren Soziologen und Philosophen den Wertbegriff. Wertüberzeugungen bieten dem Einzelnen eine dauerhafte Orientierung auf das, was ihm sozial und moralisch wünschenswert erscheint.

In den Sozialwissenschaften ist die Erforschung des Wertewandels zu einem populären Thema geworden. Als Auslöser für einen gesellschaftlichen Wertewandel galt zunächst die Emanzipationsbewegung der 1960er Jahre. In der Bundesrepublik war es die antiautoritäre Bewegung, die in einer Art Kulturrevolution einen Wandel von den „materialistischen" Wertorientierungen der Nachkriegsjahrzehnte hin zu den so genannten postmateriellen Werten wie Selbstverwirklichung, Emanzipation, Toleranz, Mitbestimmung, Lebensqualität auslöste. Was die konservativen Demoskopen um Elisabeth Noelle-Neumann als einen Werteverfall beklagten, galt unaufgeregteren Soziologen als ein Symptom des Wandels, wie er für den Wertbegriff wesentlich sei: Der Begriff des Wertes bezeichne, entsprechend seiner Herkunft aus der Ökonomie, etwas Relatives und er trage den Charakter des Wechselhaften bereits in sich. Der amerikanische Soziologe Ronald Inglehart löste Anfang der 1970er Jahre eine breite wissenschaftliche und öffentliche Diskussion aus, indem er diesen Wertewandel als symptomatisch für die hoch entwickelten westlichen Industriegesellschaften ausmachte.

Seit den neunziger Jahren erleben wir in Deutschland erneut eine verstärkte Wertedebatte, dieses Mal unter einem umgekehrten Vorzeichen. Je stärker der äußere Druck der Globalisierung und des fortschreitenden Sozialabbaus den eigenen Orientierungsrahmen in Frage stellt, desto energischer wird in Politik und Gesellschaft der Wunsch nach Werten geäußert: „Der Ruf nach Werten, wie er sich als Reaktion auf die Zumutungen der

Wertewandel Wertewandel Wertewandel Wertewandel

modernen Lebenswelt ergibt, bedeutet auch die Suche nach Halt und Geborgenheit".[1]

In einem ähnlichen Sinn muss man die Debatte um eine deutsche „Leitkultur" verstehen, die vor einigen Jahren von konservativen Politikern losgetreten wurde: Die Unübersichtlichkeiten, die in einer stetig globaler und komplexer werdenden Gesellschaft entstanden sind, sollen durch den Rekurs auf einen Kulturbegriff beseitigt werden, der auf das frühe 19. Jahrhundert zurückgeht und in dem Kultur und Nation als etwas Deckungsgleiches vorgestellt wird – ein Affront gegen die faktischen Verhältnisse in der deutschen Einwanderungsgesellschaft.

Die neue Wertedebatte

Der neuen Wertedebatte gilt die Aufmerksamkeit der Sozialforschung; sie hat aber auch verschiedentlich Kritik hervorgerufen. Der Shell-Konzern gab seit Ende der 1980er Jahre mehrfach vielbeachtete Jugendstudien in Auftrag, in denen es um die Einstellungen und Orientierungen junger Menschen in Deutschland ging. Der amerikanische Soziologe Richard Sennett hat in seinem Buch „Der flexible Mensch" untersucht, wie die auf Kurzfristigkeit ausgerichtete Ökonomie des neuen Kapitalismus zwangsläufig den Charakter der Menschen verändere und insbesondere jene Charaktereigenschaften bedrohe, die die Menschen aneinander binden und dem Einzelnen ein stabiles Selbstwertgefühl geben. Der zunehmenden Oberflächlichkeit der Beziehungen in Arbeitswelt und Nachbarschaft werde die Idee von verbindlichen, bleibenden Werten entgegengestellt, als ein Desideratum, als der Wunsch nach Zusammenhalt der Lebensbezüge. Der Pädagoge Hartmut von Hentig wiederum kritisiert die Wertedebatte unter dem Aspekt einer angeforderten stärkeren Werteerziehung in der Schule. Pädagogik, so stellt der Nestor einer liberalen Erziehungswissenschaft in Deutschland klar, sei nicht dafür da, einen tatsächlichen oder vermeintlichen Werteverfall zu bekämpfen, sondern vielmehr dazu, der kommenden Generation dazu zu verhelfen, in ihre Kultur hineinzuwachsen und diese zu verstehen. Anstatt eine Wertedebatte zu führen, sei eine fortgesetzte öffentliche Diskussion darüber notwendig, was eine wünschenswerte Gesellschaft sei. Werte, so Hentig, können nicht in der Schule gelehrt werden, sondern wesentlich für sie seien das Vorbild der Erziehenden,

1 Ebers/Melchers, Vom Wert der Wertedebatte, S. 16.

dass sie tatsächlich gelebt werden, sowie die eigene Erfahrung der Lernenden.

Neuere Studien zu Wertorientierungen betonen insbesondere deren optionalen Charakter. So wird etwa in der Shell-Studie „Jugend 2000" festgestellt, dass unter Jugendlichen das allgemeine Bedürfnis nach Wertorientierungen stark ausgeprägt sei, jedoch die Werte, die sich der Einzelne als Leitbilder auswähle, an die jeweiligen biographischen Bedürfnisse angepasst würden. Wie diese Bedürfnisse, so seien auch die Wertorientierungen wandelbar.[2] Hinter diesen empirischen Untersuchungen steckt ein Begriffsverständnis von Wert, das auf individuelle Einstellungen und Tugenden abzielt. Daneben besitzt der Wertbegriff jedoch zwei weitere Dimensionen: Er kann zum einen auch gesellschaftliche Leitideen bezeichnen; zum anderen kann er als Synonym für Normen und Institutionen („Ehe", „Familie", „Staat" etc.) verwendet werden. Je nach Verwendungsweise des Begriffs prägen sich auch Vorstellungen von der Dauerhaftigkeit eines Wertes aus: Ob ein Wert etwas Überzeitliches bezeichnet oder grundsätzlich dem Verfall unterliegen kann, muss in der Verständigung über den Begriff erst geklärt werden.

Werte in unterschiedlichen kulturellen Kontexten

In der Zuwanderungsgesellschaft, zu der sich Deutschland in den vergangenen Jahrzehnten gewandelt hat, treffen Migrantengruppen mit ganz unterschiedlichen Wertorientierungen aufeinander. Werte haben eine stützende Funktion für das Selbst, gerade bei Migranten, deren Biographie großen Umbrüchen ausgesetzt ist. Sie ermöglichen eine innere Orientierung in einem äußeren Umfeld, das vollkommen fremd ist, unter Menschen, deren Verhaltensweisen unverständlich oder befremdend erscheinen. Es dauert sehr lange, bis sich Zuwanderer so weit an ihre neue Lebenswelt angeglichen haben, dass auch die Werte der Einwanderungsgesellschaft innerlich übernommen werden. Üblicherweise ist dies ein Prozess, den ein einzelner Migrant in seiner Lebensspanne gar nicht abschließen kann, sondern der sich über mehrere Generationen hinzieht.

In einen Entscheidungskonflikt zwischen den Werten der Herkunftsgesellschaft und denen des Zuwanderungslandes geraten vor allem die Kinder und Enkel von Migranten. Selbst im Einwanderungsland geboren, werden

2   Fritzsche, Moderne Orientierungsmuster, S. 94.

sie häufig mit Wertsystemen konfrontiert, die aus einem
ganz anderen gesellschaftlichen Kontext stammen, in der
Familie aber besonders gepflegt werden. In unserem
Projekt „Gute Töchter – Gute Söhne" haben wir uns in
mehreren Zusammenhängen damit befasst, wie Kinder
und Jugendliche aus Migrantenfamilien mit unterschiedlichen Wertesystemen und daraus resultierenden Anforderungen umgehen.

Unser Interesse galt zunächst der Frage, was Jugendliche
unterschiedlicher Herkunftsnationalitäten mit einzelnen
Werten verbinden, welche normativen Vorstellungen sie
von bestimmten Werten haben und ob diese Werte für
sie selbst einen Orientierungswert besitzen. Diesen Fragen gingen wir in jeweils mehrtägigen Workshops an drei
Neuköllner Schulen nach, die in enger Kooperation mit
dem Arbeitskreis Kulturelle Sensibilisierung des Instituts
für Allgemeine Pädagogik der Humboldt-Universität unter
der Leitung von Dr. Ursula Nguyen durchgeführt wurden.
Rückblickend war es nicht einfach, mit den Schülerinnen
und Schülern über „Werte" als ein abstraktes Thema ins
Gespräch zu kommen. Bei der Wortfeldarbeit zu Begriffen
wie „Ehre", „Respekt", „Harmonie", „Toleranz", „Gehorsam" waren intensive Vorgaben durch die Kursleiter notwendig, bevor die Siebt- und Achtklässler begannen, ihre
eigenen Vorstellungen von solchen Begriffen zu artikulie-
ren. Schüler ausländischer Herkunft fanden nicht immer
ohne weiteres die passende Übersetzung eines bestimmten Begriffs in die Herkunftssprache ihrer Eltern.

„Ehre" ist ein Begriff, der die Vorstellungskraft der in den
Klassen zahlreich vertretenen Jugendlichen türkischer und
arabischer Herkunft sehr stark beflügelte. „Meine Ehre ist
für meine Familie sehr wichtig", lautete das Statement
eines Achtklässlers auf einem Poster, das hier stellvertretend für eine große Zahl ganz ähnlicher Stellungnahmen
zitiert wird. Auch Respekt ist eine Tugend, die insbesondere für SchülerInnen ausländischer Herkunft eine deutlich
hohe Wertigkeit besitzt. Es fällt auf, dass Respekt von den
Jugendlichen beinahe immer auf das Verhalten gegenüber der älteren Generation bezogen wird. „Mein Onkel
kommt manchmal zu unserem Imbiss zu Besuch, und
wenn er da ist, will er, dass er nur die Hand geschüttelt
bekommt von mir, aber ich will respektvoll sein und küsse
ihm die Hand", schrieb ein Achtklässler. Respekt ist etwas,
worauf im Bewusstsein der Jugendlichen Ältere offensichtlich einen Anspruch haben. Das Verhalten gegenüber

Gleichaltrigen ist dagegen nicht unbedingt von der Forderung nach gegenseitigem Respekt durchdrungen. „Ich respektiere deine Meinung" ist ein Schüler-Statement, das sich als eine einsame Insel auf der Plakatwand zu Werten findet.

Auch wenn das Gespräch über Werte mit den SchülerInnen manchmal zäh verief, so wurde an anderer Stelle doch deutlich, dass das Alltagsverhalten dieser Jugendlichen stark von Wertvorstellungen bestimmt ist. In den Schüleraufsätzen über das Thema „Gute Töchter – Gute Söhne" dominierten normative Vorstellungen: „Die Ehre der Familie schützen", „Respekt vor den Eltern" sind normative Konstanten in diesen Aufsätzen, von denen wir an anderer Stelle eine Auswahl geben (siehe Seite 158ff.). Rückblickend blieb in den Workshops leider zu wenig Zeit, um mit den Schülerinnen und Schülern die kulturellen Unterschiede in diesen Normsetzungen zu diskutieren.

Kulturelle Unterschiede, aber auch den geschichtlichen Wandel in Wertkonzeptionen herauszuarbeiten war zum anderen das Ziel der „Tiefenbohrungen" zu einzelnen Wertbegriffen in der Ausstellung. Dies waren kleine, mobile Archive, jeweils zu den Begriffen „Ehre", „Respekt", „Scham", „Toleranz" und „Gehorsam", die den Ausstellungsbesuchern zur Verfügung standen und die mit Textquellen versehen waren, die die verschiedenen kulturellen und historischen Facetten dieser Tugenden beleuchten sollten. Es ging uns bei dieser Auswahl darum, die Vielschichtigkeit von Wertbegriffen in der multikulturellen Gesellschaft aufzuzeigen. Bei unseren Recherchen bemerkten wir, dass es schwierig, ja zum Teil unmöglich sein kann, einen Wert, der für eine Kultur konstitutiv ist, in einen anderen Kulturkreis zu „übersetzen". Beispielsweise ist es nicht leicht, für einen Begriff wie „Toleranz", der im westlichen Kontext ein hohes ideelles Gut bezeichnet, überhaupt eine adäquate Übersetzung in außereuropäische Sprachen zu finden. Vorstellungen von „Ehre" oder von „Scham" können in islamischen Kulturen oder asiatischen Gesellschaften völlig von dem abweichen, was Mitteleuropäer mit diesen Werten verbinden.

Die folgenden Kapitel über einzelne Wertbegriffe gehen auf die „Tiefenbohrungen" der Ausstellung „Gute Töchter – Gute Söhne" zurück und wollen einen Einblick in die kulturelle Vielschichtigkeit von Werten geben. Die Autorinnen verbinden damit keinen Anspruch auf Vollständigkeit. Die begrenzte Zeitdauer unserer Recherchen hat es uns leider nicht ermöglicht, ein breiteres kulturelles Spektrum zu diesen Begriffen aufzufächern.

Scham

Toleranz

Gehorsam

Ehre

Respekt

Andrea Weilbacher

Scham

Scham ist ein menschliches Gefühl. Das deutsche Wort „Scham" hat eine sexuelle und eine gesellschaftliche Bedeutung. In fast allen westlichen Sprachen werden, in einer mittlerweile fast veralteten Bedeutung, mit Scham die Geschlechtsorgane von Mann und Frau und eine Entblößung derselben verbunden.

Diese Vokabel zur Bezeichnung des Intimbereichs zeigt einen Aspekt des Schambegriffs wie er bis heute Gültigkeit hat: Scham als Ausdruck der Entblößung eines Menschen. Steht ein Mensch nackt in der Öffentlichkeit, ist er entblößt. Während diese Entblößung real ist, gibt es eine Entblößung im übertragenen Sinn: das Bewusstsein, nicht den gesellschaftlichen Normen und Regeln zu entsprechen und sich dessen zu schämen.

> *„Scham (weibl.): Das altgerm. Substantiv mhd. scham[e], scheme, ahd. scama, afries. skome, engl. shame, schwed. skam bedeutete urspr. Beschämung und Schande, im Dt. bes. das Schamgefühl. Später wurde es auch verhüllend für ‚Geschlechtsteile' gebraucht. Die Herkunft des Wortes, das auch dem Subst. Schande zugrunde liegt, ist ungeklärt. Abl.: schämen, sich (mhd. schemen, schämen, ahd. scamen, -on; auch transitiv für ‚schmähen, schänden' [dafür jetzt beschämen, mhd. beschemen]); verschämt, sich schämend, sich zierend' (mhd. verschamt, verschemt, 2. Part. zu mhd. [sich] verschamen, ‚in Scham versinken'); dazu unverschämt ‚schamlos, frech' (spätmhd. unverschamet); schamhaft (mhd. scham[e]haft, ahd. scamahaft); schamlos (mhd. scham[e]los, ahd. scamalos)."*
>
> *Quelle: Duden Band 7. Das Herkunftsbuch. Die Etymologie der deutschen Sprache. Mannheim/Wien/Zürich (Dudenverlag).*

> *„Das Wort Scham stammt von einer alten germanischen Wurzel skam/skem (althochdeutsch scama, angelsächsisch scamu) und hat die Bedeutung von ‚Schamgefühl, Beschämung, Schande'. Es geht zurück auf die indogermanische Wurzel kam/kem: ‚zudecken, verschleiern, verbergen' (Kluge 1975). Das vorangestellte s (skam) fügt die reflexive Bedeutung hinzu – ‚sich zudecken'. Die Vorstellung des Sichverbergens ist dabei spezifisch und untrennbar vom Schamkonzept."*
>
> *Wurmser, Die Maske der Scham, S. 42.*

Scham spielt in allen Kulturen eine wichtige Rolle für das Zusammenleben der Menschen und die soziale Ordnung einer Gesellschaft. Gesellschaften und Kulturen basieren auf Wertesystemen, die religiös, moralisch und politisch begründet sind und Normen für das Verhalten der Menschen formulieren. Der Mensch setzt sich in Beziehung zu Werten der Gesellschaft, die den Maßstab für sein Verhalten vorgeben, und versucht diesen zu entsprechen.

Wenn ein Individuum aber den gesellschaftlichen Maßstäben nicht entspricht und sich dessen bewusst wird, kann es zu einer Schamreaktion kommen. So werden Armut, geringe soziale Stellung oder ein gesellschaftsuntypisches Verhalten oft mit einem Gefühl der Scham belegt. Auch Charakterschwächen können Auslöser von Scham sein, doch werden diese oft durch aufgesetzte oder unechte Freundlichkeit und Unterwürfigkeit verdeckt, die in Wirklichkeit Ausdruck von Verachtung und Geringschätzung sind und dann wiederum Verachtung und Geringschätzung hervorrufen.[1]

Scham steht zwischen dem individuellen Empfinden eines Menschen und der Öffentlichkeit und hat so eine gesellschaftliche und individualpsychologische Bedeutung. Bevor man die gesellschaftliche Funktion der Scham verstehen kann, sollte man sich zunächst bewusst machen, was das Schamgefühl für den einzelnen Menschen bedeutet, und sich mit dem psychologischen Inhalt des Begriffs auseinandersetzen.

Scham ist ein Affekt, der eng mit dem narzisstischen Trieb, dem auf das eigene „Ich" orientierten Trieb des Menschen, verbunden ist.

1914 verfasste Sigmund Freud, der als Begründer der modernen Psychoanalyse gilt, seine richtungsweisende und zentrale Abhandlung „Zur Einführung des Narzissmus", in der er Grundlagen für einen Narzissmusbegriff formulierte, wie er bis heute verwendet wird. Für die Entwicklung eines Menschen ist die Herausbildung eines stabilen Ich-Ideals notwendig, um sich von anderen Menschen und der Gesellschaft abzugrenzen, aber auch in Kommunikation mit diesen treten zu können. Dazu gehört, dass sich der Mensch als Individuum in Beziehung zu moralischen Normen und Werten einer Gesellschaft setzt. Daraus resultiert ein Selbstbild, das eng mit dem Selbstwertgefühl verbunden ist. Wenn ein Mensch dem Selbstbild durch sein Handeln nicht genügt, erfolgt eine Schamreaktion, die Ausdruck der Diskrepanz zwischen der erstrebten Selbstwertung und dem tatsächlichen Handeln ist. Aussagen wie „Selbstachtung bewahrte mich vor einem solchen Handeln" oder „Mein Schamgefühl hinderte mich daran" zeigen die enge Verbindung von Scham und Selbstwertgefühl in Bezug auf das Handeln und die Identifikation mit persönlichen und gesellschaftlichen Werten. Scham ist also notwendig, um eine stabile Persönlichkeit zu entwickeln und sich in eine Beziehung zur Umwelt setzen zu können. Erst die Nähe zum eigenen „Personenzentrum" befähigt den Menschen, seine Mitmenschen moralisch ernst zu nehmen, und macht ihn gesellschaftsfähig.[2]

Während der innere Bereich eines Menschen durch das Schamgefühl bewahrt wird, ist das Gefühl der Schuld ein nach außen gerichteter Affekt; eine regulierende Instanz, durch die die Persönlichkeitsrechte eines anderen Menschen geschützt werden.

1 Wurmser, Die Maske der Scham, S. 47.
2 Riksen, Im Anfang, S. 42.

Scham und Narzissmus

Scham ist ein Affekt, der eng mit dem narzisstischem Trieb verbunden ist. Abwehrmechanismen wie Verlegenheit und Verachtung, Kränkung und Demütigung oder Schüchternheit, Scheu und Bescheidenheit stehen in einem direkten Zusammenhang mit der Affektgruppe, die unter dem Oberbegriff „Scham" zusammengefasst wird.

„Die meisten Menschen – sowohl Patienten als auch erfahrene Beobachter – haben Schwierigkeiten, Scham und Schuld zu unterscheiden. Oftmals werden beide Begriffe gewohnheitsmäßig gekoppelt, so als ob sie unzertrennlich wären. Das Verständnis geht dahin, daß Schuld die Furcht von innerer Verurteilung und Scham die von äußerer Verurteilung sei. Kann man sich jedoch nicht vor sich selber schämen und sich schuldig gegenüber jemanden anderem fühlen? Wenn man weiß, daß man einen Fauxpas begangen hat – z.B. das Vertrauen eines Freundes oder eines Patienten verletzt, dann kann man sich wahrhaftig innerlich schuldig fühlen. Aber da ist viel mehr – das Gefühl des Unwürdigseins, das Gefühl, total versagt zu haben. Wir möchten vor unserem Spiegelbild zurückschrecken, uns verachten und uns für die Schande, die wir in uns fühlen, entwerten."
Wurmser, Die Maske der Scham, S. 25.

„Es ist ein Affekt, der mit Selbstverachtung und Integrität zu tun hat, nicht mit der Sorge um den anderen. Er ist selbstbezogen – ein narzißtisch orientiertes, kein objektbezogenes Gefühl, aber ein Gefühl von großer Macht und Wichtigkeit. Niemand anderes muß diesen Schandfleck sehen – die Scham bleibt trotzdem."
Wurmser, Die Maske der Scham, S. 28.

Die deutsche Redeweise „Ich schäme mich vor mir selbst" ist ein gutes Beispiel für diesen nach innen – auf das Selbst – gerichteten Affekt. In diesem Affekt und der Selbstwertschätzung des Ichs einer Person sind Selbstschutz und Respekt vor dem eigenem Ich sowie dem Ich anderer impliziert.[3]

Die Verbindung von der Unerreichbarkeit des Ich-Ideals mit dem Schamgefühl wird von Georg Wilhelm Friedrich Hegel, dem maßgeblichen Philosophen des deutschen Idealismus, in seiner „Phänomenologie des Geistes" folgendermaßen formuliert: „Ein reines Gemüt schämt sich der Liebe nicht, es schämt sich aber, daß diese nicht vollkommen ist, sie wirft es sich vor, daß noch eine Macht, ein Feindliches ist, das der Vollendung Hindernisse macht."[4]

Scham- und Schuldgefühl stehen in einer Wechselbeziehung zueinander und haben eine wichtige Rolle für das Verhältnis des Menschen zur Gesellschaft. Sie definieren Grenzen zwischen dem privaten und öffentlichen Raum in der Gesellschaft. Dabei werden nicht nur körperliche Berührungen mit Scham besetzt, sondern auch Blickkontakte können Auslöser für Schamgefühl sein.

3   Vgl. Wurmser, Die Maske der Scham, S. 74.
4   Zitiert nach: Wurmser, Die Maske der Scham, S. 122.

Das Sehen und Gesehenwerden hebt die intimen Bereiche eines Menschen auf, und eine Schamreaktion möchte unter Umständen dieser Aufhebung der Intimitätsgrenzen entgegenwirken und die Autonomie der Person schützen. So wird manchmal Blickkontakt vermieden, um sich den Blicken anderer zu entziehen und die Interaktion mit der Umwelt zu unterbrechen.[5]

Scham und Schuld: Vom Schutz der Privatheit in der Gesellschaft

„Die Scham behütet das getrennte, private Selbst mit seinen Grenzen und verhindert das Eindringen von außen und das Verschmelzen. Sie garantiert die Integrität des Selbst. Gleichzeitig behütet die Scham aber auch die Integrität der mitmenschlichen Beziehungen und verhütet vollständige Isolierung und Abweisung. Genau genommen schützt sie das Selbst vor übermäßigem Ausgesetzt- oder Bloßgestelltsein (‚overexposure‘) und vor zudringlicher Neugier. Scham stellt daher den grundlegenden Schutzmechanismus dar in einem Bereich, der sowohl Ausdruck und Mitteilung als auch Wahrnehmung und Aufmerksamkeit umfaßt. Dies bedeutet, daß sich die Hauptfunktion der Scham als zwischenmenschlicher Schutzmechanismus gegen Bloßstellung der Entblößung (‚exposure‘) richtet. Andererseits erfüllt Schuld eine ähnliche Funktion im Bereich der motorischen Aktivität und Aggression; sie schützt die physische Integrität des anderen viel mehr, als daß sie das Selbst gegen Verletzungen schützt. Sie verhütet die Ausbreitung über die der mitmenschlichen Sphäre gesetzten Grenzen hinaus und stellt also ein Regulativ für den Wunsch dar, aggressive Machtansprüche und sexuelles Verlangen in die Sphäre des anderen auszudehnen.

[…]

Sei dem wie es wolle, eines ist sicher: Scham ist primär nicht Schutz gegen körperliche Entblößung in einem ‚sexuellen‘ (genitalen) Sinn, sondern gegen archaischere Formen der Entblößung und Enthüllung. Wir kennen viele Kulturen, in denen Scham wegen Nacktheit gar nicht existiert; es wäre jedoch höchst überraschend, wenn es in ihnen nicht andere Inhalte der Scham gäbe. Das Beispiel, woran ich denke, ist die griechische Antike: In allen sportlichen Wettkämpfen (im Gymnasium, bei den Olympischen Spielen und ähnlichen nationalen Wettbewerben) zeigten sich Männer splitternackt; sie wurden ohne Zögern nackt gefeiert und abgebildet. Für sie hatte Scham den oben beschriebenen Inhalt: soziale, emotionale oder ethische Schwäche. Die Verletzungen eines Ehrenkodexes gegenüber den Göttern oder den Menschen erzeugte Scham.

Die spezifische Hypothese bestände daher darin, daß Scham ursprünglich als Wächterin für die Autonomie des Primärprozesses, unseres intimsten Lebens – unserer Gefühle, der ‚Logik des Herzens‘ – vonnöten ist.“

Wurmser, Die Maske der Scham, S. 122-125.

---

5   Hilgers, Scham, S. 15f.

Deutlich wird, dass Scham ein Begriff ist, der auf der Grundlage menschlicher Begegnung verstanden werden muss. Scham entsteht vor dem Auge des anderen. Deshalb spiegelt sich auch im Schamgefühl das Verhältnis des Menschen zu den sozialen Normen einer Gesellschaft wider. Diese Normen sind Ausdruck von Wertvorstellungen einer Gemeinschaft. Es handelt sich hierbei nicht um hermetisch abgeschlossene Regelsysteme, sondern um Grundlagen des Zusammenlebens, deren gesellschaftliche Relevanz in einem stetigen Interpretationsprozess neu diskutiert und verortet wird. Dabei variieren nicht nur die Wertvorstellungen innerhalb einer Gesellschaft zu verschiedenen Zeiten, sondern auch die Wertvorstellungen diverser Kulturen können sich voneinander unterscheiden.

Blickkontakt als Auslöser von Scham

Scham ist immer ein Regulator zwischen Menschen in einer sozialen Situation. So werden nicht nur körperliche Berührungen mit Scham besetzt, sondern auch Blickkontakte können Auslöser für Schamgefühl sein und werden manchmal sogar vermieden, um sich den Blicken anderer zu entziehen und die Interaktion mit der Umwelt zu unterbrechen.

„Plötzliches Sehen wie auch Gesehen-Werden hebt die Schranke zwischen den intimen Bereichen zweier Personen für einen Moment auf. Die dabei entstehenden Schamgefühle von Betrachter und Objekt sorgen für die Wiedereinsetzung der Grenze zwischen den Beteiligten. Scham ist demnach keineswegs ein in seinen Auswirkungen vorrangig negativer oder pathologischer Affekt, obgleich das Erleben von Scham grundsätzlich negativen Charakter besitzt. Scham hütet die Selbst- und Intimitätsgrenzen, wie sie Ansporn für Leistungen, Entwicklung und Autonomie darstellt.
[...]
Sich eine Blöße geben, sein Gesicht verlieren, jemanden unter die Augen treten, als schwach angesehen zu werden, hoch angesehen sein, Ansehen genießen, zu jemand aufschauen und so weiter sind alltägliche Redewendungen, die die enge Verbindung von Stolz und Scham mit dem Gesichtssinn betonen. Entwicklungspsychologisch ist das Auge zunächst immer das Auge des anderen. Das setzt die Interaktion mit einem Gegenüber voraus."
Hilgers, Scham, S. 15-16.

Der Schambegriff geht also weit über den persönlichen Bedeutungskontext hinaus. Die Scham schützt soziale Grenzen und reflektiert moralische und ethische Ideale. Gesellschaftliche Kategorien werden verinnerlicht, und aus den äußeren Normen werden innere Notwendigkeiten einer moralischen Ordnung. Die Unterscheidung von „Gut" und „Böse" als moralische Kategorien, die einem gesellschaftlichen Schamgefühl zugrunde liegen, sind dabei zentrale Kriterien. Diese moralische Kategorien werden bereits im biblischen Mythos von Adam und Eva formuliert. Zu Beginn der biblischen Erzählung heißt es:

„Sie waren nackt und schämten sich nicht." Erst nachdem Adam und Eva vom Baum der Erkenntnis gekostet hatten, wurden sie gewahr, dass sie nackt waren und verhüllten ihre Scham. Das Verhüllen der Nacktheit (Scham) ist in dem Mythos eng verbunden mit der Fähigkeit, Gut und Böse voneinander zu unterscheiden: „Siehe, der Mensch ist geworden wie unsereiner, dass er weiß, was gut und böse ist" (1 Mose 3, 22).

Martin Buber, ein wichtiger Religionswissenschaftler und Vertreter einer jüdischen Philosophie der Moderne, formuliert die Fähigkeit des Menschen zu unterscheiden in seinem philosophischen Essay „Bilder von Gut und Böse" im Prinzip der Gegensätzlichkeit:

„‚Erkenntnis von Gut und Böse' bedeutet nichts anderes als: Erkenntnis der Gegensätze, die das frühe Schrifttum des Menschengeschlechts mit diesen beiden Begriffen bezeichnet. Es sind hier noch primitiv-umfassende Begriffe; sie umfassen noch ebenso Glück und Unheil oder Ordnung und Störung, die man erfährt, wie jene, die man selber stiftet. So ist es ja noch in den früh-awestischen Texten, und eben auch so in den der Schriftprophetie vorausgehenden biblischen, zu denen der unsere gehört. In der Terminologie des modernen Denkens können wir das Gemeinte umschreiben durch: zureichendes Bewußtsein der Gegensätzlichkeit alles innerweltlichen Seins, und das heißt vom biblischen Schöpfungsglauben aus: zureichendes Bewußtsein der in der Schöpfung latenten Gegensätzlichkeit."[6]

In der Unterscheidung von „Gut" und „Böse" ist ein ethisches Prinzip formuliert. Das Schamgefühl wird von Adam in dem Moment empfunden, da er seine Unvollkommenheit im Vergleich zur göttlichen Größe erkennt. Der Mensch wird sich aber auch seiner Natur bewusst und bedeckt anschließend seine Scham, um sein Nacktsein vor Gott zu verbergen.

Neben einer moralischen Bedeutung der Scham als Kriterium der Unterscheidung von Gut und Böse ist in der Paradieserzählung auch die Bedeutung der Scham im Geschlechterverhältnis angelegt. Die Scham setzt ein, weil sich Adam und Eva als Mann und Frau erkennen. Der Geschlechtsunterschied wird ihnen bewusst, da sie, nachdem sie vom Baum der Erkenntnis gegessen haben, unterscheiden können. Nur so konnte Adam Eva erkennen (d.h. sie lieben).

„Die Identifikation der Nacktheit im Unterschied zum Bekleidetsein ist das Fundament der Kultur (…), denn der ‚seine Schmach verbergende Mensch ist Kulturmensch'."
Leszek Kolakowski, zitiert in: Riksen, Im Anfang, S. 31.

„Damit ist eng verbunden, daß der Mensch kraft seiner Synthese von Geist und Leiblichkeit dazu berufen ist, vor einer lebenslänglichen Aufgabe standzuhalten, und zwar auf seine Freiheit des Wählens acht zu geben. Das besagt im Hinblick auf das Erwerben einer sittlichen Selbstverständigung, daß Maßstäbe gegeben sind, die von einem Oben und Unten, von dem Guten und Bösen Zeugnis ablegen."
Riksen, Im Anfang, S. 30.

6 Buber, Werke Bd. 1, S. 613.

Während Scham hier noch als „Genese eines sittlichen Bewusstseins" verstanden wird, als „Grundlage einer Selbstauffassung der personalen Würde",[7] haben die Veränderungen in der Moderne in vielen westlichen Gesellschaften zu einem Bruch mit moralischen und ethischen Normen der Vergangenheit geführt. Die konstruktive Rolle des Schamgefühls für eine Maßgabe menschlichen Handelns ist zunehmend aus dem Sinnhorizont moderner Gesellschaften verschwunden, und man kann von einer Enttabuisierung sprechen.[8] Die Auflösung von Privatsphäre und Tabus durch die Medien und ein zunehmender seelischer Exhibitionismus vor einem voyeuristischen Publikum (z.B. Talkshows in Fernsehen) bedingen einen Werterelativismus der so genannten postmodernen Gesellschaft, der alte Normen hinter sich lassen möchte.

> *„Wo nicht länger alte soziale Tugenden, die dem Individuum Einschränkungen auferlegten, sondern ich-bezogene Werte wie ‚Selbstverwirklichung', ein ‚Just-do-it!'- oder ‚Anything-goes'-Prinzip zu Maximen werden, nimmt Scham tendenziell ab. Vieles, was früher als anstößig galt, wird heute, wenn auch nicht immer akzeptiert, so doch schmunzelnd oder sensationsgierig toleriert. Der Druck auf den einzelnen nimmt ab, sich seiner Handlungen, Wünsche und Phantasien schämen zu müssen."*
>
> *Raub, Scham, S. 29.*

Doch trotz dieser Entwicklungen in der Moderne ist das Schamgefühl weiterhin ein wichtiges gesellschaftliches und zwischenmenschliches Ordnungsprinzip. Scham schützt die Grenzen des Privaten im öffentlichen Raum.

Die Unterteilung von öffentlichem und privatem Raum bestimmt in allen Kulturen das Verhältnis der Menschen zueinander und Regeln, die eingehalten werden müssen. Verhalten, die Art der Kommunikation oder die Kleidung stehen im Kontext des Raumes, in dem Menschen sich bewegen. Ein bestimmter Ort ist immer auch ein sozialer Raum, in dem der Mensch sich in Beziehung zur Umwelt setzt. Was für den einen Raum angemessen sein mag, wird in einem anderen Raum als deplaziert empfunden, abhängig von der kulturellen Prägung des Menschen und seiner Wertewelt.

Eleganz schützt die Scham

„In den Städten kleiden sich moderne türkische Frauen auffallend elegant. Sie tragen westeuropäische Kleidung und keine Kopftücher. Die Wirkung dieser extremen Eleganz gleicht der des Schleiers oder Kopftuches, indem die Frauen durch diese Aufmachung ebenso unnahbar und unberührbar und damit ehrenhaft erscheinen wie dörflich gekleidete Frauen mit Kopftuch. Nachlässig gekleidete Frauen sieht man in der Türkei – von Touristinnen abgesehen – so gut wie gar nicht. Diese Zuordnung: elegant – ehrenhaft, nachlässige Kleidung – unehrenhaft ist relativ strikt. Touristinnen bekommen das beispielsweise auf den Straßen Istanbuls durch Rempeleien oder andere Aggressionen von Männern zu spüren.

---

7   Riksen, Im Anfang, S. 31.
8   Das soziale Dilemma einer Schamlosigkeit für die Gesellschaft wurde bereits 1993 in dem provokanten Artikel „Ein Volk im Schweinestall" in „Der Spiegel" (Nr. 2, 47. Jg., 11. Januar 1993) thematisiert.

Wichtiger als das Maß der Bedeckung – ob ein Kopftuch getragen wird oder nicht – scheint mir die Kontrolle über den Körper zu sein, die in der Kleidung zum Ausdruck kommt. Andererseits ist das, was als angemessene Kleidung gilt, auch von der Umgebung abhängig: in der Stadt gelten Seidenstrümpfe und unbedecktes Haar als schicklich, und junge Dorffrauen passen sich der veränderten Umgebung an. Kehren sie ins Dorf zurück, so tragen sie selbstverständlich wieder Dorfkleidung. Frauen, die vorübergehend ins Dorf kommen, etwa junge Lehrerinnen, können sich auch im Dorf, ohne daß es ihren Ruf gefährden würde, modern kleiden."

Petersen, Ehre und Scham, S. 12f.

Es verwundert also nicht, dass die gesellschaftlichen Funktionen der Scham, in Abhängigkeit von den unterschiedlichen kulturellen Wertesystemen, variieren. Dabei lassen sich nicht nur Unterschiede zwischen einzelnen Gesellschaften feststellen, sondern tendenzielle Ausrichtungen von Kulturen: einerseits Kulturen, in denen die öffentliche Meinung des Kollektivs und die daraus resultierende gesellschaftliche Anerkennung eine größere Rolle spielt, und auf der anderen Seite Kulturen, in denen die moralische Verantwortung des Einzelnen für sein Handeln im Vordergrund steht. In der Ethnologie wird, ausgehend von der psychoanalytischen Unterscheidung von Scham und Schuld, zwischen so genannten Scham- und Schuldkulturen unterschieden. Diese Terminologie geht auf die amerikanische Ethnologin Ruth Benedict zurück. In ihrer Studie „The Chrysanthemum and the Sword: Patterns of Japanese Culture", die 1946 erschienen ist und die kulturellen und sozialen Voraussetzungen der japanischen Zivilisation untersucht, setzte sie den Begriff der Schamkultur gegen den Begriff der Schuldkultur. Zentral für die Unterscheidung, die Benedict trifft, ist die Erklärung des japanischen Verständnisses von „Selbstrespekt". Selbstrespekt (jicho) sei in der japanischen Kultur eng mit einem angemessenen Verhalten innerhalb der gesellschaftlichen Hierarchien und mit formellen Anforderungen verbunden. Die Anpassung an kollektive Normen ist hier eine wichtige Grundvoraussetzung für die Anerkennung und Wertschätzung des Einzelnen, was dazu führt, dass man Hierarchien anerkennt und sein Verhalten nach diesen orientiert.

Benedict überträgt, ausgehend von den Besonderheiten der japanischen Kultur, kulturelle Muster auf zwei gesellschaftliche Typen oder Formen, die sie als Schamkultur und Schuldkultur unterscheidet. Während in Schamkulturen die Spannung zwischen individuellem Impuls und sozialer Anpassung zu Gunsten des Kollektivs entschieden wird, kultivieren die meisten westlichen Gesellschaften eine Schuldkultur, die auf einer verinnerlichten Moral und Ethik basiert.[9] In der Schuldkultur misst sich der Mensch an den Regeln des moralisch akzeptierten Anspruchs, und anstelle eines Schamaffekts tritt ein verinnerlichtes Schuldgefühl. In Schamkulturen hingegen werden Verstöße gegen gesellschaftliche Normen mit Verachtung geahndet, und man vermeidet deshalb

9   Vgl. hierzu die Untersuchung Max Webers zur protestantischen Ethik.

einen „Gesichtsverlust".[10] Diese Bedeutung der Scham und das Vermeiden eines Gesichtsverlusts gilt nicht nur für die japanische Kultur, sondern für alle fernöstlichen Kulturen.

Scham in konfuzianischen Kulturen

Die chinesische Gesellschaftsstruktur unterscheidet sich wesentlich von der westlichen. Eine Privatsphäre wie in der westlichen Gesellschaft existiert nicht, und die gesellschaftliche Norm hat eine größere Bedeutung. Die Ritualisierung des Lebens und die damit einher gehende Formalisierung von Verhalten und Ausdrucksstil bedingt, dass Verletzungen formaler Verhaltens- und Kommunikationsregeln mit dem Gefühl der Scham verbunden sind. Scham ist in der Lehre des Konfuzius ein Begriff, der sich auf die Abweichung von der moralischen Ordnung bezieht.

„[Der Schüler] Yuan Si wollte wissen, was unter Schande zu verstehen sei.
Konfuzius sprach: ‚Wenn ein Beamter nur daran denkt, seinen Posten zu behalten
und sich die damit verbundenen Einkünfte zu sichern, so ist das Schande.'
Yuan Si fragte: ‚Wenn jemand frei ist von Herrschsucht und Prahlerei, von Haß
und Habsucht, kann man ihn dann wahrhaft sittlich nennen?'
Der Meister bemerkte daraufhin: ‚Das ist sicher schwer zu erreichen. Aber ob es
bereits wahre Sittlichkeit ist, das möchte ich bezweifeln.'"
Konfuzius, Gespräche (Lun-yu) XIV, I.

„Konfuzius sprach: Es kümmert mich nicht, daß ich ohne Amt und Würden bin.
Ich sorge mich vielmehr, daß es mir an Fähigkeiten und eigenem Vermögen mangelt.
Auch betrübt es mich nicht, unbekannt zu sein.
Es geht mir nur darum, würdig zu sein, daß man mich kennt."
Konfuzius, Gespräche (Lun-yu) IV, 14.

Während in asiatischen Kulturen der gesellschaftliche Konsens im Vordergrund steht, ohne allerdings losgelöst von moralischen Vorstellungen zu sein, wie die Lehren des Konfuzius zeigen,[11] hat Scham in anderen außereuropäischen Gesellschaften, wie z. B. islamischen Kulturen, weitere Bedeutungen. Oftmals wird dabei ausschließlich die geschlechtsspezifische Sexualmoral im Zusammenhang mit der Jungfräulichkeit betont. Obwohl diese Bedeutung in islamischen Kulturen von höchster Relevanz ist, hat der Schambegriff aber auch als moralische Kategorie und Unterscheidungsmerkmal von den Lebensweisen „Ungläubiger" im muslimischen Selbstverständnis Bedeutung für das Verhalten der Männer.

10 Benedict, The Chrysanthemum and the Sword, S. 219-223.
11 Vgl. Konfuzius, Gespräche (Lun-yu) IV, 14.

Im Koran heißt es:

*„Siehe, die muslimischen Männer und Frauen, die gläubigen, die gehorsamen, die wahr-
haftigen, standhaften, demütigen, almosenspendenden, fastenden, ihre Scham hütenden
und Allahs häufig gedenkenden Männer und Frauen, bereitet hat ihnen Allah Verzeihung
und gewaltigen Lohn."*

Sure 33, 35

Dazu aus den Quellen muslimischer Moralliteratur:

*„Moral und Benehmen der muslimischen Frau unterscheiden sich deutlich von denen
der nichtmuslimischen Frauen oder der Frauen aus der Zeit der jahiliya. Die muslimische
Frau ist keusch, würdevoll und besitzt Selbstachtung und Schamgefühl. Andererseits ist
die Frau, die von der göttlichen Rechtleitung nichts weiß, eingebildet und oft begierig, ihre
Attraktivität zur Schau zu stellen. Dieses Zurschaustellen umfaßt Entblößung anziehender
Körperteile, auf herausfordernde Weise gehen und sprechen, den Schmuck zeigen, ent-
blößende und sexuell aufreizende Kleidung tragen usw."*

Yousuf Qaradawi, The Lawful and the Prohibited in Islam. Zitiert nach: Ruthven, Islam, S. 142.

*„Der Koran, die Sunna und die Übereinstimmung der Muslime lehren allesamt die
Muslime, sich von den Ungläubigen zu unterscheiden und im allgemeinen zu vermeiden,
ihnen ähnlich zu sein. Alles, was auf versteckte und diffuse Weise Zerfall herbeiführt, hat
hiermit auch zu tun und ist ebenfalls verboten. Das Nachahmen der Erscheinung der
Ungläubigen führt zum Nachahmen ihres schlechten Verhaltens und ihrer schlechten
Eigenschaften – ja, sogar ihrer Glaubenslehren. Solche Einflüsse kann man nicht unter
Kontrolle bringen und auch nicht leicht feststellen, so daß es schwierig oder gar unmöglich
wird, sie auszumerzen."*

Ibn Taimiyya, Kitab iqtida al-sirat al-mustaqim. Zitiert nach: Ruthven, Islam, S. 147.

Für viele muslimische Jugendliche ist die Verteidigung der Scham ihrer Frauen
– seien dies Schwestern oder andere Verwandte – ein ungeschriebenes
Gesetz. Die Ehre eines Mannes besteht darin, die Scham der Frauen zu bewahren. Ein Hauptgrund für Prügeleien unter türkischen und arabischen
Jungen heute ist in Ehr- beziehungsweise Schamkonflikten zu suchen und führt
nicht selten zu familiären Konsequenzen.

*Die Scham der Frauen ist die Ehre der Männer: Das Verhältnis der Geschlechter in der türkischen
Gesellschaft*

*„Die Frau bewahrt ihre Ehre im wesentlichen durch ihre Scham gegenüber Männern,
während der Mann seine Ehre durch – im wesentlichen gegenüber anderen Männern –
zur Schau gestellte Stärke und Entschiedenheit bei der Verteidigung der Ehre seiner
Frauen, Ehefrau, Mutter, Schwester, schützt.*

Der Mann ist nur solange ehrenhaft, wie ihm die zugehörigen Frauen ehrenhaft sind.
So wird die Notwendigkeit der Autorität des Mannes über ,seine' Frau begründet.
Der Mann ist auf die Ehren- und Schamhaftigkeit seiner Frauen angewiesen, um seine
Ehre zu bewahren, während die Frau auf seinen Schutz, d.h. auf sein Ehrgefühl und
seine Stärke angewiesen ist, um die ihrige zu bewahren. Eine ,doppelte' Moral also, die
aber nicht voreilig als ungerecht verurteilt werden sollte."

Petersen, Ehre und Scham, S. 8.

Im Koran heißt es:

„Sprich zu den Gläubigen, daß sie ihre Blicke zu Boden schlagen und ihre Scham hüten.
Das ist reiner für sie. Siehe, Allah kennt ihr Tun.
Und sprich zu den gläubigen Frauen, daß sie ihre Blicke niederschlagen und ihre Scham
hüten und daß sie nicht ihre Reize zur Schau tragen, es sei denn, was außen ist, und daß
sie ihren Schleier über ihren Busen schlagen und ihre Reize nur ihren Ehegatten zeigen
oder ihren Vätern oder den Vätern ihrer Ehegatten oder ihren Söhnen und den Söhnen
ihrer Ehegatten oder ihren Brüdern oder den Söhnen ihrer Brüder oder den Söhnen ihrer
Schwestern oder ihren Frauen oder denen, die ihre Rechte besitzen, oder ihren Dienern,
die keinen Trieb haben, oder Kindern, welche die Blöße der Frauen nicht beachten.
Und sie sollen nicht ihre Füße zusammenschlagen, damit nicht ihre verborgene Zierat
bekannt wird. Und bekehret euch zu Allah allzumal, o ihr Gläubigen; vielleicht ergeht es
euch wohl. Und verheiratet die Ledigen unter euch und eure braven Diener und Mägde.
So sie arm sind, wird Allah sie reich machen aus Seinem Überfluß, denn Allah ist
allumfassend und wissend."

Sure 24, 30-32

Scham ist also weit mehr als ein sexualmoralischer Begriff. Sie ist eine Grundkonstante menschlicher Existenz. Ohne Scham kann auch die moderne Gesellschaft nicht existieren. Die Interpretation der Bedeutung von Scham, ihre Funktion in einem bestimmten Wertesystem und für das Verhalten der Menschen in der Öffentlichkeit variieren und können zu Missverständnissen und Unverständnis führen, aber sie ist konstitutiv für das Zusammenleben von Menschen. Eine Absage an die Legitimität des Schamgefühls ist eine Absage an die Zivilisationsleistung menschlicher Kulturen.

Jutta Aumüller

Toleranz – ein universaler Wert?

Der Begriff „Toleranz" leitet sich ab vom lateinischen Wort tolerare (ertragen, erdulden). Der Begriff steht für Duldsamkeit im Sinne einer großzügigen Geisteshaltung. Toleranz als Wert steht für die Duldung abweichender Überzeugungen, und sie beruht auf der Einsicht, dass niemand die absolute Wahrheit für sich beanspruchen könne.

Dennoch wird Toleranz als Wert nicht einhellig positiv gebilligt. Sie ist ein „schwammiger" Wert, für den es viele Verfechter, aber auch zahlreiche Gegner gibt. Toleranz kann in einem positiven Sinn die Anerkennung von Überzeugungen anderer bedeuten, der eine aktive Auseinandersetzung mit den Inhalten dieser Überzeugungen vorausgeht. In einem negativen Sinn kann Toleranz aber auch die Folge von Gleichgültigkeit und Skepsis gegenüber dem Wahrheitsanspruch anderer Überzeugungen sein. Der Philosoph Friedrich Nietzsche verhöhnte im 19. Jahrhundert Toleranz als „Unfähigkeit zu Ja und Nein". Falsch verstandene Toleranz kann sogar dazu führen, dass über Vergehen wie etwa Menschenrechtsverletzungen hinweggesehen wird. Die Religionswissenschaft, in der der Begriff eine große Rolle spielt, unterscheidet hier zwischen formaler und materialer Toleranz. Formale Toleranz duldet eine fremde Überzeugung, obwohl sie eigentlich als ein Übel gilt. Materiale Toleranz hingegen erkennt an, dass die fremde Überzeugung denselben Anspruch auf Wahrheit vertreten kann wie die eigene.

Die Wahrheit kann nicht bewiesen, aber auch nicht widerlegt werden

„Das Problem der Toleranz stellt sich, wie wir gesehen haben, nur bei Fragen der Meinung. Aber was ist eine Meinung anderes als ein ungewisser Glaube, oder einer, der nur auf subjektiver Überzeugung beruht? Der Katholik kann wohl subjektiv von seiner Glaubenswahrheit überzeugt sein. Aber wenn er intellektuell ehrlich ist (wenn er die Wahrheit mehr liebt als die Überzeugung), muss er zugeben, dass er niemals einen Protestanten, einen Atheisten oder einen Moslem davon überzeugen könnte, selbst wenn dieser gebildet, intelligent und aufrichtig ist. Es mag jemand noch so überzeugt sein, recht zu haben, er muss zugeben, dass er nicht imstande ist, es zu beweisen, dass er sich also auf derselben Ebene bewegt wie dieser oder jener Gegner, der ebenso überzeugt ist wie er und es ebensowenig beweisen kann."

Comte-Sponville, Ermutigung zum unzeitgemäßen Leben, S. 196.

Toleranz im christlich-europäischen Kontext

Toleranz ist ein Begriff, der in seiner Entstehung und Geschichte sehr eng in einem religiösen Zusammenhang steht. In ihren Ursprüngen bezog sich Toleranz auf die Duldung fremder religiöser Überzeugungen. In den ersten nachchristlichen Jahrhunderten wurden die Christen im Römischen Reich verfolgt und waren von staatlicher Duldung abhängig. Die frühen christlichen Theologen beriefen sich auf die neutestamentliche Vorstellung, dass Gott der Richter sei, vor dem der Mensch sich wegen seines Glaubens zu rechtfertigen habe, wenn sie für sich die Freiheit der Religionsausübung reklamierten. Der Kirchenvater Tertullian (ca. 160 bis nach 220) lebte zur Zeit der römischen Christenverfolgungen und forderte die freie Religionsausübung als ein Menschen- und Naturrecht ein – weit vor der Französischen Revolution, in deren Folge die Menschenrechte erstmals als Verfassungsprinzip eines europäischen Staates formuliert wurden.

Götter brauchen keine widerwillig dargebrachten Opfer

„Es ist ein Menschenrecht und ein Naturrecht (humani juris et naturalis potestatis est), dass jeder anbeten kann, was er will; die Religion des einen kann dem anderen weder nützen noch schaden. Es liegt nicht in der Natur der Religion, die Religion zu erzwingen; sie muss freiwillig angenommen werden und nicht durch Gewalt, weil Opfer nur aus freiem Willen verlangt werden. Wenn ihr uns also zum Opfern zwingt, gebt ihr euren Göttern in Wirklichkeit nichts; sie brauchen keine widerwillig dargebrachten Opfer."

Tertullian, Brief an den afrikanischen Prokonsul Scapula aus dem Jahr 212, Kapitel 2, zitiert nach: Schmidinger, Wege zur Toleranz, S. 30.

Der römische Kaiser Konstantin erließ im Jahr 313 das Edikt von Mailand, worin den Christen und heidnischen Kulten eine umfassende Religionsfreiheit gewährt wurde. Im Jahr 391 wurde das Christentum zur römischen Staatsreligion erhoben; alle heidnischen Kulte wurden verboten. Fortan galten Abweichungen vom christlichen Glauben als eine Gefährdung der politischen Einheit und wurden deshalb gewaltsam verfolgt. Häretiker (Glaubensabweichler) wurden zu Staatsfeinden erklärt, Ketzer wurden mit Verbannung, Gefängnis oder der Todesstrafe belegt.

Eine wichtige theologische Begründung für die Verfolgung von Häresien bildete die Seelenlehre des Augustinus. Wie die Philosophen der antiken Stoa verstand auch Augustinus Toleranz als die Tugend des geduldigen Ertragens von Schmerz und Ungerechtigkeit und als Stärke im Glauben. Doch enthielt seine Theologie den dogmatischen Kern für religiöse Intoleranz. Die christliche Forderung nach Nächstenliebe legte Augustinus in der Weise aus, dass er sie auf das Heil des anderen bezog, das allein im Befolgen der christlichen Lehre liegt. Diese Radikalisierung unter dem Stichwort „Seelenrettung" bildete bis in das ausgehende Mittelalter die Begründung für die Verfolgung Andersgläubiger.

Neben innerkirchlichen Abweichlern gab es im Mittelalter verschiedene gesellschaftliche Gruppen, die ausgegrenzt wurden und von Verfolgung bedroht waren. Dazu zählten Zigeuner, Bettler, Aussätzige und Prostituierte. Als Hexen stigmatisierte Frauen und Juden waren weitere Gruppen, die von religiöser Intoleranz betroffen waren. Toleranz war, wo sie überhaupt praktiziert wurde, an eine herrscherliche Erlaubnis gebunden, die jederzeit widerrufen werden konnte und nichts mit der Billigung fremder Überzeugungen zu tun hatte. Beispielhaft dafür, wie eng Toleranz und Reglementierung miteinander verbunden waren, war die Duldungspolitik gegenüber den europäischen Juden. Die so genannten Judenordnungen gewährten bis in die Neuzeit hinein einen gewissen obrigkeitlichen Schutz vor Übergriffen und Verfolgungen und ermöglichten den Juden innerhalb eines streng regulierten Rahmens die Religionsausübung sowie ein soziales und wirtschaftliches Leben. Dafür unterlagen sie in ihrer Religionsausübung einer starken Kontrolle und mussten dem Herrscher „Schutzgelder" bezahlen und sich einer äußerlichen Stigmatisierung (durch Judenhüte, gelbe Sterne oder Ringe auf der Kleidung o.ä.) unterziehen.

Die Frage der religiösen Toleranz erhielt einen völlig neuen Impuls im Zeitalter der Reformation, als sich die lutherische Glaubenslehre von der katholischen Kirche mit ihrem universalen Wahrheitsanspruch abspaltete. Europäische Humanisten wie Thomas Morus und Erasmus von Rotterdam forderten Toleranz gegenüber den Andersgläubigen aus ganz pragmatischen Gründen, denn die Glaubensspaltung drohte bald ganz Europa mit grausamen Religionskriegen zu überziehen.

Aus dem „Handbüchlein eines christlichen Streiters"

„Wo ist die Liebe, die auch den Feind liebt, wenn ein anderer Vorname, die einigermaßen verschiedene Farbe des Gewandes, der Gürtel oder die Schuhe und ähnliche Possen der Menschen mich dir verhaßt machen? Warum geben wir nicht eher jene Lächerlichkeiten auf und gewöhnen uns, das Wesentliche vor Augen zu haben? […] Denn durch einen Geist sind wir alle zu einem Leib getauft, Juden oder Heiden, Knechte oder Freie; und alle sind wir mit einem Geiste getränkt. Denn auch der Leib ist nicht ein Glied, sondern besteht aus vielem."

Erasmus von Rotterdam, zitiert nach: Forst, Toleranz im Konflikt, S. 137.

Die Reformatoren um Martin Luther hingegen befanden sich in einer ähnlichen Situation wie die frühen Christen. Einerseits forderten sie für sich die Freiheit, das Evangelium zu predigen und nach ihren Überzeugungen auszulegen, andererseits grenzten sie sich bald selbst von sektiererischen Gruppen wie den Spiritualisten und Täufern ab. Immerhin brach Luther mit der mittelalterlichen Auffassung, dass Ketzerei Seelenmord sei. Dennoch war er davon überzeugt, dass die Existenz unterschiedlicher religiöser Lehren und Bekenntnisse in einem Staat politisch gefährlich sei. Seiner Ansicht nach war es die Aufgabe der politischen Obrigkeit, hier Ordnung zu schaffen und Andersgläubige des Landes zu verweisen.

Es waren die Denker des europäischen Humanismus, die den Toleranzgedanken in Europa voranbrachten. Das Zentrum der Renaissance im 16. Jahrhundert bildete die Platonische Akademie in Florenz, in der Schriften aus allen Religionen und Weisheitstraditionen der damals bekannten Welt gesammelt und für die geistige Aneignung zugänglich gemacht wurden. Wichtig war insbesondere die Wiederentdeckung der klassischen antiken Schriftsteller. Aus den Texten vieler antiker Philosophen, so der Gedanke der Humanisten, lasse sich das Wesen Gottes genauso erschließen wie aus den Texten der biblischen Offenbarung. Zugleich bildete sich in der Renaissance ein ganz neues Verständnis von Subjektivität heraus. In Abkehr vom mittelalterlichen Menschenbild, das den Menschen unverrückbar in eine göttlich legitimierte Seinsordnung eingebettet sah, betonte der Humanismus die Fähigkeit und Freiheit des Menschen, sich zu entwickeln und selbst zu vervollkommnen. Diese Fähigkeit und Freiheit war allen Menschen zuzuschreiben und Andersartigkeit daher zu tolerieren.

Toleranz und aufgeklärter Absolutismus

Mit dem Westfälischen Frieden von 1648 kam in Europa eine lange Epoche unendlich grausamer Religionskriege zum Ende. Die deutschen Länder waren zerstört, entvölkert und zur völligen politischen Bedeutungslosigkeit herabgesunken. Die Landesfürsten waren darauf angewiesen, wirtschaftlich vermögende Zuwanderer anzuwerben, um die zerstörte Wirtschaft wiederaufzubauen. Glaubensflüchtlinge, von denen die bekanntesten die französischen Hugenotten waren, wurden in den deutschen Ländern angeworben, um Manufakturen aufzubauen und ihre beruflichen Fähigkeiten einzubringen. Eine notwendige Voraussetzung für die Ansiedlung der Glaubensflüchtlinge waren Toleranzedikte, in denen die absolutistischen Landesherrscher den Zuwanderern die ungehinderte Ausübung ihres Glaubens zusicherten. Mit unserem heutigen Verständnis von Toleranz hatten diese Edikte noch nicht viel zu tun. Es handelte sich bei diesen Erlässen um einseitig gewährte Rechte, die ein Herrscher jederzeit wieder rückgängig machen konnte. So wurde das berühmte Edikt von Nantes, mit dem König Heinrich IV. den französischen Protestanten (Hugenotten) 1598 Glaubensfreiheit einräumte, knapp 100 Jahre später im Edikt von Fontainebleau (1685) durch König Ludwig XIV. wieder aufgehoben.

Auf den Widerruf des Edikts von Nantes durch Ludwig XIV. reagierte der preußische Kurfürst Friedrich Wilhelm prompt und erließ im Oktober 1685 das Edikt von Potsdam, das den verfolgten französischen Hugenotten Zuflucht im lutherischen Preußen gewährte. Das Edikt regelte die Ansiedlung der Hugenotten im Kurfürstentum und sicherte ihnen wirtschaftliche und religiöse Freiheiten zu. Allerdings sahen die preußischen Untertanen diese Zuwanderung, die den Neuankömmlingen Privilegien gegenüber der einheimischen Bevölkerung einräumte, nicht gleichermaßen gern. Das Edikt, das heute als eine Blüte der Toleranz im Zeitalter des Absolutismus erscheint, war ein Hoheitsakt, der mit Zwang gegen die ansässige Bevölkerung durchgesetzt werden musste.

Chur-Brandenburgisches

EDICT,

Betreffend

Diejenige Rechte / Privilegia und andere Wolthaten / welche Se. Churf. Durchl. zu Brandenburg denen Evangelisch-Reformirten Französischer Nation so sich in Ihren Landen niederlassen werden daselbst zu verstatten gnädigst entschlossen seyn.

Geben zu Potstam / den 29. Octobr. 1685.

Das Edikt von Potsdam

„Wir, Friedrich Wilhelm, von Gottes Gnaden, Markgraf zu Brandenburg, des heiligen Römischen Reiches Erzkämmerer und Churfürst, in Preußen, zu Magdeburg, Jülich, Cleve, Berge, Stettin, Pommern, der Kassuben und Wenden, auch in Schlesien, zu Krossen und Jägerndorf Herzog, Burggraf zu Nürnberg, Fürst zu Halberstadt, Minden, Camin, Graf zu Hohenzollern, der Mark und Ravensburg, Herr zu Ravenstein, und der Lande Lauenburg und Bütow etc. etc.

Thun kund und geben männiglichen hiermit zu wissen, nachdem die harten Verfolgungen und rigoureusen proceduren, womit man eine Zeithero in dem Königreich Frankreich wider Unsere der Evangelisch-Reformierten Religion zugethane Glaubens-Genossen verfahren, viele Familien veranlasset, ihren Stab zu versetzen, und aus selbigem Königreiche hinweg in andere Lande sich zu begeben, daß wie dannenher aus gerechtem Mitleiden, welches Wir mit solchen Unsern, wegen des heiligen Evangelii und dessen reiner Lehre angefochtenen und bedrengten Glaubens-Genossen billig haben müssen, bewogen werden, mittels dieses von Uns eigenhändig unterschriebenen Edicts denenselben eine sichere und freye retraite in alle unsere Lande und Provincien in Gnade zu offeriren, und ihnen daheneben Kund zu thun, was für Gerechtigkeiten, Freyheiten und Praerogativen Wir ihnen zu conzediren gnädigst gesonnen seyen, umb dadurch die große Noth und Trübsal, womit es dem Allerhöchsten nach seinem allein weisen unerforschlichen Rath gefallen, einen so ansehnlichen Teil seiner Kirche heimzusuchen, auf einige Weise zu subleviren und erträglicher zu machen.“

An dieser Stelle folgen die einzelnen Bestimmungen zur Aufnahme und Ansiedlung der Flüchtlinge. Der Text endet mit den Worten:

„In allen und ieden Unsern Landen und Provincien wollen wir gewisse Commissarien bestellen lassen, zu welchen offt gedachte Frantzösische Leute so wol bey ihrer Ankunft als auch nachgehends ihre Zuflucht nehmen, und bey denselben Rath und beystandes sich erhohlen sollen, Inmaßen wir denn auch allen Unsern Stadthaltern, Regierungen, auch andern Bedienten und Befehlshabern, in Städten und auf dem Lande, in allen Unsern provincien, so wol vermittels dieses Unseres offenen Edicts, als auch durch absonderlichen Verordnungen, gnädigst und ernstlich anbefehlen wollen, daß sie offterwehnte, Unsere Evangelisch-Reformierte Glaubens-Genossen Frantzösischer Nation, so viel sich deren in Unsern Landen einfinden werden, samt und sonders unter ihren absonderlichen Schutz und pretection nehmen, bei allen oberwehnten ihnen gnädigst concedirten Privilegiis sie nachdrücklich mainteniren und handhaben, auch keinesweges zugeben sollen, daß ihnen das geringste Übel, Unrecht oder Verdruß zugefügt, sondern vielmehr im Gegentheil alle Hülfe, Freundschaft, Liebes und Gutes erwiesen werden. Urkundlich haben Wir dieses Edict eigenhändig unterschrieben, und mit unserm Gnaden-Siegel bedrucken lassen.

So geschehen zu Potstam, den 29. Octobr. 1685
Friedrich Wilhelm"

Zitiert nach Krockow, Fahrten durch die Mark Brandenburg, S. 27ff.

Ein Toleranzedikt des preußischen Königs Friedrich Wilhelm I. stand auch am Beginn der Geschichte Neuköllns. Zu Anfang des 18. Jahrhunderts ermöglichte der König verfolgten böhmischen Protestanten die Zuwanderung nach Preußen. In Rixdorf vor den Toren Berlins erhielten böhmische Bauernfamilien die Möglichkeit zur Ansiedlung. Heute liegt das ehemalige Böhmisch-Rixdorf in der Mitte zwischen den beiden Neuköllner Hauptverkehrsachsen Karl-Marx-Straße und Sonnenallee und bildet inmitten der Großstadt ein einmaliges historisches Beispiel für die frühe Siedlungsgeschichte Berlins.

Die europäische Aufklärung: Blütezeit des Toleranzgedankens

Das 18. Jahrhundert schuf mit der Aufklärung die geistigen Voraussetzungen, die zur Aufnahme des Toleranzprinzips in die europäischen Verfassungen führen sollten. Immanuel Kant (1724-1804) formulierte mit dem kategorischen Imperativ den Grundsatz, dass moralisches menschliches Handeln verallgemeinerbar sein müsse, dass also jeder so handeln müsse, dass das gleiche Handeln auch von anderen an ihm verübt werden könne. Eine Anleitung zum richtigen Handeln lasse sich mit Hilfe der Vernunft erschließen und sei auf andere Bestimmungsgründe (wie zum Beispiel den Willen Gottes, das moralische Gefühl oder das Streben nach Glückseligkeit) nicht angewiesen.
Der Schriftsteller Gotthold Ephraim Lessing (1729-1781) hat der Toleranz in seinem Aufklärungsdrama „Nathan der Weise" das klassische literarische

Denkmal gesetzt. Die Handlung dieses Stückes ist in Jerusalem zur Zeit der christlichen Kreuzzüge während der Herrschaft Sultan Saladins (1171-1193) angesiedelt: dort wo Judentum, Christentum und Islam unmittelbar aufeinander treffen. Die handelnden Personen dieses Dramas, die verschiedenen Religionen angehören, entpuppen sich am Ende der Handlung als die Mitglieder einer einzigen, vor vielen Jahren auseinander gerissenen Familie. Das Kernstück dieses Dramas ist die so genannte Ringparabel, in der es um die Frage nach der „richtigen", nach der wahren Religion geht. Die wahre Religion ist demnach mit den Mitteln des menschlichen Verstandes nicht zu erkennen. Im Drama gibt der Richter, den die um den echten Ring streitenden Brüder anrufen, den Ratschlag, dass sich jeder von ihnen als dessen legitimer Besitzer verstehen sollte. Auf die Religion übertragen bedeutet dies, dass sie nicht aus sich alleinige Geltung beanspruchen dürfe, sondern sich im menschlichen Handeln, in einer praktischen Humanität ausweisen müsse.

In Lessings Drama „Nathan der Weise" ist der Ring, dem die geheime Kraft innewohnt, seinen Träger „vor Gott und Menschen angenehm zu machen", die Metapher für die wahre Religion. Drei Brüder streiten sich darum, wer vom gemeinsamen Vater den echten Ring geerbt habe. Dieser Streit wird von einem Richter mit dem folgenden Ratschlag beigelegt:

„Mein Rat ist aber der: ihr nehmt
Die Sache völlig wie sie liegt. Hat von
Euch jeder seinen Ring von seinem Vater:
So glaube jeder sicher seinen Ring
Den echten. – Möglich; daß der Vater nun
Die Tyrannei des Einen Rings nicht länger
In seinem Hause dulden wollen! – Und gewiß;
Daß er euch alle drei geliebt, und gleich
Geliebt; indem er zwei nicht drücken mögen,
Um einen zu begünstigen. – Wohlan!
Es eifre jeder seiner unbestochnen
Von Vorurteilen freien Liebe nach!
Es strebe von euch jeder um die Wette,
Die Kraft des Steins in seinem Ring an Tag
Zu legen! Komme dieser Kraft mit Sanftmut,
Mit herzlicher Verträglichkeit, mit Wohltun,
Mit innigster Ergebenheit in Gott,
Zu Hülf!"

Lessing, Nathan der Weise, 3. Aufzug, 7. Szene

„Nathan der Weise" wurde erst zwanzig Jahre nach dem Tode Lessings in einer gekürzten Fassung uraufgeführt. Im 19. Jahrhundert wurde das Schauspiel zur bevorzugten Schullektüre des liberalen Bildungsbürgertums. Während des Nationalsozialismus wurde das Stück totgeschwiegen und gelangte erst in den 1950er Jahren wieder auf die Spielpläne deutscher Bühnen. Lessing selbst hatte hinsichtlich der Wirksamkeit seines Stückes eigene Zweifel. So äußerte er, dass von dem Stück schon mehr als genug erwartet sei, wenn einer von tausend Lesern den alleinigen Geltungsanspruch der eigenen Religion in Frage stelle.

Wie der Sultan in Geldnot war und einen Juden erpressen wollte

Von der Ringparabel gibt es mehrere literarische Vorläuferformen, auf die Lessing zurückgegriffen hat. Der folgende Text stammt aus einer vermutlich florentinischen Novellensammlung, die am Ende des 13. Jahrhunderts zusammengestellt wurde.

„Als der Sultan einmal in Geldnot war, riet man ihm, einen Vorwand zu suchen, um gegen einen reichen Juden, der im Lande wohnte, vorzugehen und ihm seine unermesslichen Reichtümer wegzunehmen. Der Sultan schickte nach dem Juden und fragte ihn, welches der rechte Glaube sei. Er dachte nämlich: Sagt er, der jüdische, werde ich sagen, dass er sich gegen meinen Glauben versündigt. Sagt er, der sarazenische, werde ich antworten: Weshalb hältst du dann am jüdischen Glauben fest? Als der Jude die Frage seines Herrschers vernommen hatte, antwortete er wie folgt:
,Ein Vater, der drei Söhne hatte, besaß einen Ring mit einem sehr wertvollen Edelstein von so großer Kraft, wie es keinen andern je gegeben hat. Jeder der drei Söhne bat seinen Vater, ihm nach seinem Tod den Ring zu vermachen. Als der Vater sah, dass jeder der drei ihn wollte, schickte er nach einem geschickten Goldschmied und gab ihm den Auftrag: Meister, macht mir zwei Ringe, genau wie diesen, und setzt jedem einen Edelstein ein, der diesem ähnlich sieht. Der Meister machte die Ringe so genau ähnlich, dass niemand außer dem Vater den echten erkennen konnte. Er ließ die Söhne einzeln zu sich kommen und gab jedem insgeheim einen Ring. Und jeder glaubte, den richtigen zu haben, und nur der Vater kannte den echten. Und so ist es mit dem rechten Glauben: Nur der Vater im Himmel weiß, welcher von den dreien der richtige ist; und seine Söhne, das heißt wir, glauben jeder für sich, den richtigen zu haben.' Als der Sultan hörte, wie geschickt sich der Jude aus der Affäre zog, wusste er nicht, wie er gegen ihn vorgehen konnte, und ließ ihn ziehen."

Anonymus, zitiert nach Schmidinger, Wege zur Toleranz, S. 75f.

Qu'est-ce que la tolérance?
Was ist Toleranz?

Der französische Aufklärer Voltaire (1694-1778) war zeit seines Lebens ein Kämpfer gegen den Dogmatismus der Religionen und für die Freiheit des Menschen. Dass Gott existiert, ergebe sich aus der Schöpfung; das was Gott vom Menschen fordere, bleibe jedoch unerkennbar. In der Institution Kirche sah er ein Menschenwerk, das die Wurzel für Intoleranz, Verfolgung und Ungerechtigkeit bilde.

„Was ist Toleranz? Es ist die schönste Gabe der Menschlichkeit. Wir sind alle voller Schwächen und Irrtümer; vergeben wir uns also gegenseitig unsere Torheiten. Das ist das erste Gebot der Natur."

„Wenn an der Börse in Amsterdam, in London, in Surat oder Basra der Anhänger Zarathustras, der an die Seelenwanderung glaubende Inder, der Jude, der Mohammedaner, der gottesfürchtige Chinese, der Brahmane, der griechische, der römische, der protestantische und der Quäker-Christ miteinander Handel treiben, heben sie ja auch nicht den Dolch gegeneinander, um für ihre Religion Seelen zu gewinnen. Warum haben wir uns dann seit dem Nizänischen Konzil fast ohne Unterbrechung umgebracht?"

Voltaire, 16 Artikel aus dem philosophischen Taschenwörterbuch, S. 88, 91.

Toleranz als Prinzip moderner Verfassungsstaaten

Nachdem er durch die Gedanken der Aufklärer geistige Verbreitung gefunden hatte, entwickelte sich der Toleranzgedanke im 18. Jahrhundert zu einem fundamentalen Prinzip staatlicher Gesetzgebung. Die amerikanischen Siedler, die 1776 ihre Unabhängigkeit vom Mutterland England erklärten, waren das Vorbild für Gesetzgebungen in mehreren europäischen Ländern, in denen Toleranz erstmals als ein individuelles und unveräußerliches Menschen- und Naturrecht kodifiziert wurde. Die Virginia Bill of Rights (erlassen 1776) der amerikanischen Siedler beeinflusste wegweisende Gesetzgebungen wie das Toleranz-Patent Kaiser Josephs II. (1781), die Erklärung der Menschenrechte durch die französische Nationalversammlung 1788 und die Preußische Gesetzgebung 1788 und 1794.

Toleranz war nun nicht mehr an die Erlaubnis eines Herrschers, an einen Gnadenerweis gebunden, sondern bildete ein allgemeines Prinzip, das allen Bürgern eines Staates gleichermaßen zustand und an das die Gesetzgebung gebunden war. Das dem Toleranzgedanken zugrunde liegende Leitbild war nunmehr der Respekt vor dem Individuum und seinen mit friedlichen Mitteln verfochtenen Überzeugungen, nicht mehr die Gunst eines Herrschers beziehungsweise die Macht eines Dogmas.

Die Tyrannei der Toleranz

*„Ich will hier nicht Toleranz predigen. Die völlig unbeschränkte
Religionsfreiheit ist in meinen Augen ein so geheiligtes Recht, daß
das Wort Toleranz, mit dem man es auszudrücken versucht, mir
in gewissem Sinne schon tyrannisch vorkommt, denn bereits das
Vorhandensein einer Macht, die Toleranz gewähren kann, beein-
trächtigt die Gedankenfreiheit, weil sie eben nicht nur die Macht
zu tolerieren, sondern ebenso die Macht, nicht zu tolerieren hat."*

*Honoré Gabriel Comte de Mirabeau (1749-1791), zitiert nach Forst,
Toleranz im Konflikt, S. 454.*

Im Grundgesetz der Bundesrepublik Deutschland gibt es keinen ausdrück-
lichen Toleranzartikel. Das Gebot der Toleranz ergibt sich indirekt aus Artikel 4
des Grundgesetzes, der die Glaubens- und Weltanschauungsfreiheit des
Einzelnen gebietet. Artikel 3 Absatz 3 legt darüber hinaus fest, dass niemand
wegen seines Geschlechts, seiner Abstammung, seiner Rasse, seiner Sprache,
seiner Heimat und Herkunft, seines Glaubens, seiner religiösen oder politischen Anschauungen benachteiligt oder bevorzugt werden darf.

*Allgemeine Erklärung der Menschenrechte
Genehmigt und verkündet von der Generalversammlung der Vereinten Nationen
am 10. Dezember 1948*

*„Artikel 1
Alle Menschen sind frei und gleich an Würde und Rechten geboren. Sie sind mit Vernunft
und Gewissen begabt und sollen einander im Geiste der Brüderlichkeit begegnen.*

*Artikel 2
Jeder Mensch hat Anspruch auf die in dieser Erklärung verkündeten Rechte und Freiheiten ohne irgendeine Unterscheidung, wie etwa nach Rasse, Farbe, Geschlecht, Sprache,
Religion, politischer oder sonstiger Überzeugung, nationaler oder sozialer Herkunft,
nach Eigentum, Geburt oder sonstigen Umständen. Weiters darf keine Unterscheidung
gemacht werden auf Grund der politischen, rechtlichen oder internationalen Stellung
des Landes oder Gebietes, dem eine Person angehört, ohne Rücksicht darauf, ob es unabhängig ist, unter Treuhandschaft steht, keine Selbstregierung besitzt oder irgendeiner
anderen Beschränkung seiner Souveränität unterworfen ist.*

*Artikel 18
Jeder Mensch hat Anspruch auf Gedanken-, Gewissens- und Religionsfreiheit; dieses
Recht umfaßt die Freiheit, seine Religion oder seine Überzeugung zu wechseln, sowie
die Freiheit, seine Religion oder seine Überzeugung allein oder in Gemeinschaft mit
anderen, in der Öffentlichkeit oder privat, durch Lehre, Ausübung, Gottesdienst und
Vollziehung von Riten zu bekunden.*

Artikel 19
Jeder Mensch hat das Recht auf freie Meinungsäußerung; diese Recht umfaßt die Freiheit,
Meinungen unangefochten anzuhängen und Informationen und Ideen mit allen Verständi-
gungsmitteln ohne Rücksicht auf Grenzen zu suchen, zu empfangen und zu verbreiten."

Toleranz in außereuropäischen Kulturen

Unser Verständnis von Toleranz im Sinne einer anerkennenden Haltung gegenüber anderen Lebensformen und Ansichten ist durch die Erfahrung der europäischen Geschichte geprägt worden. Dieses Verständnis lässt sich jedoch nicht ohne Weiteres auf außereuropäische Kulturen übertragen. Allein der Begriff ist in viele Sprachen nicht direkt zu übersetzen, wie das folgende Beispiel der Übersetzung ins Arabische illustriert.

„Insgesamt stehen der arabischen Sprache sechs verschiedene Begriffe zur Verfügung,
um Toleranz zu übersetzen. Es sind folgende Wörter, die hier in den Grundbedeutungen
mit den groben deutschen Entsprechungen wiedergegeben werden:

tasâmuh: ‚das sich gegenseitig großmütig zeigen', ‚la bienveillance mutuelle'
tasâhul: ‚das sich gegenseitig etwas erlauben'
raĝâha: ‚Mäßigung'; aber auch ‚Dominanz'
hilm: ‚Contenance'
ihtimâl: ‚Anerkennen, daß etwas anderes möglich ist'; ‚das auf sich nehmen'
iĝdâ' al-basar 'an al-ašyâ': ‚das den Blick von den Dingen wenden'."
Schulze, Toleranzkonzepte in islamischer Tradition, S. 507.

Der westlich-europäische Toleranzbegriff ist in seiner Bedeutung eng mit Religion und religiöser Zugehörigkeit verbunden. Das Problem der Toleranz trat religionsgeschichtlich erst dort auf, wo monotheistische Religionen mit dem Absolutheitsanspruch eines einzigen Gottes entstanden. Aus der Antike mit ihrem Vielgötterkosmos ist bekannt, dass die griechischen Eroberer vollkommen tolerant mit den religiösen Vorstellungen und Praktiken der von ihnen unterworfenen Völker umgingen. Gleiches galt von den Römern, die als Weltherrscher die Götter anderer Kulturen adoptierten.

Mit dem Judentum trat erstmals eine ausdrücklich monotheistische Religion auf, für deren Selbstverständnis die Existenz eines einzigen, absoluten Gottes zentral war. Anders als die beiden anderen monotheistischen Religionen Christentum und Islam kennt das Judentum aber keinen Missionsauftrag. In Christentum und Islam hingegen bildete die Missionierung von Heiden oftmals einen gewichtigen Vorwand für kriegerische Eroberungen. Der weltgeschichtliche Aufstieg von Christentum und Islam war häufig von der Zwangskonvertierung der unterworfenen Bevölkerungen begleitet.

Drittens schließlich ist Toleranz nicht nur ein kulturelles, sondern auch ein politisches Prinzip. In der Geschichte der monotheistischen Religionen haben sich Phasen der Toleranz immer wieder mit solchen der Intoleranz abgewechselt. Die Geschichte des christlichen Abendlandes ist bis in die Neuzeit hinein immer wieder mit erzwungenen Religionswechseln für die unterworfenen Bevölkerungen verbunden gewesen. Oft genug bildete der Kampf um die wahre Religion nur den Vorwand für politische Machtauseinandersetzungen. Dieses Phänomen lässt sich auch heute noch beobachten, etwa wenn in Indien Hindus und Moslems gewaltsam Konflikte miteinander austragen. Erinnert sei auch an den ungelösten Konflikt zwischen Protestanten und Katholiken in Nordirland. Hier wird die Religion zum Alibi für politische und soziale Verwerfungen, die mit kriegerischen Mitteln ausgetragen werden.

Keine Religion ist von ihrem Wesen her kriegerisch. In allen monotheistischen Religionen haben von jeher auch Aufklärer gewirkt, denen es darum ging, ihre Religion mit einer vernunftgemäßen Wahrheitsfindung zu verbinden. Inwieweit Toleranz geübt wird, hängt immer auch von den politischen Rahmenbedingungen einer Gesellschaft ab.

„Es gibt keine Zwang in der Religion", heißt es im Koran (Sure 2, 256). Dennoch werden heute Andersgläubige in einer Reihe von islamischen Ländern in ihrer Glaubensausübung eingeschränkt, bisweilen verfolgt, oder dürfen, wie in Saudi-Arabien, überhaupt keiner anderen Religion als dem Islam angehören. Tatsächlich aber gab und gibt es in der islamischen Welt eine große Vielzahl religiöser Gemeinschaften. In den von den arabischen Eroberern unterworfenen Gebieten galten Nichtmuslime traditionell als „Schutzbefohlene", denen die Religionsausübung innerhalb eines festgesetzten Rahmens gestattet war. Die Schutzbefohlenen sollten nicht zur Annahme des Islam gezwungen werden. Im Gegenzug hatten sie sich dem islamischen Staat gegenüber loyal zu verhalten und die Überlegenheit der Muslime anzuerkennen.

„Gott, es gibt keinen Gott außer Ihm, dem Lebendigen, dem Beständigen. Nicht überkommt Ihn Schlummer und nicht Schlaf. Ihm gehört, was in den Himmeln und was auf der Erde ist. Wer ist es, der bei Ihm Fürsprache einlegen kann, es sei denn mit seiner Erlaubnis? Er weiß, was vor ihnen und was hinter ihnen liegt, während sie nichts von seinem Wissen erfassen, außer was Er will. Sein Thron umfaßt die Himmel und die Erde, und es fällt Ihm nicht schwer, sie zu bewahren. Er ist der Erhabene, der Majestätische. Es gibt keinen Zwang in der Religion. Der rechte Wandel unterscheidet sich nunmehr klar vom Irrweg. Wer also die Götzen verleugnet und an Gott glaubt, der hält sich an der festesten Handhabe, bei der es kein Reißen gibt. Und Gott hört und weiß alles. Gott ist der Freund derer, die glauben: Er führt sie aus den Finsternissen hinaus ins Licht. Diejenigen, die nicht glauben, haben die Götzen zu Freunden; sie führen sie aus dem Licht hinaus in die Finsternisse. Das sind die Gefährten des Feuers, sie werden ewig darin weilen."

Koran, Sure 2, 255-257, in der Übersetzung von A.Th. Khoury, Gütersloh (GTB), 1987.

Toleranz im Islam:
Zwei Klassen von Bürgern

„Zusammenfassend kann man feststellen, daß das klassische Rechtssystem des Islam die Bildung einer Gesellschaft mit zwei Klassen von Bürgern vorsieht. Die einen, die Muslime, sind die eigentlichen Bürger; die anderen werden toleriert, ihnen wird ein Lebensraum verschafft, aber ihre Rechte sind nur die, die ihnen der islamische Staat gewährt. Und diese gewährten Rechte gehen von einer grundsätzlichen Ungleichheit von Muslimen und Schutzbefohlenen aus. Muslime und Nicht-Muslime sind ja nicht gleichberechtigt im Staat, sie sind nicht alle Träger der gleichen Grundrechte und der gleichen Grundpflichten. Sie sind auch nicht grundsätzlich gleichgestellt vor dem Gesetz. Die Nicht-Muslime sind zwar in den Augen des Islams nicht recht- und schutzlos, sie werden nicht den Muslimen als freie Beute preisgegeben. Dennoch werden sie im eigenen Land als Bürger zweiter Klasse behandelt. Diese Ordnung hat zwar in der Vergangenheit das Überleben der christlichen Kirchen ermöglicht und im Orient sowie in Andalusien ein erträgliches, ja bisweilen gedeihliches Zusammenleben gefördert. Aber diese Mischung von Toleranz und Intoleranz, diese relative Integration der Nicht-Muslime im Staat und ihr Verweisen in einen Rechtsstatus von Fremden machte in der Praxis die Lebensgeschichte der Schutzbefohlenen, Juden und Christen, unter dem Druck der islamischen Mehrheit oft und immer wieder zu einer Leidensgeschichte."

Khoury, Islam-Lexikon, S. 722.

Toleranz im Buddhismus

„In seiner ‚Naturgeschichte der Religion‘ weist David Hume darauf hin, daß der Theismus oft intoleranter sei als der Götzendienst oder Polytheismus. ‚Indem ein einziger Gegenstand der Verehrung anerkannt wird‘, so Hume, ‚wird die Anbetung anderer Gottheiten für absurd und gottlos gehalten. Ja diese Einheit des Gegenstandes scheint natürlicherweise die Einheit des Glaubens und der Zeremonien zu verlangen und liefert somit intriganten Menschen einen Vorwand, ihre Gegner als Religionsschänder und als Objekte göttlicher und menschlicher Rache hinzustellen.‘ Der Götzendiener sei hingegen durch ‚toleranten Geist‘ gekennzeichnet.
An der Diskussion, ob der Buddhismus eine Religion, womöglich gar eine atheistische sei, wollen wir nicht teilnehmen. Nicht zu bestreiten ist es jedoch, dass der Buddhismus so ‚weitherzig‘ ist, daß man den Eindruck hat, er nehme ‚die Wahrheit‘, geschweige denn Gott, gar nicht ernst. Tolerant ist der Buddhismus nicht nur den ‚Nichtgläubigen‘ gegenüber, sondern auch innerhalb seiner ‚Schulen‘ und unter den ‚Gläubigen‘. Es gibt keine unfehlbare Instanz, die für uns bestimmte Schriften als Kanontexte und einige Glaubenssätze als unantastbare Dogmen festlegt."

Wenchao Li, Buddhistisch philosophieren, S. 109.

Aber auch für Asien gilt, dass Kultur und Religion immer nur eine Wurzel für den Umgang mit Andersdenkenden bilden. Weitaus stärker prägen häufig die tatsächlichen gesellschaftlichen und politischen Macht- und Gewaltverhältnisse die Art und Weise, wie mit Minderheiten und Verfechtern anderer Meinungen umgegangen wird. Das Gebot der Nichtdiskriminierung, wie es in der Allgemeinen Erklärung der Menschenrechte von 1948 festgeschrieben ist, hat inzwischen Eingang in die meisten Staatsverfassungen gefunden. Die Wirklichkeit dieses Gebots sieht häufig ganz anders aus: Die Verfolgung von Andersdenkenden gehört in vielen Ländern zur Tagesordnung, und die Debatte um die Menschenrechte wird als westlicher Kulturimperialismus abgewehrt. Von der Duldung einer Minderheit oder von Andersdenkenden bis zur Gewährung einklagbarer Rechte ist es häufig ein weiter Weg – in allen Ländern der Erde, auch in Europa.

Toleranz in der Einwanderungsgesellschaft

Öffentliche Auseinandersetzungen um das Toleranzgebot finden in Deutschland weiterhin vielfach in einem religiösen Kontext statt. Ein wichtiges Thema in den 1960er und 1970er Jahren war das Schulgebet: Inwieweit dürfen an staatlichen Schulen die Schüler zum gemeinsamen Gebet genötigt werden? 1995 erhitzte das so genannte Kruzifix-Urteil des Bundesverfassungsgerichts die öffentliche Diskussion. Eine besondere Brisanz hat das Thema Toleranz durch die Einwanderungsbewegungen der vergangenen Jahrzehnte erhalten. Was bedeutet Toleranz in einer Gesellschaft, deren Mitglieder die vielfältigsten kulturellen Hintergründe aufzuweisen haben? Welche Rechte und Freiheiten kann eine zu tolerierende Minderheit beanspruchen? Wann schlägt Toleranz in Gleichgültigkeit um und bedroht ihrerseits die Grundlagen einer freiheitlichen Kultur – etwa indem man fundamentalistische oder verfassungsfeindliche Gruppierungen aus einer falsch verstandenen Liberalität heraus gewähren lässt?

Besser als Toleranz: Rechte für Minderheiten

*„Ethnische Minderheiten lebten vor dreißig Jahren zwar auch
schon in großer Zahl in Deutschland, aber sie befanden sich
noch im vortoleranten Stadium. Damit meine ich: Tolerieren kann
ich erst etwas, was in meinen Wahrnehmungskreis fällt. In diese
Kategorie fielen Zuwanderer und andere Minderheiten erst Jahre
später – über lange Zeit wurden sie schlicht ignoriert. Seit der
Explosion rassistischer und fremdenfeindlicher (xenophober) Gewalt Anfang der neunziger Jahre wird dafür umso ausdauernder
um Toleranz für Minderheiten geworben. Und man mag gar nicht
die Projekttage an den Schulen und die staatlich alimentierten
Projekte zählen, die ‚gegen Rassismus und für Toleranz' werben.
Dieser Ansatz geht von ein paar Grundannahmen aus, die sich
etwa folgendermaßen zusammenfassen lassen:*

- *Wer tolerant ist, ist nicht rassistisch.*
- *Toleranz resultiert aus gesundem Selbstbewusstsein.*
- *Je größer die Angst vor Fremdheit, eingebildeter oder tatsäch-
  licher Vereinnahmung durch andere, desto geringer die Fähigkeit, differente Meinungen, Ansichten und Lebensgewohnheiten
  zu tolerieren.*
- *Das weniger selbstbewusste Wesen wird solch oftmals nur in
  der Einbildung existierende Gefährdung der eigenen Persönlichkeit immer mit Abneigung und Ablehnung betrachten.*
- *Erlebte Toleranz der eigenen Person gegenüber jedoch stärkt
  das Selbstwertgefühl und befähigt zu eigenem toleranten
  Verhalten.*

*Während es eigentlich um die politische Anerkennung Deutsch-
lands als Einwanderungsland geht, um die interkulturelle Ausrichtung der Erziehung, Bildung und sozialen Dienste, um die
Anerkennung religiöser Minderheiten wie die Muslime, wird
anhaltend um Toleranz gegenüber den Minderheiten geworben.
Wir kennen alle die Schul- und Straßenfeste, die schon als bunt
und gelungen gelten, wenn die türkische Mutter eine Ladung
Börek serviert, die vietnamesische Mutter ein paar Frühlingsrollen
und die deutsche, wenn überhaupt, einen deftigen Kartoffelsalat.
Toleranzveranstaltungen dieser oder ähnlicher Art bergen natürlich
die Gefahr, dass hier kulturalistische Festschreibungen vorgenom-
men werden, die eher dazu geneigt sind, rassistische Stereotypen
zu verfestigen als eine Politik der Anerkennung zu verfolgen.
Ähnlich verhält es sich mit Ansätzen der Toleranzarbeit mit rechten oder intoleranten Jugendlichen, die seit den neunziger Jahren
beliebt sind. Man glaubt, wenn man diese Jugendlichen für ein*

paar Wochen nach Afrika, Indien oder in die Türkei schickt, werden sie schon das bildungsbürgerliche Erweckungserlebnis haben, das sie zukünftig dazu befähigt, das Fremde, das Andere zu ertragen und auszuhalten. Aber wer tolerant ist, ist noch lange nicht anti-rassistisch. Wer tolerant ist, kann trotzdem diskriminieren und unterdrücken.

Statt über Toleranz reden – die Rechte von Minderheiten insti-tutionell absichern

Eine Politik der Anerkennung muss über Toleranz hin zum Inter-essenausgleich zwischen Tolerierenden und Tolerierten und dann zur Ebenbürtigkeit in Form von Gleichstellungsgesetzen führen. Warum reicht Toleranz nicht aus, sondern müssen die Rechte sozialer, religiöser, sexueller, ethnischer Minderheiten institutionell abgesichert werden? Meine Antwort: Weil ich der liberalen und toleranten Haltung des deutschen Bürgertums, trotz aller Fort-schritte seit 1945, nicht traue. Hinter dieser Haltung steckt allzu häufig Missachtung und Repression gegenüber dem kulturell Fremden. [...] Das Bürgertum in Deutschland liebt es, über Tole-ranz zu reden. Mit einer Politik der Anerkennung tut es sich seit Generationen sehr, sehr schwer."

Seidel, Toleranz ist nicht genug.

Ist Toleranz ein wichtiger Wert?

In der empirischen Wertewandelforschung gilt Toleranz als eine „moderne" Tugend, die anders als herkömmliche Normen nicht durch eine längere Tradi-tion oder Gewohnheit legitimiert ist. In Umfragen erfahre Toleranz als Wert daher üblicherweise eine geringere Zustimmung als andere Wertbegriffe.[1] Bei der Toleranz handele es sich um eine Kann-Norm, also um eine Norm, deren Nichtbefolgen in der Regel keine negativen Folgen für den Betreffenden hat (anders als etwa Normen wie „Gesetz und Ordnung" oder „Fleiß und Ehr-geiz"). Die umseitige Graphik ist der Shell-Studie „Jugend 2002" entnommen und listet die Wertorientierungen von Jugendlichen in Deutschland nach ihrer Wichtigkeit auf. Sie ist das Ergebnis einer repräsentativen Umfrage unter Jugendlichen bis 25 Jahre. Toleranz befindet sich hier im Mittelfeld der Wert-orientierungen. Dennoch kommen die Autoren der Studie zu dem Ergebnis, dass es sich bei den Jugendlichen in Deutschland um eine insgesamt tolerante Bevölkerungsgruppe handele, für die die Respektierung anderer Einstellungen und Lebensweisen einen höheren Stellenwert habe als in der Bevölkerung insgesamt.

1 Vgl. Gensicke, Individualität und Sicherheit.

Werteorientierung – Wichtigkeit für die Lebensgestaltung

Jugendliche im Alter von 12 bis 25 Jahren (Angaben in %)

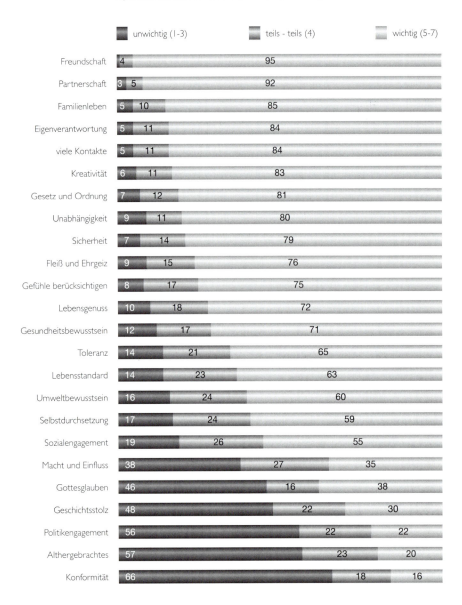

Quelle: Gensicke, Individualität und Sicherheit, S. 143.

Andrea Weilbacher

Respekt

Der Begriff „Respekt" ist dem der Ehre nah verwandt. Respekt kann am ehesten durch Achtung umschrieben werden und ist Ausdruck einer anerkennenden Haltung einem anderen Menschen, einer (religiösen) Idee oder einem Kultraum gegenüber. Aber trotz der Nähe zur Ehre unterscheiden sich Ehre und Respekt voneinander. Während die Ehre eines Menschen eine Eigenschaft ist, die der Mensch besitzt, bezieht sich Respekt stets auf eine aktive Haltung gegenüber einem anderen Menschen. Die Aussage „Ehre hat man, Respekt erweist man" umschreibt sehr treffend den Unterschied zwischen Ehre und Respekt, macht aber zugleich auch die Sinnnähe der beiden Begriffe deutlich.

Das deutsche Wort „Respekt" ist im 17. Jahrhundert aus dem Französischen in die deutsche Sprache übernommen worden, wo es im Sinne der „furchtsamen Ehrerbietung", der „furchtsamen Scheu" oder als „heiliger Respekt" verwendet wurde.[1]

Respekt

„Respekt m ‚Ehrerbietung, Achtung; Ehrfurcht, Scheu': Im 17. Jh. aus gleichbed. frz. respect entlehnt, das auf lat. respectus ‚das Zurückblicken, das Sichumsehen; die Rücksicht' zurückgeht. Das zugrunde liegende Verb lat. re-spicere ‚zurückschauen; Rücksicht nehmen' ist ein Kompositum von lat. specere ‚schauen' (vgl. das LW Spiegel). Dazu: ‚respektieren, achten, anerkennen' (Anfang 17. Jh.; aus gleichbed. frz. respecter)."

Quelle: Duden Band 7. Das Herkunftsbuch. Die Etymologie der deutschen Sprache. Mannheim/Wien/Zürich: Dudenverlag.

Diese Sprachentwicklung zeigt, wie ein aus der religiösen Sphäre kommendes Wort im Zuge der Säkularisierung in den profanen, d.h. weltlichen Sprachgebrauch übernommen wird. Besonders deutlich wird der Bezug zur religiösen Konnotation von Respekt, wenn wir uns den islamischen Sprachgebrauch des Wortes anschauen. In der arabischen Sprache, der Sprache des Koran und der religiösen islamischen Terminologie, leitet sich das Wort für Respekt von der Wortwurzel HARAM (h-r-m)[2] ab. HARAM bedeutet „Unerlaubtes" und „Heiliges". Ausgehend von dieser Wortwurzel gibt es in der arabischen Sprache etliche Begriffe, die einen geheiligten Raum oder einen Menschen, der mit diesem in Berührung gekommen ist, bezeichnen.[3]

„Heilig" bedeutet dabei immer gleichermaßen Auszeichnung und Distanz. Der „heilige Raum" kann nicht von jedem zu jeder Zeit betreten werden, das „heilige Objekt" wird nur durch ein festgelegtes Ritual erreichbar, und eine „geheiligte Person" unterliegt bestimmten Regeln, die sie einhalten muss und die sie von anderen Menschen unterscheidet. Die Unterscheidung ist dabei

1 Deutsches Wörterbuch, herausgegeben von Jacob und Wilhelm Grimm.
2 Das Arabische ist wie andere semitische Sprachen eine Konsonantensprache. In dieser zählen die Vokale nicht mit zur Wortwurzel, sondern werden in Vokalzeichen den Konsonanten zugeordnet.
3 Vgl. Enzyklopädie des Islam.

das zentrale Element. Heiliges wird vom Profanen geschieden und eine Hierarchie etabliert. Auf dieser heiligen Unterscheidung basiert die Idee des Respekts, die mit der Zeit den religiösen Raum verlassen hat und zum Inbegriff von Ehrerbietung und Achtung geworden ist.

Respekt in ländlichen islamischen Gesellschaften

„Kinder schulden ihren Eltern Respekt und Achtung. Diese Forderung gründet sich auf die Tatsache, dass das Kind sein Leben den Eltern verdankt und von diesen während der ersten Lebensjahre genährt und gepflegt wird.
Diese einseitige und prinzipiell nicht wiedergutzumachende Gabe der Eltern begründet auf der Seite des Kindes die Pflicht der Achtung (saygı); wobei im Türkischen mit Achtung weniger ein Gefühl gemeint ist als eine umfassende Verpflichtung, die neben Gehorsam und Respekt auch die Verpflichtung der Unterstützung im Alter umfaßt und die durch zahlreiche und detaillierte Handlungsvorschriften ausgedrückt wird (durch das Verbot, in Gegenwart derjenigen, denen man Achtung schuldet, Alkohol zu trinken, zu rauchen, generell sich gehenzulassen, ihnen zu widersprechen etc.). Entsprechend ist nie die Rede davon, daß Achtung ‚empfunden‘ (duymak bzw. hissetmek) werden müsse, sondern immer nur davon, daß sie ‚gezeigt‘ (göstermek) werden müsse."
„Ebenso, wie es gilt, die Integrität des anderen zu respektieren (es sei denn, man legt es auf eine Auseinandersetzung an), ist es notwendig, dem anderen keinen Zweifel an der eigenen Integrität zu geben. Dies gibt dem Handeln einen repräsentativen und formalen Zug. Eine Familie muß vor allem darstellen, daß die Beziehungen nach innen der Norm gehorchen. So wird die Achtung (saygı), die die Familienangehörigen dem Vater schulden und die als Garant für die Geschlossenheit der Familie gilt, ebenso gefühlt wie gezeigt (göstermek). Man raucht nicht in Gegenwart des Vaters; setzt sich nicht entspannt hin, wenn er im Raum ist; schweigt, wenn Dritte anwesend sind; widerspricht ihm nicht."
Schiffauer, Die Bauern von Subay, S. 27f., 55.

„Eure Coolness ist gigaout"

In einem Interview beschreibt der aus einer türkischen Zuwandererfamilie stammende Schriftsteller Feridun Zaimoğlu, was Respekt für einen jungen Türken, der in der zweiten Generation in Deutschland lebt und sich weitgehend von den traditionellen Werten seiner Eltern gelöst hat, bedeutet.

„Winkelmann: *Meiner Tochter gefällt, daß türkische Jungs sich schick kleiden, höflich sind …*

Zaimoğlu: *Das hat mit Ghettoromantik, mit Sozialromantik nichts zu tun. Das sind Erfahrungswerte, man hat das erlebt. Der Vater geht zum Ordnungsamt, kommt wieder und muß sich hinlegen. Er ist erledigt. Das versteht man erst mal nicht. Er sagt dann: Mein Stolz wird jedesmal mit Füßen getreten. Das hat alles nichts mit Weinerlichkeit zu tun, aber nur deswegen hab ich heute auch Respekt und Liebe für meine Eltern. Ich habe Respekt: Ich schlage die Beine nie übereinander. Wenn mein Vater in den Raum kommt, stehe ich auf. Ich sieze meine Eltern, ich sieze meine Verwandten. Ich bin aber völlig konträr zu ihren Ansichten: Ich will nicht in die Türkei zurückkehren. Ihre Lebensweisheiten gehen mir am Allerwertesten vorbei. Aber Liebe und Respekt. Weil man das jetzt ganz genau versteht … Man verstand plötzlich irgendwann, wieso er krank wurde, der Vater. Weil sein Stolz gekränkt war. Ich verstand plötzlich, warum meine Mutter Migräneanfälle hatte. Sie hat sich dann was um den Kopf gebunden, sah aus wie so 'ne kurdische Freiheitskämpferin und lag da. Sie hat mir mal gesagt: ‚Es fehlt hier an … – wie soll man das übersetzen? – an Erotik.' Ich dachte: Was?! Von meiner Mutter kommt so was?! Sitte und Anstand an erster Stelle, aber es fehlt an Sexualität! Klar, in klugen Büchern kann man das nachlesen: Die sinnliche Welt fehlt. Das alles hat man gesehen. […]*

Winkelmann: *Um noch einmal auf diese Sache mit der Familienbindung zurückzukommen: Einerseits gehört zu einem ganzheitlichen Individuum der Respekt für Vater und Mutter, andererseits triffst du hier auf die Generation, die dieses sehr gebrochene Verhältnis zu ihren Mördervätern hat. Wie empfindest du diesen Widerspruch?*

Zaimoğlu: *Ich erlebe besonders bei feinsinnigen Deutschen etwas, was man bei uns leider Gottes vermißt: eine Leichtigkeit, eine Feinheit und eine Aufrichtigkeit, die sehr wünschenswert sind. Wenn wir schon diese deutsch-türkische Klammer aufmachen: Für mich sind da keine gebrochenen Verhältnisse, sondern ich treffe immer wieder auf Menschen, die es überhaupt nicht nötig haben, irgendwelche Brüche in ihrer Biographie aufzuweisen, wie wir sie haben. Ich stelle mir manchmal vor, daß wir so blöde fundamental sind, so blöde schlegelhaft erzogen wurden: entweder das oder das. Und dann stoße ich auf Menschen und Verhältnisse, die leicht sind, die subtil sind, die schön sind. Es herrscht eine Atmosphäre, in der sich die Beteiligten nicht unbedingt an die Hände fassen und sagen müssen: ‚Wir sind jetzt alle Kanaken.' Das kann einem auf die Dauer auf den Keks gehen: das Ausdrückliche, das Ausgesprochene, das Höfliche, das Hingewiesene. Das ist etwas, das wir mit in die Wiege gekriegt haben, und manchmal scheint mir das zu grobschlächtig. Das ist die andere Seite: Ich sehe da keineswegs so gebrochene Existenzen, Krisenkreaturen, die unter anderem auch eine falsche Individualität ausleben. Ich sehe sehr positive Beispiele von ausgelebter Individualität, die ich mir nur wünschen kann. Ich wünsche mir manchmal auch, den Mund zu halten und von Beteuerungen wegzukommen, etwas feinsinniger zu werden. Feinsinnigkeit ist etwas, was wir lernen müssen.*

Winkelmann: *Du persönlich bist ja um eine höhere Komplexität bemüht. Projizierst du da nicht etwas hinein?*

Zaimoğlu: *Wenn ich in dieser Immigranten-Debatte wieder zu hören bekomme, daß da zwei so feindliche Lager seien, die sich da gegenüberstehen. Das Leben über die Kultur ist ja hochaktuell, es wird alles kulturalisiert. Aber das ist Pippifax!*
Viele Leute sind interessiert, aus beiden Lagern. Viele Leute sind ungeraten, im guten Sinne des Wortes. Und es gehört sich, meiner Meinung nach, vom Wege abzukommen. Was ist das überhaupt für eine Blödheit, den Weg des Vaters weiterzuverfolgen?
Man muß zum Teil den Vater auch morden. Das wäre ja sonst so langweilig und borniert. Ich möchte das auch. Liebe und Respekt heißen ja nicht, daß es zu einer klebrigen Verpflichtung wird. Das heißt nicht, daß ich so werden will wie mein Vater, der mal den Anatolier mimt und mal den Weltbürger."

Zaimoğlu, Eure Coolness, S. 24f., 27 f.

Achtung ist allerdings nicht immer freiwillig, sondern wird oft gesellschaftlichen Konventionen geschuldet. Ein besonders prominentes Beispiel ist der Respekt gegenüber den Eltern, der in allen Kulturen und Gesellschaften ein wesentlicher Bestandteil des Generationenvertrags ist: Kinder schulden ihren Eltern Respekt und Achtung.

Besonders in bis heute noch verhältnismäßig traditionellen Kulturen haben Respekterweisungen gegenüber den Eltern einen uneingeschränkt hohen Stellenwert. Sie sind stark ritualisiert, wie überhaupt viele Bereiche des öffentlichen Lebens von klaren Verhaltensregeln und Normen geprägt sind. Statusfragen, soziale Beziehungen und Verwandtschaftsverhältnisse werden durch rituelle Handlungen zum Ausdruck gebracht und bestätigt. So ist nicht nur der Respekt gegenüber den eigenen Eltern reglementiert, sondern auch die Ehrerbietung gegenüber den Schwiegereltern unterliegt festgelegten gesellschaftlichen Konventionen. Zum türkischen Hochzeitszeremoniell beispielsweise gehört ein Ritual, in dem die Braut ihren Schwiegereltern öffentlich Respekt erweist, indem sie ihnen, nachdem sie die Brautgeschenke entgegengenommen hat, die Hände küsst. Manchmal wird ab diesem Moment das rituelle Schweigen, das bis dahin während der Hochzeit zwischen ihnen geherrscht hatte, aufgehoben.[4] Die Schwiegertochter ist nun eine Tochter des Hauses ihres Mannes, sie heiratet in seinen Clan ein und muss seine Eltern wie ihre eigenen achten und respektieren.[5]

Diese patrilineare Erweiterung der Kernfamilie ist nicht nur auf die türkische Kultur beschränkt. Sie existiert auch in anderen Gesellschaften, die deutsche eingeschlossen, und führt dazu, dass Respektbekundungen auch auf einen größeren Personenkreis außerhalb der Familie ausgeweitet werden. So war früher der Schullehrer eine Person, die eine Vorbildfunktion für die Kinder haben sollte und als moralische Instanz galt, der man Respekt zollen musste. Der Unterschied zwischen den Kulturen liegt in Gewichtung und Ausmaß der patrilinearen Erweiterung.

4   Der Zeitpunkt, zu dem das Schweigen aufgehoben wird, variiert in den türkischen Bräuchen.
5   Schiffauer, Die Bauern von Subay, S. 22.

Im alten China etwa zählte man den Hauslehrer sogar direkt zur Familie.[6] In den Lehren des Konfuzius wurden die Vorstellungen der Ordnung und Harmonie innerhalb der Familie auf die größere Gemeinschaft übertragen und ein hierarchisches Gesellschaftsmodell entworfen.[7] Der Respekt gegenüber älteren oder hierarchisch höherstehenden Personen war dabei eine Grundvoraussetzung der gesellschaftlichen Ordnung und ist bis heute prägend für viele asiatische Gesellschaften.

Stimme aus einer Neuköllner Schule

Auf die Frage „Welche Erwartungen haben Sie an Ihre Tochter" in einem Elternfragebogen im Rahmen eines Schulworkshops antwortete eine türkische Mutter folgendermaßen:

„Sehr geehrte Lehrer,
wir als Eltern stellen zuallererst die Erwartung an unsere Tochter, dass alles zu ihrem guten Nutzen [in ihrem Sinne] verläuft. Wir erwarten, dass sie, wie bisher, stets innerhalb der guten Sitten ein normales, ausgeglichenes und ordentliches Leben führt. Es soll wie bisher so weiter verlaufen und sie soll es weiterhin so führen. Genauso wie heute soll sie im Hinblick auf ihre Zukunft einen Schwerpunkt auf ihre Ausbildung legen, um dann in ihrem späteren Leben, genau mit ihren jetzigen Gedanken und Ansichten, eine gesicherte Zukunft zu erlangen. Aber vor allem sollte sie sich selbst, den Eltern, den Geschwistern, der Gesellschaft gegenüber als ein nützlicher [dienlicher] Mensch heranwachsen und sie soll sich steigern [Anm.: i.S. von reifen, verbessern; auch Karriere]. Dabei sollte sie uns gegenüber immer respektvoll, ehrerbietig sein. Indem sie Menschen wertschätzt, soll sie eine respektierte und angesehene Person sein.
Das, was wir von unserer Tochter erhoffen, besteht, kurz dargestellt, aus diesen Erwartungen. Außerdem möchten wir uns bedanken, dass Sie, als Lehrer, uns das Recht eingeräumt haben, Ihnen unsere Gedanken und Ansichten mitzuteilen und Sie diese mit uns teilen. Ihnen, den Lehrern, übersenden wir unseren Dank und bekunden unseren Respekt."
Übersetzung aus dem Türkischen; die Anmerkungen in den Klammern stammen vom Übersetzer.

Auffallend ist, dass es vor allem die Männer einer Gesellschaft waren, die als Respektpersonen galten. Das hängt mit der politischen, d.h. öffentlichen Position von Männern in der Gesellschaft zusammen. Auch in Deutschland galt noch bis ins 20. Jahrhundert, und in manchen Familien bis heute, der Vater als unangefochtenes Familienoberhaupt und Patriarch, der mit Strenge die bedingungslose Treue gegenüber Kaiser, Kirche und den moralischen Prinzipien der Gesellschaft einforderte. Diesem Vater begegneten die Kinder mit Respekt und Ehrfurcht.

6   Linck, Frau und Familie in China, S. 71ff.
7   Vgl. dazu: Konfuzius, Gespräche (Lun-yu).

Ein deutscher Vater vor 100 Jahren

„Der Kindervater hat schwarze Haare, einem schwarzen Schnurrbart, dichte Brauen, ist hoch gewachsen, schlank, trägt Uniformen, verschiedene im Laufe meiner Kinderjahre, kommt manchmal von der Straße in den Garten auf Hufen, ein Kentaur, sieht mit hellen, überaus klaren Augen in irgendeine Ferne, jedenfalls über die Kinder hinweg. Riecht gut, ist angenehm anzuschauen, aber ungemütlich; ihm um den Bart zu gehen, sich an seine Knie zu schmiegen, wem käme das in den Sinn. Kein Gefühl von Geborgenheit, dafür Bewunderung, schöne Eltern, so schöne hat kein anderes Kind. Ein Gefühl von Furcht auch, dem Vater gegenüber, besser gesagt, Unsicherheit, nicht wissen, woran man bei ihm ist, dabei schlägt er die Kinder niemals, brüllt auch niemals, trotzdem. Bürgerliche Väter im ersten Jahrzehnt dieses Jahrhunderts waren, man vergesse das nicht, noch immer Götter, Herr Vater und Sie sagte man nicht mehr, die Hand küßte man nicht mehr, aber sonst war so ziemlich alles beim alten, die Gotteskinder ferngehalten, der Wille des Vaters Gesetz.

Warum habe ich an den Kindervater so wenig Erinnerungen, sehr einfach, ich sah ihn selten, er war von frühmorgens an im Dienst, schlief nachmittags, ging am Abend mit meiner Mutter in Gesellschaften; meine Mutter kam im Paillettenkleid, mit der Zopfkronenfrisur und langen Ohrgehängen, uns gute Nacht zu sagen, der Vater war nie dabei. Während der gemeinsamen Mittagsmahlzeiten überwachten uns Kinder seine friderizianischen Augen, wir durften nicht schmatzen, die Ellbogen nicht aufstützen, keine Spinat-Kartoffelbrei-Soßen-Landschaften herstellen, nicht über das Essen sprechen, nicht tuscheln, aber auch nicht schweigen, vielmehr sollten wir etwas erzählen, das von allgemeinem Interesse war. Konversation also und qualvoll, erst die erwachsenen Kinder verstanden, was der Vater im Sinn gehabt hatte, wenn er das maulfaule Dösen, das Blödeln und jede, auch die lustigste Art von übler Nachrede verbot. Ein Krampf, ja vielleicht, aber doch vor allem ein Kampf, ein nicht enden wollender, den der Oberleutnant, der Rittmeister, der Oberst ausfocht, Kampf gegen die fröhliche Lässigkeit, das grobe Temperament der angeheirateten Familie, Kampf auch gegen gewisse Tendenzen zum Leichtsinn, zur Verschwendungssucht im eigenen Blut. Mein Bruder bekam, als er sich einmal von einem Hotelportier eine winzige Summe auslieh, die einzige fürchterliche Ohrfeige seines Lebens; während ihm noch der Kopf brummte, führte ihn der Vater liebevoll in sein Zimmer, ließ ihn, was nie geschehen war, an seinem Frühstück teilnehmen und erzählte ihm, wohin das Geldborgen seines einzigen Bruders geführt hatte, in die schlimmste Verschuldung, zu unehrenhaften Handlungen, in den freiwilligen Tod. Jeder Erziehung liegt solche Furcht zugrunde, nur das nicht aufwachsen zu sehen, was man bei sich oder beim Ehepartner immer hat kleinhalten wollen, und tatsächlich, mein Vater sah es nicht aufwachsen, keines seiner vier Kinder wurde ein Spieler, allen gefielen sein Ernst, seine Rücksichtnahme, seine Beschäftigung mit geistigen (sehr militärfernen) Dingen besser als die heftige Vitalität des mütterlichen Geschlechts. Solche Erziehung ging, wie schon gesagt, auf Kosten der Gemütlichkeit, auch der Vertraulichkeit, die sich nur sehr selten und wie ein Wunder herstellte: die Stunden vertrauten Alleinseins mit dem Vater sind, was mich betrifft, an den Fingern einer Hand herzuzählen, vier oder fünf, wenig für eine ganze Kindheit, dafür aber unvergesslich, noch heute in jeder Einzelheit präsent."

Kaschnitz,. Ein Vater, S. 79-82.

Die hier angeführten Beispiele betonen den Aspekt der gesellschaftlichen Konvention und hierarchischen Struktur von Respekt. Deutlich wird aber auch, dass aufrichtig empfundener Respekt mehr als nur eine „Pflichtübung" ist. Respekt ist die Anerkennung eines Gegenübers. Geht Respekt nicht über die Akzeptanz der hierarchischen Position einer so genannten Respektperson hinaus, bleibt dies eine leere Geste, die nur den Zweck erfüllt, die eigene gesellschaftliche Existenz zu sichern.

Respekt ist aber nicht nur mehr, sondern auch etwas anderes als die Akzeptanz hierarchischer Strukturen, auch wenn dies oft verwechselt wird. Respekt ist die Achtung vor einem Menschen. Dabei gibt es weder ein allgemeingültiges und einfaches Schema noch ein festgelegtes Leistungsraster. Respekt ist relativ.

Ein Wert wird wiederentdeckt

„Auf drei Wegen formt die Gesellschaft den Charakter, der den Menschen dann befähigt oder nicht befähigt, den Respekt der anderen zu gewinnen. Der erste Weg ist die Entwicklung der eigenen Fähigkeiten und Fertigkeiten. Ein hochintelligenter Mensch, der seine Talente brachliegen lässt, erntet keinen Respekt, wohl aber jemand, der weniger talentiert ist, aber seine Möglichkeiten bis an die Grenzen ausschöpft. Die Entwicklung der eigenen Fähigkeiten wird deshalb zur Quelle gesellschaftlicher Wertschätzung, weil die Gesellschaft Verschwendung verachtet und den effizienten Einsatz von Ressourcen in der Wirtschaft wie auch im persönlichen Leben belohnt.

Der zweite Weg ist die Sorge um sich selbst. In der Antike hieß Sorge um sich selbst, dass man lernte, mit körperlicher Lust und körperlichem Schmerz umzugehen. Augustinus glaubte, der Mensch sorge für sich selbst, wenn er lernte, die eigenen Sünden vor Gott zu bekennen. Für Machiavelli war die Sorge um sich selbst gleichbedeutend mit dem Bestreben, sich selbst zu schützen, indem man bei anderen Angst und Ehrfurcht weckt. Sorge um sich selbst kann auch heißen, anderen nicht zur Last zu fallen; als Erwachsener bedürftig zu sein, bedeutet daher Schande, während Menschen, die für sich selbst sorgen können, Achtung genießen. Verantwortlich dafür ist der Hass der modernen Gesellschaft auf Parasitentum: Mehr noch als Verschwendung fürchtet die Gesellschaft — ob nun rational oder irrational — von ungerechtfertigten Ansprüchen ausgesaugt zu werden.

Der dritte Weg, Achtung zu gewinnen, liegt in dem Bestreben, den anderen etwas zurückzugeben. Hier haben wir die wohl universellste, zeitloseste und tiefste Quelle der Wertschätzung für den eigenen Charakter. Wenn wir uns ein Theaterstück ansehen, mögen wir die Brillanz der Darstellung und das Können der Schauspieler beklatschen, und Machiavellis Fürst mag die Ehrfurchtsbekundungen der Unterworfenen genießen, doch weder der Virtuose noch der Tyrann weckt solche Gefühle wie jemand, der etwas an die Gemeinschaft zurückgibt. Auch wer für sich selbst sorgt, erlangt nicht solch ein Maß an Wertschätzung, denn wer für sich selbst sorgt, ist letztlich nicht von besonderem Belang für die anderen. Da er die anderen nicht braucht, entsteht keine gegenseitige Bindung.

Der Austausch ist das soziale Prinzip, das den Charakter eines Menschen bewegt, der etwas an die Gemeinschaft zurückgibt.

Bei der Formung dieser drei Charaktertypen spielt die Ungleichheit eine besondere und entscheidende Rolle. Der außergewöhnliche Mensch, der vollen Gebrauch von seinen Fähigkeiten macht, kann als gesellschaftliches Vorbild und als Rechtfertigung für ungleichen Zugang zu Ressourcen oder ein geringeres Ansehen von Menschen dienen, die sich selbst nicht so vollständig entwickeln. Der Kult der Unabhängigkeit und die Angst vor Parasitentum können dazu führen, dass echte soziale Bedürfnisse geleugnet werden. Das Mitgefühl, das hinter dem Wunsch, etwas zurückzugeben, steckt, kann durch die gesellschaftlichen Verhältnisse zu einem Mitleid mit den Schwachen verformt werden, das der Empfänger als Verachtung erlebt."

Sennett, Respekt, S. 83f.

Jutta Aumüller

Gehorsam – Zur Kulturgeschichte einer Tugend

Die Forderung nach Gehorsam begegnet in unterschiedlichen Zusammenhängen und in unterschiedlicher Wertschätzung. Im allgemeinsten Wortverständnis bedeutet Gehorsam die freiwillige oder pflichtgemäße Unterordnung des eigenen Willens unter fremde Anordnungen. Gehorsam kann erzwungen werden, aber ethisch gerechtfertigt ist Gehorsam nur, wenn der Befehlende eine zureichende Autorität besitzt, die von dem Gehorchenden auch anerkannt wird.

> *„Der Gehorsam ist ein erhabener Vorzug, dessen nur die vernünftige Kreatur fähig ist."*
> (Augustinus)

Im deutschen Begriff „Gehorsam" steckt die Wortwurzel „hören". Er ist eine Lehnübersetzung des lateinischen Wortes „oboedientia", die zur Wiedergabe des den Germanen fremden christlichen Gehorsamsbegriffs diente. Von seiner Entstehung her hat der Begriff eine stark religiöse Besetzung. In der geistlichen Tradition bezeichnet der Gehorsam eine Grundhaltung des Horchens und Hinhörens in der Beziehung zu Gott und zu den Menschen.

Die Bibel erzählt in der Schöpfungsgeschichte von der Vertreibung des Menschen aus dem Paradies. Adam und Eva essen entgegen dem göttlichen Verbot vom Baum der Erkenntnis und werden für ihren Ungehorsam mit der Verbannung aus der göttlichen Welt bestraft. „Weil du auf deine Frau gehört und mein Verbot übertreten hast, soll der Acker verflucht sein. Dornen und Disteln werden darauf wachsen. Dein Leben lang wirst du hart arbeiten müssen, damit du dich von seinem Ertrag ernähren kannst", spricht Gott zu Adam. Zu einer ausgesprochenen Obödienz- das heißt Gehorsamsreligion entwickelt sich das Judentum, das als monotheistische Religion den Glauben an den einen Gott gegen die vielfältigen Götterkulte seiner vorderasiatischen Umgebung verteidigen musste. Auch die anderen beiden monotheistischen Weltreligionen, Christentum und Islam, erheben Anspruch auf den Glauben an den Einzigen Gott und sahen sich in ihrer Geschichte immer wieder genötigt, den Gehorsam der Gläubigen – mit wechselnden Mitteln – einzufordern.

Die Aufforderung zum göttlichen Gehorsam hatte aber immer auch einen doppeldeutigen Zug: „Man muss Gott mehr gehorchen als den Menschen", heißt es in der Apostelgeschichte im Neuen Testament. Diese Forderung zeigt, dass die eigene Glaubensüberzeugung möglicherweise auch zum Ungehorsam gegenüber weltlicher Autorität zwingen konnte.

Gehorsam gegenüber Gott oder Liebe zum eigenen Kind?

In der biblischen Erzählung verlangt Gott von Abraham, seinen einzigen Sohn, Isaak, zu opfern. Für Abraham, dem Gott eine reiche Nachkommenschaft (das spätere Volk Israel) verheißen hat, muss diese Forderung unbegreifbar erscheinen. Doch er beschließt Gott zu gehorchen.

Religionsgeschichtlich wird die Erzählung von der Opferung Isaaks auch als die Ablösung des Menschenopfers durch das Tieropfer gedeutet.

„Als Isaak größer geworden war, wollte Gott Abraham auf die Probe stellen.

,Abraham!', rief er. ,Ja, ich höre', erwiderte Abraham. ,Nimm deinen Sohn', sagte Gott, ,deinen einzigen, der dir ans Herz gewachsen ist, den Isaak! Geh mit ihm ins Land Morija auf einen Berg, den ich dir nennen werde, und bringe ihn mir dort als Brandopfer dar.'

Am nächsten Morgen stand Abraham früh auf. Er spaltete Holz für das Opferfeuer, belud seinen Esel und machte sich mit seinem Sohn Isaak auf den Weg zu dem Berg, den Gott ihm nannte. Auch zwei Knechte nahm er mit. Am dritten Tag erblickte er den Berg in der Ferne. Da sagte er zu den Knechten: ,Bleibt hier mit dem Esel! Ich gehe mit dem Jungen auf den Berg dort drüben, um zu Gott zu beten; dann kommen wir wieder zurück.'

Abraham packte seinem Sohn die Holzscheite auf den Rücken; er selbst nahm das Becken mit glühenden Kohlen und das Messer. So gingen die beiden miteinander.

Nach einer Weile sagte Isaak: ,Vater!'

,Ja, mein Sohn!'

,Feuer und Holz haben wir, aber wo ist das Lamm für das Opfer?'

,Gott wird schon für ein Opferlamm sorgen!'

Sie gingen miteinander weiter.

Als sie auf den Berg kamen, baute Abraham einen Altar und schichtete die Holzscheite auf. Dann fesselte er Isaak und legte ihn auf den Altar, oben auf den Holzstoß. Schon fasste er nach dem Messer, um seinen Sohn zu schlachten, da rief der Engel des Herrn vom Himmel her: ,Abraham! Abraham!' ,Ja, ich höre!' ,Halt ein! Tu dem Jungen nichts zuleide! Jetzt weiß ich, dass du Gott gehorsam bist. Du warst bereit, mir sogar deinen einzigen Sohn zu opfern.'

Als Abraham aufblickte, sah er einen Widder, der sich mit seinen Hörnern im Gestrüpp verfangen hatte. Er ging hinüber, nahm das Tier und opferte es anstelle seines Sohnes auf dem Altar. Er nannte den Ort ,Der Herr sorgt vor'. Noch heute sagt man: ,Auf dem Berg des Herrn ist vorgesorgt.'

Noch einmal rief der Engel des Herrn vom Himmel und sagte zu Abraham: ,Ich, der Herr, schwöre bei mir selbst: Du hast mir gehorcht, und warst sogar bereit, mir deinen einzigen Sohn zu geben. Deshalb will ich dich reich beschenken und deine Nachkommen so zahlreich werden lassen wie die Sterne am Himmel oder den Sand am Meeresstrand. Sie werden ihre Feinde besiegen und deren Städte erobern. Bei allen Völkern der Erde wird man, wenn man sich Glück wünscht, sagen: Gott segne dich wie die Nachkommen Abrahams! Das ist die Belohnung dafür, dass du meinem Befehl gehorcht hast.'"

1. Buch Mose 22

Die Erziehung zum rechten Glauben leitete auch die Erwägungen der frühchristlichen Kirchenlehrer. Der Mensch – und selbst das kleinste Kind – galt als eine sündhafte Kreatur. Da der Mensch in Sünde geboren war (dadurch, dass am Beginn seiner Existenz der Geschlechtsakt stand) und in seiner irdischen Existenz vielfachen Anfechtungen ausgesetzt war, führte er ein Leben in Erwartung schrecklicher göttlicher Strafe im Jenseits. Nur die strikte Unterwerfung unter Gottes Willen verhieß Aussicht auf göttliche Gnade.

Nonnen und Mönche kasteiten sich und führten ein Leben in asketischer Selbstvervollkommnung, um dadurch die erwartete göttliche Strafe vorwegzunehmen. Gehorsam gegenüber Gott sollte bereits bei Kindern eingeübt werden, indem sie zum unbedingten Gehorsam gegenüber der erziehenden Autorität angehalten wurden.

Mit der Entstehung der absolutistischen Staaten in der Neuzeit erhält die Erziehung zum Gehorsam eine politische Komponente. Die absolutistischen Herrscher der Neuzeit benötigten gehorsame Untertanen. Es war sinnvoll, damit bereits bei den kleinen Menschen zu beginnen. In den bürgerlichen Kreisen des 18. und 19. Jahrhunderts galt die Erziehung zum Gehorsam als oberste pädagogische Maxime.

Die gar traurige Geschichte mit dem Feuerzeug

Paulinchen war allein zu Haus,
die Eltern waren beide aus.
Als sie nun durch das Zimmer sprang
mit leichtem Mut und Sing und Sang,
da sah sie plötzlich vor sich stehn
ein Feuerzeug, nett anzusehn.
„Ei," sprach sie, „ei, wie schön und fein!
Das muß ein trefflich Spielzeug sein.
Ich zünde mir ein Hölzchen an,
wie's oft die Mutter hat getan."

Und Minz und Maunz, die Katzen,
erheben ihre Tatzen.
Sie drohen mit den Pfoten:
„Der Vater hat's verboten!
Miau! Mio! Miau! Mio!
laß stehn! sonst brennst du lichterloh!"

Paulinchen hört die Katzen nicht!
Das Hölzchen brennt gar hell und licht,
das flackert lustig, knistert laut
grad wie ihr's auf dem Bilde schaut.
Paulinchen aber freut sich sehr
und sprang im Zimmer hin und her.

Doch Minz und Maunz, die Katzen,
erheben ihre Tatzen.
Sie drohen mit den Pfoten:
„Die Mutter hat's verboten!
Miau! Mio! Miau! Mio!
wirf's weg! sonst brennst du lichterloh!"

Doch weh! die Flamme faßt das Kleid,
die Schürze brennt, es leuchtet weit.
Es brennt die Hand, es brennt das Haar,
es brennt das ganze Kind sogar.

Und Minz und Maunz, die schreien
gar jämmerlich zu zweien:
„Herbei! Herbei! Wer hilft geschwind?
In Feuer steht das ganze Kind!
Miau! Mio! Miau! Mio!
zu Hilf! das Kind brennt lichterloh!"

Verbrannt ist alles ganz und gar,
das arme Kind mit Haut und Haar;
ein Häuflein Asche bleibt allein
und beide Schuh, so hübsch und fein.

Und Minz und Maunz, die kleinen
die sitzen da und weinen:
Miau! Mio! Miau! Mio!
wo sind die armen Eltern? wo?"
Und ihre Tränen fließen
wie 's Bächlein auf den Wiesen.

Quelle: Heinrich Hoffmann,
Der Struwwelpeter. Frankfurt am Main 1847.

Gehorsam sei so wichtig, dass eigentlich die ganze Erziehung nichts anderes sei als die Erlernung des Gehorsams, schrieb der Pädagoge Johann Georg Sulzer (1720-1779) in seinem 1748 erschienenen „Versuch von der Erziehung und Unterweisung von Kindern".

Diese Erziehung zum Gehorsam zielte darauf ab, den kindlichen Eigensinn und Willen zu brechen und schreckte selbst vor brutalen körperlichen Strafen nicht zurück. Das gute und das böse Kind waren Stereotypen, die fortan auch die Kinderbücher beherrschten.

Kritische Zeitgenossen des 18. und 19. Jahrhunderts plädierten für einen reflektierten Umgang mit dem Gehorsam. In seiner pädagogischen Schrift „Levana" schrieb Jean Paul (1763-1825): „Gehorsam der Kinder an und für sich hat keinen Wert für sie selber – denn wie, wenn sie nun aller Welt gehorchten? – sondern nur das Motiv desselben, als verehrender, liebender Glaube und als Ansicht der Notwendigkeit, adelt ihn." Der Philosoph Immanuel Kant (1724-1804) entwickelte in seiner Schrift „Über Pädagogik" (erschienen 1803) die Prinzipien einer moralischen Erziehung. Die Erziehung zum Gehorsam bildete ein zentrales Postulat seiner Schrift, doch setzt sein Konzept der moralischen Erziehung in erster Linie auf eine Erziehung durch Einsicht.

Gehorsam ja, aber nur mit Einsicht

„Bei der moralischen Kultur soll man schon frühe den Kindern Begriffe beizubringen suchen von dem, was gut oder böse ist. Wenn man Moralität gründen will: so muß man nicht strafen. Moralität ist etwas so Heiliges und Erhabenes, daß man sie nicht so wegwerfen und mit Disziplin in einen Rang setzen darf. Die erste Bemühung bei der moralischen Erziehung ist, einen Charakter zu gründen. Der Charakter besteht in der Fertigkeit, nach Maximen zu handeln. Im Anfange sind es Schulmaximen, und nachher Maximen der Menschheit. Im Anfange gehorcht das Kind Gesetzen. Maximen sind auch Gesetze, aber subjektive; sie entspringen aus dem eignen Verstande des Menschen. Keine Übertretung des Schulgesetzes aber muß ungestraft hingehen, obwohl die Strafe immer der Übertretung angemessen sein muß. [...]

Zum Charakter eines Kindes, besonders eines Schülers, gehört vor allen Dingen Gehorsam. Dieser ist zwiefach, erstens: ein Gehorsam gegen den absoluten, dann zweitens auch gegen den für vernünftig und gut erkannten Willen eines Führers. Der Gehorsam kann abgeleitet werden aus dem Zwange, und dann ist er absolut, oder aus dem Zutrauen, und dann ist er von der andern Art. Dieser freiwillige Gehorsam ist sehr wichtig; jener aber auch äußerst notwendig, indem er das Kind zur Erfüllung solcher Gesetze vorbereitet, die es künftighin, als Bürger, erfüllen muß, wenn sie ihm auch gleich nicht gefallen. [...]

Der Gehorsam des angehenden Jünglings ist unterschieden von dem Gehorsam des Kindes. Er besteht in der Unterwerfung unter die Regeln der Pflicht. Aus Pflicht etwas tun heißt: der Vernunft gehorchen. Kindern etwas von Pflicht zu sagen, ist vergebliche Arbeit. Zuletzt sehen sie dieselbe als etwas an, auf dessen Übertretung die Rute folgt. Das Kind könnte durch bloße Instinkte geleitet werden, sobald es aber erwächst, muß der Begriff der Pflicht dazutreten."

Kant, Über Pädagogik, S. 36ff.

Die militaristische Politik Deutschlands, die bis in das 20. Jahrhundert hinein reichte, setzte den gedrillten und willfährigen Untertan voraus. Für die häusliche Erziehung bedeutete dies Strenge in den alltäglichen Reglementierungen und eine starke Distanz zwischen der Eltern- und der Kinder-Generation. „Blinder" Gehorsam und Autoritätshörigkeit wurden schließlich für die Diktatur des Nationalsozialismus und deren katastrophale Folgen verantwortlich gemacht. Noch während des zweiten Weltkrieges begannen Wissenschaftler im amerikanischen Exil Einstellungen zum Gehorsam daraufhin zu untersuchen, inwieweit sich Menschen durch Autoritätshörigkeit zu normativ bedenklichem Handeln bewegen lassen. Bahnbrechend waren hier die „Studien zum autoritären Charakter", die Theodor W. Adorno zusammen mit einem Forscherteam in den 1940er Jahren im amerikanischen Exil verfasste. Diese Arbeiten zur Vorurteilsstruktur und insbesondere zur Genese von Antisemitismus entstanden unter dem Eindruck des europäischen Faschismus und dessen massenpsychologischen Manipulationen. Der Sozialpsychologe Stanley Milgram testete in den sechziger Jahren in seiner bekannt gewordenen Versuchsanordnung die Gehorsamsbereitschaft von Amerikanern. Unter der Anleitung eines Versuchsleiters wurden die Teilnehmer an diesem Experiment aufgefordert, einer Person Elektroschocks zu versetzen. Getarnt war dieser Versuch als wissenschaftliches Experiment zur Lernpsychologie. Dabei stellte sich heraus, dass die Mehrzahl der Versuchsteilnehmer, die als sozial unauffällig beschrieben wurden, bereit war, auf Anordnung eines „Leiters" Elektroschocks zu verabreichen und diese in ihrer Stärke noch zu steigern, auch wenn sich das „Opfer" bereits unter vermeintlichen Schmerzen wand.

Gehorsam als Ablehnung von Eigenverantwortlichkeit

„Das Wesen des Gehorsams drückt sich in der Tatsache aus, dass ein Mensch dahin kommt, sich selbst als Werkzeug zu verstehen, das den Willen eines anderen Menschen ausführt, und sich selbst nicht mehr als verantwortlich anzusehen für das eigene Handeln. Dieser Seitenwechsel im Selbstverständnis ist der Angelpunkt der gesamten Gehorsamsproblematik: Hat ein Mensch erst einmal diese entscheidende Wendung vollzogen, dann treten bei ihm alle Wesensmerkmale des Gehorsams auf. Die Anpassung des Denkens, die Bereitschaft zur Teilnahme an grausamen Handlungen und die Kategorien der Rechtfertigung, die sich ein Mensch im Zustand des Gehorchens aufbaut, sind im wesentlichen ähnlich; die äußeren Umstände spielen dabei keine Rolle, mag es sich nun um ein psychologisches Laboratorium handeln oder um den Kontrollraum einer Abschussbasis für Interkontinentalraketen."
Milgram, Das Milgram-Experiment, S. 11.

In Deutschland hat die antiautoritäre Bewegung nach 1968 wesentlich dazu beigetragen, Gehorsam als pädagogisches Leitprinzip zu demontieren. In der Pädagogik schloss sich auf den gesellschaftlichen Aufbruch eine Experimentierphase alternativer Erziehungsmodelle an. Die Orientierung an den Bedürfnissen des Kindes stand nun im Mittelpunkt erzieherischen Handelns.

Ein Ausläufer dieser pädagogischen Alternativmodelle war die antiautoritäre Erziehung, die jegliche Form von Unterdrückung und Machtausübung im Erziehungsprozess ablehnte. Zwar wurden manche Annahmen des antiautoritären Erziehungskonzepts (zum Beispiel die Vorstellung, dass das Kind die Fähigkeit zur Selbstkontrolle und Selbstregulierung praktisch schon von Geburt an mit sich brächte) inzwischen mehr oder minder behutsam revidiert, doch hat die alte Schule der Gehorsamserziehung durch Strafanwendung und Erzeugung von Schuldgefühlen in pädagogischen Konzepten ausgedient. Vielmehr sind Erziehung zur Einsicht und Verantwortlichkeit nun die Leitbilder, die den öffentlich geforderten Erziehungsstil prägen.

Dennoch gibt es Aspekte des Gehorsams, die heute von manchen Pädagogen wieder bedacht werden. Im Zeitalter der Überfrachtung mit medialen Reizen wird bisweilen wieder auf die ursprüngliche Wortbedeutung des Begriffs, nämlich aufmerksam hinzuhorchen, hingewiesen. Erziehung zum Gehorsam kann auch eine Erziehung zur Aufmerksamkeit, zu respektvollem Handeln, bedeuten, womit das Begriffsverständnis um eine spirituelle Dimension erweitert wird, die in der religiösen und meditativen Tradition von jeher vorhanden war.

Zeitgenössische Auffassungen von Erziehung:
Nicht zum Gehorsam zwingen

„Zwingen Sie Ihr Kind nicht dazu, gehorsam zu sein. Wenn Sie schimpfen, drohen oder strafen, damit es sich so verhält, wie Sie es wünschen, lehren Sie es, nur dann gehorsam zu sein, wenn Sie dabei sind. Eine Erziehung zu Selbstdisziplin, Verantwortungsbewusstsein und Kooperationsfähigkeit kann dann erfolgen, wenn Sie sich Mühe geben, Ihrem Kind Ihre Maßnahmen verständlich zu machen. Das erfordert zunächst ein wenig mehr Mühe, zahlt sich langfristig jedoch aus. Ihr Kind wächst zu einem selbständig denkenden, verantwortungsbewussten Menschen heran, der seinen Eltern mit Liebe und Respekt begegnet.
Ein Kind zum Gehorsam zu zwingen bedeutet eigentlich, seinen Willen zu brechen. Jedes Kind wird Regeln befolgen, wenn sie ihm begreiflich sind und von den Erwachsenen sachbezogen aufgestellt werden."

Weikert, Kursbuch Erziehung, S. 311.

Unterschiedliche Gehorsamskulturen in der multikulturellen Gesellschaft

In der multikulturellen Gesellschaft Berlins existieren viele Kulturen und damit ganz unterschiedliche Erziehungsstile und Wertvorstellungen nebeneinander. Dies hat Folgen, etwa wenn in der Schule Schülerinnen und Schüler mit ganz unterschiedlichem Familien- und Wertehintergrund aufeinander treffen. Groß ist auch die Verunsicherung vieler zugewanderter Eltern, deren erzieherische Wertvorstellungen in der neuen Heimat nicht gewürdigt werden. Häufig sind familiäre Spannungen die Folge, etwa wenn die Kinder den patriarchalischen oder autoritär geprägten Erziehungsstil der Eltern nicht mehr gelten lassen wollen, die Eltern hingegen befürchten, den erzieherischen Einfluss auf ihre Kinder zu verlieren.

Der Umgang, den Eltern mit ihren Kindern pflegen, wird stark durch die Erwartungen geprägt, die Eltern mit ihren Kindern verbinden. So haben in vielen traditionell geprägten Gesellschaften Kinder für die Familie eine materiell absichernde Funktion, sei es, dass sie bereits frühzeitig im Haushalt mithelfen, dass sie in späteren Jahren für ihre Eltern sorgen und diese finanziell absichern oder dass sie in Notsituationen helfend eingreifen. Dies betrifft insbesondere Gesellschaften, in denen die Daseinsfürsorge bei Krankheit oder im Alter nicht institutionell gewährleistet ist. In den modernen Industriegesellschaften dienen Kinder den eigenen Eltern nicht mehr zur Absicherung in Alter und Not. Hier erwarten Eltern von ihren Kindern vor allem eine emotionale Bereicherung des eigenen Lebens: weil es Freude macht, die eigenen Kinder aufwachsen zu sehen, weil die Elternrolle eine wichtige Persönlichkeitserfahrung ermöglicht, weil die gefühlsmäßige Beziehung zu den eigenen Kindern einzigartig ist.

Werden Kinder vor allem wegen ihrer absichernden Funktion geschätzt, so führt dies bevorzugt zu Erziehungspraktiken, die auf die Loyalität und Elternbindung der Kinder abzielen. Dazu gehört die Erziehung zum Gehorsam sowie eine starke elterliche Behütung und Kontrolle selbst dann, wenn sich die Kinder bereits im Jugendalter befinden. Herrscht in der Eltern-Kind-Beziehung eine emotionale Wertschätzung vor, so hat dies andere Folgen für die Erziehungspraktiken. Die Entwicklung zu Unabhängigkeit, Individualität und Selbständigkeit spielt dann eine große Rolle. Die elterliche Kontrolle nimmt mit zunehmendem Alter des Kindes ab; allerdings besteht auch die Gefahr, dass die Jugendlichen zu stark sich selbst überlassen werden.

Die umseitig folgende Tabelle beruht auf Umfragen unter Eltern in acht verschiedenen Ländern. Aufgezeigt werden elterliche Einstellungen zu Kindern und wie sich diese auf die bevorzugten Erziehungsziele – zur Auswahl standen hier die Werte „Gehorsam" und „Selbständigkeit" – auswirken. Die letzten beiden Spalten der Tabelle geben die Geburtenrate (Geburten auf 1.000 Einwohner pro Jahr) sowie die Sterblichkeitsrate bei Säuglingen (Todesfälle innerhalb des ersten Lebensjahres pro 1.000 Geburten) an.

Der „Wert" von Kindern und Erziehungsziele in verschiedenen Kulturen

	Werte von Kindern				Erziehungsziele		Geburten-rate	Säuglings-sterblichkeit
	Finanzielle Hilfe im Alter	Hilfe im Alter	Finanzielle Unter-stützung	Freude an Kindern	Gehorsam	Selbständig-keit		
Türkei	72%	77%	91%	22%	36%	9%	30.0	126
Thailand	71%	79%	85%	9%	28%	8%	29.3	76
Korea	70%	54%	85%	47%	14%	48%	28.2	47
Philippinen	67%	89%	86%	58%	62%	5%	26.7	80
Taiwan	76%	79%	85%	69%	22%	21%	23.0	25
Singapur	38%	51%	39%	71%	29%	39%	17.8	14
USA	29%	8%	12%	60%	15%	25%	14.7	16
Bundes-republik	*	9%	*	79%	22%	45%	9.8	20

Daten nicht vorhanden
Quelle: Nauck, Sozialer Wandel, S. 174.

Gehorsam als Erziehungsziel in türkisch-arabischen Zuwandererfamilien

Im islamischen Kulturkreis werden Kinder bis zur Pubertät eher nachsichtig behandelt. Kinder sind ihren Eltern gegenüber zu Ehrerbietigkeit und Respekt aufgerufen. Ungehorsam jedoch ist dann zulässig, wenn Eltern versuchen, den Sohn oder die Tochter vom Glauben abzubringen. So heißt es im Koran:

> *„Wir legten dem Menschen Güte gegen seine Eltern ans Herz. Seine Mutter trug ihn in Schwäche über Schwäche, und seine Ent-wöhnung ist binnen zwei Jahren. ‚Drum sei Mir und deinen Eltern dankbar. Zum Mir ist der Heimgang.'*
> *Doch wenn sie [die Eltern] mit dir eifern, daß du Mir an die Seite setzest, wovon dir kein Wissen ward, so gehorche ihnen nicht; ver-kehre mit ihnen hienieden in Billigkeit, doch folge dem Weg derer, die sich zu Mir bekehren."*
> *Sure 31, 14-15*

Wie andere Zuwanderereltern müssen Eltern türkisch-arabischer Herkunft häufig mühevoll einen Ausgleich zwischen den Erziehungsidealen ihrer Herkunftsgesellschaft und denen ihrer deutschen Umgebung herstellen.

Sie selbst haben erlebt, dass in ihren Herkunftsländern Eltern ihre Kleinkinder viel stärker gewähren lassen, als dies in deutschen Familien in der Regel der Fall ist. Anders als in den meisten deutschen Familien spielt die Vermittlung von Fertigkeiten und Kulturtechniken im frühkindlichen Alter bei ihnen keine große Rolle. Es wird weniger auf das Kleinkind und dessen Bedürfnisse eingegangen. Die Vorschuljahre gelten als eine pflichtfreie Kindheitsphase, während der der Umgang mit den Kindern wenig zielorientiert und eher von einem Laissez-faire-Stil geprägt ist. Erst im späteren Kindheitsalter, bei den Mädchen mit etwa 10 Jahren, bei den Jungen etwa erst mit 13 Jahren, geraten die Kinder in eine Quasi-Erwachsenenphase, in der sie zunehmend mit den Pflichten von Erwachsenen betraut werden. Anders als in den westlichen Gesellschaften gilt die Adoleszenz im islamischen Kulturkreis nicht als eine eigenständige Entwicklungsphase.

Die türkischen Mütter, mit denen das folgende Gespräch geführt wurde, denken über das unterschiedliche Gehorsamsverhalten von deutschen Kindern und den eigenen nach.

„Emine:	*Die deutschen Kinder werden schneller selbstständig. Wir helfen den Kindern mehr, in gewisser Weise kümmern wir uns mehr um sie, auf eine Weise, die gar nicht gut ist. Ich glaube, die Sache mit den besseren Manieren der deutschen Kinder hat damit zu tun. Ich mache das Bett von meinem Sohn, ich räume sein Zimmer auf. Wenn ich sage, er soll das selbst machen, dann hat er keine Lust. Oder er ist so langsam, dass ich es nicht aushalten kann.*
Serpil:	*Ja, bei den Deutschen gehorchen die Kinder. Wir haben zwar keinen Umgang mit deutschen Familien, aber wir sehen das beim Arzt oder auf der Straße, beim Einkaufen, überall. Wenn die Deutschen zu dem Kind sagen: Lass das! Dann hören die Kinder auch auf. Bei uns nicht. Wenn ich zu meinem Sohn sage: Räum dein Zimmer auf, dann sagt er: Du bist doch meine Mutter. Du musst das tun. Ich möchte wirklich mal wissen, wie die deutschen Familien das machen."*
„Güldale:	*Bei Gott, gerade haben wir noch davon gesprochen, was die Deutschen anders machen bei ihren Kindern. Vallahi, bei den Deutschen haben die Hunde mehr Erziehung als bei uns die Kinder. Ihre Kinder gehorchen. Wir haben keine Ahnung, wie sie das hinkriegen. Wir geben den Kindern doch das gleiche zu essen!*
Türkan:	*Mir fällt das auch auf. Bei den Deutschen tun die Kinder, was die Mutter sagt.*

Bayram: *Deutsche Kinder dürfen einfach nicht so viel Mist machen. Z.B.,*
               sie dürfen nicht am Videogerät herumspielen, weil es sonst kaputt
               geht. Und sie unternehmen viel mit ihren Kindern. Ich glaube, es
               hat auch damit zu tun, dass sie den Kindern viel erklären. Sie
               sprechen mit den Kindern wie mit einem Freund. Deutsche Kinder
               unternehmen viel mit ihren Vätern. Bei uns sagen die Männer
               einfach: Ich geh raus. Und weg sind sie. Ja, wohin?
               Ins Kaffeehaus, mit den Kollegen."

               Treppte, „Ein Kind ist wie ein Diamant…", S. 113f., 53.

Viel stärker als deutsche Eltern erwarten Eltern türkisch-arabischer Herkunft einen Beitrag der Schule bei der Vermittlung von Normen und Regeln. Dass deutsche Schulen vor allem Wissen und Bildung vermitteln wollen und nicht in erster Linie einen Erziehungsanspruch verfolgen, irritiert viele Migranteneltern. Die unterschiedlichen Erwartungen von muslimischen Eltern und deutschen Bildungseinrichtungen geben Anlass für zahlreiche wechselseitige Missverständnisse.

Der Autor des folgenden Textes referiert eine Studie über Geschlechterrollen und Familien in der Türkei und bezieht den Wertehintergrund türkischer Eltern auf die Erziehungssituation in der deutschen Zuwanderungsgesellschaft.

Welche Tugenden wünschen sich türkische Eltern für ihre Kinder?

„Die Studie* zeigte […], dass Aggressivität bei türkischen Jungen eher toleriert wird als bei Mädchen, wie übrigens in westlichen Gesellschaften auch, aber Eltern bei beiden Geschlechtern im Vergleich zu westlichen Gesellschaften ihre Kinder wenig zu Selbständigkeit ermunterten.

So wünschten sich nahezu 60% der [türkischen] Eltern Gehorsam als die wertvollste Eigenschaft ihrer Kinder; nur rund 18% wünschten sich Unabhängigkeit und Selbstbewusstsein. Ein hoher Stellenwert des Gehorsams konnte auch für andere Länder gezeigt werden, in denen Kinder für die Altersversorgung der Eltern herangezogen werden. Denn gehorsame Kinder, so nimmt man an, werden sich im Alter ihrer Eltern eher annehmen als autonome, unabhängige Kinder, die ihre eigenen Lebensentwürfe verfolgen.

Doch vor dem Hintergrund einer individualistischen und sich weiter individualisierenden Gesellschaft wie Deutschland stoßen solche Haltungen rasch an ihre Grenzen: Gerade wenn Kinder auf ihre Selbständigkeit pochen, wie es im deutschen Erziehungssystem geschätzt wird, bringen sie die zumeist kollektivistisch orientierten Eltern in Konflikte: nicht selten deuten diese dann die Selbständigkeit ihrer Kinder als Aufbegehren, als eine Revolte, als Respektlosigkeit ihnen gegenüber."

Uslucan, Gewalt, o.S.
*C. Kagitcibasi (Hg.), Sex Roles, Family, and Community in Turkey. Bloomington: Indiana University Press, 1982.

Asiatische Kulturen:
Erziehung zur Scham ersetzt Gehorsam

Wichtige Erziehungsziele in asiatischen Kulturen sind die Fähigkeit zu einem friedlichen Miteinander und zu Respekt und Achtung vor Älteren. Von klein auf erlernen die Kinder Rücksichtnahme; auch ältere Geschwister sind respektvoll zu behandeln. Asiatische Erziehungsstile werden als sehr liebevoll und behütend beschrieben. Dies gilt vor allem für die Kleinkindphase. Die Erziehung zu respektvollem Verhalten geschieht durch unmerkliche und liebevolle Anleitung: „Nach oben respektvoll, nach unten nachsichtig" ist ein grundlegendes Verhaltensprinzip, das asiatische Kinder von klein auf erlernen. Die Erziehung läuft nicht über die Forderung zum Gehorsam; vielmehr erlernen die Kinder, ein Schamgefühl über unrechtes Verhalten zu entwickeln. Verhalten sich Kinder nicht in der gewünschten Weise, so werden sie üblicherweise nicht ausgeschimpft oder bestraft, sondern es wird erwartet, dass sie sich am generell unaggressiven Verhalten der Erwachsenen orientieren.

Als Kehrseite dieser sehr zuwendungsreichen Erziehung wird bisweilen die lange anhaltende Unselbständigkeit asiatischer Kinder angeführt. Vor allem in den karrierebewussten Industriegesellschaften Ostasiens, allen voran Japan, werden die Heranwachsenden so lange bemuttert und in der familiären Obhut behalten, bis sie ihre vollständige berufliche und familiäre Selbständigkeit erreicht haben.

„Ein Hauptmerkmal des panasiatischen Erziehungsstils ist die Einübung eines möglichst konfliktfreien Verhaltens. Das Kind wird weniger gestraft als vielmehr durch ‚Necken', Schmeicheleien, durch Warnung vor den Geistern oder durch Sensibilisierung für das eigene ‚Gesicht' unter Kontrolle gebracht. Die asiatische Mutter sagt in der Regel nicht: ‚Wenn du dies tust, wirst du bestraft', sondern ‚Wenn du dies tust, lachen dich die anderen aus.' Es wird also nicht an das Schuld-, sondern an das Schamgefühl appelliert. Ein ungehorsames Kind wird weniger durch Schimpfen als durch Sticheleien, ‚Aufziehen' und gutmütigen Spott zur Räson gebracht. Es bleibt jedem überlassen, ob er einen in dieser Form vorgebrachten Tadel als Scherz oder als bitteren Ernst interpretiert. Immer bleibt der Ausweg, daß ja alles nur ein Spaß gewesen sei; und stets auch bleibt die Möglichkeit, sein Gesicht selbst dann zu wahren, wenn heikle Themen zur Debatte stehen. Auch hier gilt es, Konflikte so wenig wie möglich offen auszutragen. Asiatische Kinder werden selten zum Essen oder zum Schlafengehen zu bestimmter Stunde gezwungen; häufig sieht man sie noch um Mitternacht durch das Haus toben. Körperliche Strafen und Schelten sind unüblich. In aller Regel verwöhnt man das Kind.

In Gesellschaften, in denen Kinder so lange im Schoße der Familie
bleiben wie auf den Philippinen, in Indien oder im traditionellen
China, ist diese ‚sanfte Strategie' der Konfliktaustragung nicht nur
im Sinne des Familienfriedens nahezu unentbehrlich, sondern auch
für das spätere Verhalten des Kindes von ausschlaggebender
Bedeutung."

Weggel, Die Asiaten, S. 274.

Erziehung in russlanddeutschen Familien: Gehorsam als oberstes Erziehungsziel

Unter den russlanddeutschen Einwanderern genießen die so genannten Sekundärtugenden (wie etwa Respekt, Gehorsam, Fleiß, Ordnung) eine hohe Wertschätzung. Die Werteinstellungen der Aussiedler sind stark mit ihrer religiösen Prägung verbunden. Ein Großteil der deutschstämmigen Bevölkerung in Russland ist evangelisch-lutherischen Glaubens oder gehört einer protestantischen Freikirche an. Tugenden wie Fleiß, Ordnung und Gehorsam gelten als zentrale Inhalte einer protestantischen Ethik, wie sie von dem deutschen Soziologen Max Weber (1864-1920) charakterisiert wurde. In Gesprächen vor allem mit älteren Aussiedlern wird diese Wertorientierung immer wieder geäußert.

„Gehorsam und Respekt vor Eltern, ja Älteren generell war sowohl
im zaristischen Russland als auch in der Sowjetunion und ist in
der Bundesrepublik primäres Erziehungsziel russlanddeutscher
Familien. Fast alle Interviewpartner nennen bei der einführenden
Frage nach den Charakteristika russlanddeutscher Erziehung diese
beiden Begriffe, unabhängig von Alter, Geschlecht, Bildung, Kon-
fession und Herkunftsregion. ‚Wir sind selbst sehr streng erzogen
worden, wir hatten Furcht vor den Eltern, und was die Eltern
gesagt haben, das haben wir tun müssen', berichtet die vor der
Oktoberrevolution geborene Theophie Kapp aus der Kinderper-
spektive stellvertretend für andere Informanten. Die emanzipati-
ven Ziele der russischen Revolution haben auf die binnenfamiliale
Erziehung der Deutschen in der Sowjetunion bisher nur wenig
Einfluss gehabt."

Boll, Kulturwandel, S. 57.

Russlanddeutsche Einwanderer fühlen sich zumeist unter einem hohen Druck, in ihrem Alltag in der deutschen Gesellschaft nachzuweisen, dass sie Deutsche sind. Zugleich erfahren sie, dass ihren mitgebrachten Wertvorstellungen hierzulande wenig Bedeutung beigemessen wird. Viele russlanddeutsche Eltern fühlen sich deshalb in ihrem Verhalten verunsichert und sehen sich nicht zuletzt unter dem Druck der eigenen Kinder genötigt, den eigenen autoritären Erziehungsstil zu ändern. Das folgende Gespräch wurde mit L., einer russlanddeutschen Lehrerin, geführt, die an einer Schule mit einem hohen Anteil von Aussiedlerjugendlichen unterrichtet.

„L: ... Ja, und die Unsicherheit von vielen Eltern. Sie wissen das nicht, wo es lang geht, was überhaupt, was sollte man verlangen, was ist hier richtig, was ist hier falsch? Und die Kinder kommen und erzählen verschiedene Sachen: ‚Es ist hier erlaubt, alle machen das, man darf das hier‘, und so, und die Eltern sind verunsichert. Sie geben nach. Also, in der Erziehung regieren oder führen jetzt meist die Kinder. Sie sagen: ‚So muss das gemacht werden!‘ Dann sagen die Eltern: ‚Ja, okay, wenn das die Einheimischen machen.‘ Und das ist so wichtig. Obwohl die Einheimischen machen das auch falsch, ja?

I: Haben die Eltern denn auch diese Meinung, dass das, was die Einheimischen machen, richtig ist für die Kinder, oder gibt es auch Eltern, die dazu tendieren zu sagen: ‚So wie wir es früher erlebt haben, war es viel besser‘?

L: Sie meinen, dass hier vieles falsch abläuft: ‚Unsere Erziehung war viel besser!‘ Aber sie passen sich an: ‚Wenn es hier so ist, dann müssen wir das auch machen!‘ Weißt du, sie meinen, man sollte so wie auch früher härter sein, autoritärer sein, Druck ausüben. Aber hier geht es so nicht, weil die Kinder lassen das hier nicht zu. Sie wissen ganz genau: Wenn die Eltern irgendwas machen, das heißt mit Prügeleien, dann muss man das im Amt anmelden. Und das wissen die Kinder ganz genau. Und sie drohen ganz offen den Eltern damit.

I: Ja?

L: Ja, das hab ich von ganz vielen Eltern schon gehört. Wenn sie sagen, er kommt in der Schule nicht mit, dann möchte ich manchmal ... Dann sagt er: ‚Fass mich nur nicht an! Ich melde es dem Jugendamt!‘ Das haben sie hier jetzt mitgekriegt, und damit tun sie es auch.“

Lingnau, Erziehungseinstellungen, S. 115.

Langsamer Wandel von Werthaltungen

Die Kulturen der türkisch-arabischen, asiatischen und russischen Zuwanderer wurden hier stellvertretend für die große Diversität der Zuwandererkulturen in Deutschland herausgegriffen. Sie decken bei weitem nicht die gesamte Bandbreite der vertretenen Erziehungsstile ab. In vielen Zuwandererfamilien müssen neben Generationenkonflikten auch Kulturkonflikte ausgetragen werden; mitgebrachte Werthaltungen müssen in Frage gestellt und schrittweise an die Lebensbedingungen in der Zuwanderungsgesellschaft angeglichen werden. Erziehungsstile sind jedoch tief im kulturellen Bewusstsein einer Generation verankert und lassen sich nicht kurzfristig verändern. So wurde beobachtet, dass sich Familienbildungsprozesse von Zuwanderern rasch an die Umstände in der westlichen Industriegesellschaft anpassen können: Die durchschnittliche Kinderzahl in diesen Familien sinkt, das durchschnittliche Alter der Mütter bei der Geburt des ersten Kindes steigt an, und die Zeitspanne der Reproduktionsphase im Leben dieser Frauen verkürzt sich.[1] Ein Mentalitätswandel, der in eine Veränderung von Einstellungen gegenüber Kindern und von Erziehungsstilen mündet, ist hingegen ein langwieriger Prozess, der innerhalb einer Generation nicht bewerkstelligt werden kann.

Die Forderung nach Gehorsam ist ein tiefer Eingriff in die Autonomie und Integrität einer Person. Aber ohne Gehorsam des Individuums kann eine Gesellschaft nicht funktionieren. Hier ist ein ständiger Ausgleich vonnöten, die Verständigung darüber, wie viel Gehorsam zumutbar und wie viel Gehorsam notwendig ist. Erziehungsstile lassen sich nicht einfach ablegen, aber Eltern sollten in der Lage sein, ihr Verhältnis zu dieser Tugend zu reflektieren.

[1] Vgl. Sechster Familienbericht der Bundesregierung: Familien ausländischer Herkunft in Deutschland, 2000, S. 104.

Andrea Weilbacher

Ehre

Der Begriff „Ehre" scheint in der modernen Welt veraltet und überholt. Als Ausdruck des äußeren Ansehens orientiert er sich zwar an hierarchischen Vorstellungen und Prinzipien, aber man würde dem Begriff nicht gerecht, wollte man ihn auf diese einseitige Betrachtungsweise reduzieren. Die Ehre eines Menschen ist auch das Maß seiner Selbstachtung und Würde und besitzt damit eine moralische Qualität, die weit über ein starres hierarchisches oder dogmatisches Modell hinausgeht. Ehre ist eine fundamentale Kategorie des sozialen Lebens, doch wurde und wird der Ehrbegriff oft missbraucht, um einen latent vorhandenen Minderwertigkeitskomplex durch ein übertriebenes Ehrgefühl zu kompensieren und damit seine konstruktiven Qualitäten gegen destruktive Tendenzen und Auswirkungen einzutauschen.

Ein auf die äußerliche Seite bezogenes Verständnis des Ehrbegriffs ist nicht nur aus der Geschichte bekannt (z.B. im Rittertum), sondern hat bis in die Moderne Gültigkeit, wo Ehre zum Leitbild der Männlichkeit mutiert (z.B. in Burschenschaften, in der bürgerlichen Standesehre) und in einem engen Verhältnis zu Ritualen der Männlichkeit und der Identitätsfindung junger Männer steht. Eine Übersteigerung von Ehre als Verhaltenskodex und die Inszenierung aggressiver Männlichkeit, die einer Bestätigung des Selbstwertgefühls dient, war dem Begriff schon immer inhärent und ist auch in gegenwärtigen jugendlichen Trotzkulturen (Gangs der Großstädte oder der Neonazi-Szene) zu beobachten, in denen vor allem der kollektive Aspekt der Ehre als Prinzip der Zugehörigkeit zu einer Gruppe dominiert.

Wir haben die Ehre

„Der Ausdruck ‚Ehre' klingt recht altmodisch, doch in zweierlei Hinsicht stellt er eine weitaus fundamentalere Kategorie des sozialen Lebens dar.
Zunächst einmal gehört zur Ehre ein Verhaltenskodex: Ein Beduine, der durch die Sitten verpflichtet ist, sich um die Kinder seines verstorbenen Bruders zu kümmern, folgt einem Ehrenkodex. Zweitens zeigt sich in der Ehre gewissermaßen eine Verwischung sozialer Grenzen und eine Aufhebung sozialer Distanz. Wie der Soziologe Pierre Bourdieu schreibt, ist das Ehrgefühl das ‚Fundament einer Moral, in der der Einzelne sich immer unter dem Blick der anderen begreift, wo der Einzelne die anderen braucht, um zu existieren, weil das Bild, das er sich von sich selbst macht, ununterscheidbar ist von dem Bild von sich, das ihm von den anderen zurückgeworfen wird'. Sowohl die Stärke als auch die Perversion sozialer Ehre stecken in dieser Gegenseitigkeit.

Die Nationalsozialisten bemühten sich sehr, den Deutschen das Gefühl zu vermitteln, dass sie nach den Erniedrigungen der Vergangenheit in ihren eigenen Augen wieder etwas gelten konnten – eine perverse Verwirklichung sozialer Ehre. Das Ehrgefühl innerhalb einer Gruppe, das die Anerkennung und Beachtung der Bedürfnisse anderer verlangt, kann auch zu einem destruktiven Verhalten gegenüber den außerhalb der Gruppe Stehenden führen wie bei dem Nullsummenspiel der Bostoner Arbeiter, die meinten, andere in ihrer Ehre herabsetzen zu müssen, um die eigene Ehre zu bewahren."
Sennett,. Respekt, S. 74.

Ehre: Ein Leitbild von Männlichkeit

"Zur Darstellung von Männlichkeit werden Stile und Leitbilder benutzt, die sich in unterschiedliche soziale und historisch-kulturelle Zusammenhänge einbetten und sich so auch unterscheiden lassen. Russen- und Türkencliquen repräsentieren etwa den in der Kulturanthropologie als ,Krieger' bezeichneten jungen Mann. Er hat verbindlich Befehlen zu gehorchen und ,aufs Dorf' aufzupassen. Sein Männlichkeitsideal wird durch ältere Männer vorgelebt (Senioritätsprinzip), wenn dies auch im Migrantenmilieu öfters schwierig ist. Der Vater ist zwar noch der ,erste Bestimmer', aber seine Stellung ist häufig durch Arbeits- und Bedeutungslosigkeit in der Werteskala der deutschen Gesellschaft gekennzeichnet. Ähnlich wie junge Krieger stehen die Jugendlichen aus zugewanderten Familien im Visier von Müttern, Tanten und heiratsfähigen jungen Frauen, die traditionell an der öffentlichen Kontrolle richtiger Mannbarkeit teilhaben. Durch die Erziehung gemäß antiquierter Leitbilder von Männlichkeit wird in vielen Kulturen Heiratsfähigkeit erworben. Die männlichen Tugenden des jungen Kriegers müssen bewiesen werden. Es geht nicht in erster Linie darum, sich durch individuelle Stärke oder Schnelligkeit hervorzutun, auch nicht darum, durch seine Bewaffnung hervorzustechen, dies alles ist nur Mittel zum Zweck. Wichtig allein ist, daß Mann ,sein' Territorium zu verteidigen bereit ist, das das seiner Familie und Gemeinschaft ist. Ein Krieger darf nicht weglaufen. Auch wenn ein Kumpel neben ihm umgehauen wird."
Kersten, Der Kick und die Ehre, S. 141

In seiner ursprünglichen Bedeutung stand der Begriff „Ehre" im religiösen Kontext. Man opferte zu Ehren Gottes, erwies Gott die Ehre und genoss die Ehre Gottes. Dieser direkte Bezug zum religiösen und kultischen Gebrauch des Wortes „Ehre" ist die Grundlage für den Begriff „Ehrentag", der ursprünglich in der deutschen Sprache auch „Festtag", „Feiertag" oder „Hochzeit" (die hohe, hehre Zeit) genannt wurde und einen eindeutigen Bezug zum Festtagszyklus des Kalenders hat. Bei den Germanen wurde der Festtag zu Ehren des Frühlingsgottes „Mai" mit „des meies ere" bezeichnet. Dieser Ehrbegriff verband religiöse und ästhetische Kategorien und stand sinngemäß Begriffen wie „Schmuck", „Zier", „Blüte", „Glanz" nahe – „mit Ehre wurde ein Gipfel von Schönheit, werth oder zierde ausgedrückt, eine schöne frau heiszt des landes Ehre, das ganze land feiert sie". [1]

[1] Grimm, Deutsches Wörterbuch.

Im älteren deutschen Sprachgebrauch wurde mit „Ehre" auch ein Schleier oder ein Tuch bezeichnet, mit dem das Gesicht oder andere Teile des Körpers verhüllt wurden, die man aus Scham nicht zeigen wollte. Als innere Empfindung drückte Ehre so Scheu und Scham aus, wie es z.B. in der bis heute noch bekannten deutschen Redeweise „Einen Kuss in Ehre kann niemand verwehren" erhalten geblieben ist, und wandelte sich später in den Begriff der „Ehrfurcht". „Ehrbar" und „ehrhaft" wurden nun als moralische Kategorien im Sinne von „schamhaft" und „anständig" verstanden. Der Ehrbegriff wurde schließlich personalisiert und ein allgemeiner Begriff für die Ehre eines Menschen („Ehre dem, wem Ehre gebührt"). [2]

Der ursprünglich aus dem Opferkontext entlehnte Ehrbegriff wurde im Laufe der Zeit verweltlicht und ging in den profanen Sprachgebrauch über, wo man „jemandem etwas verehrte" – im Sinne von „jemandem etwas schenken". Hier ist zwar noch das Tauschprinzip der religiösen Opferhandlung angedeutet, der Mensch opfert Gott und erhält „die göttliche Gnade", aber er wurde in die menschliche Interaktion übertragen, wo Ehrbezeugungen Beziehungen herstellen und festigen.

Ehre

„Ehre w: Mhd. ēre ‚Ehrerbietung, Ansehen, Ruhm, Sieg, Herrschaft, Ehrgefühl, ehrenhaftes Benehmen', ahd. ēra ‚[Ver]ehrung, Scheu, Ehrfurcht, Ansehen, Berühmtheit, Würde, Hochherzigkeit', niederl. eer ‚Ehre, Ansehen, Verehrung', aengl. ār ‚Ehre, Würde, Ruhm, Achtung, Verehrung, Besitz, Einkommen; Gnade, Mitleid', aisl. eir (andersgebildet) ‚Gnade, Milde, Hilfe' gehören mit verwandten Wörtern aus anderen idg. Sprachen
*zu der idg. Wz. *ais- ‚ehrfürchtig sein, verehren'. Zu der mit −d− erweiterten Wurzel stellen sich z.B. gr. aídesthai ‚scheuen, verehren', gr. aidos ‚Scheu, Ehrfurcht' und aind. idē ‚verehre, preise, flehe an', aus dem germ. Sprachbereich got. aistan ‚sich scheuen'.*
Die Ehre ist zumeist äußeres Ansehen (Ruhm, Freisein von Schande), was auch die früher häufige Mehrz. ausdrückt (noch in ‚zu Ehren', ‚ehrenhalber', ‚mit Ehren bestehen' u.ä. Fügungen). Als ‚innere Ehre' (Selbstachtung) erscheint sie vereinzelt schon ahd. bei Notker. – Abl.: ehren (mhd. ēren, ahd. ērēn); ehrbar (mhd. erbære ‚ehrenhaft handelnd' wurde später zum bürgerlichen Titel); ehrlich (mhd. ērlich, ahd. ērlih war ‚ehrenwert, ansehnlich, vortrefflich' und bezog sich vor allem auf das ständische Ansehen, von dem bestimmte ‚unehrliche' Berufe wie Henker und Schinder, aber z.B. auch Schäfer und Müller ausgeschlossen waren; jetzt ist ‚ehrlich' meist Gegenwort zu diebisch, betrügerisch u.ä.). Zusammengebildet ist ehrerbietig (s. bieten).
Zus.: Ehrenmann (um 1500 schweiz. und oberd., vielleicht LÜ für lat. vir honestus); Ehrenpreis s. oder m. (Name verschiedener Heilpflanzen, im 15. Jh. schweiz. erenbris); ehrenrührig ‚die Ehre angreifend' (als Rechtswort frühnhd. neben ehr[en]rührend); Ehrenwort (seit Anfang des 18. Jh.s im heutigen Sinn, vorher für ‚Kompliment'); ehrfürchtig (16. Jh.; s. Furcht), dazu die Rückbildung Ehrfurcht (17. Jh.); Ehrgeiz (s. Geiz); ehrwürdig (mhd. ērwirdic), dazu der geistl. Titel [Euer] Ehrwürden (16. Jh.)."

Duden Band 7: Das Herkunftsbuch. Die Etymologie der deutschen Sprache. Mannheim/Wien/Zürich (Dudenverlag)

2   Grimm, Deutsches Wörterbuch.

Mit der Renaissance setzte im 15. Jahrhundert eine zunehmende Säkularisierung ein. Die Naturwissenschaften, Philosophie und die Schönen Künste machten der Theologie das alleinige Recht der Weltdeutung streitig; der Mensch wurde nun als autonomes Subjekt innerhalb des Weltgeschehens gesehen. Die scholastisch-theologischen Traditionen des Mittelalters wurden durch philosophisch-literarische und philologische Studien abgelöst. Es entwickelte sich ein umfassendes Bildungsideal, in dessen Zentrum der Mensch stand. Schulen humanistischer Studien (studia humanitatis) strebten den allgemein gebildeten Menschen (uomo universale) an, der darum bemüht ist, sein Wissen stetig zu erweitern. Sich am Ideal antiker Humanität orientierend, wurden moralische Haltungen wie Maßhalten, Gerechtigkeit und ästhetisches Empfinden sowie soziale Tugenden angestrebt. Der Humanismus stellte den Menschen als Individuum und handelndes Subjekt in das Zentrum philosophischer und moralischer Reflexionen und war Wegbereiter für die spätere Aufklärung.

Nicht alle Gesellschaften teilen eine individualistische Auslegung des Ehrbegriffs. Abhängig von der kulturellen Prägung einzelner Kulturen variieren auch die Bedeutungen, die dem Ehrbegriff zugemessen werden. So muss beispielsweise das Konzept der Ehre in den traditionellen türkischen und arabischen Gesellschaften vor dem Hintergrund sozialer Strukturen in Stammesgesellschaften gesehen werden. Das hierarchische Verhältnis zwischen Vater und Sohn sowie zwischen älterem und jüngerem Bruder bildet die Grundlage für eine Gesellschaftsstruktur, in der Ehre im politischen Bereich über das „Sich-zueinander-verhalten" von Männern definiert wird. Dieses Verständnis des Ehrbegriffs dominiert aber nicht nur in der türkischen und in den arabischen Gesellschaften, sondern war auch in Europa bis ins 19. Jahrhundert üblich und ist selbst heute noch in einigen ländlichen Gegenden die Regel.

In traditionellen Nomadenkulturen werden über das Prinzip der Bruderschaft (khuwwa) verschiedene Stämme in Beziehung zueinander gesetzt. Diese Bruderschaften funktionieren als ökonomische Tauschbörsen und halten das Gleichgewicht zwischen den Stämmen, um einen politischen Frieden herzustellen. Zugleich steht der Ehrbegriff in einem Zusammenhang mit der Wehrhaftigkeit von Gruppen. Dort wo der Zentralstaat zu schwach ist, um die Übergriffe Dritter zu unterbinden, besitzen die Familien, der Clan oder die Dorfgemeinschaft noch eine sehr ursprüngliche Schutzfunktion. Anders als in Mitteleuropa hat in den islamischen Gesellschaften, aber auch in den europäischen Gesellschaften des Mittelmeerraums eine Individualisierung des Ehrbegriffs niemals stattgefunden. Ehrverletzung ist dort ein Zustand, der ein kollektives Handeln erforderlich macht. Das Duell, mit dem man sich in den mitteleuropäischen Gesellschaften zur Wehr setzte, war eine rein private Angelegenheit. In traditionellen Gesellschaften befinden nicht selten heute noch Familien- oder Clangerichte über eine Blutrache, mit der Ehrverletzungen an einzelnen Mitgliedern der Gruppe geahndet werden. Gleichzeitig dient der Ehrbegriff hier aber auch einem ethnischen Partikularismus, indem er nach dem Prinzip der Abstammung und genealogischen Regeln (der so genannten Lineage) die Mitglieder eines Beduinenstammes von anderen Stämmen unterscheidet.[3]

3   Vgl. Abu-Lughod, Veiled Sentiments, S. 82ff.

Der Ehrbegriff hat hier eine soziale und politische Funktion, keine ethische. Aus der Konzentration auf das eigene Kollektiv, wie sie bei Stammes- oder traditionellen Dorfgesellschaften häufig noch üblich ist, kann sich leicht aus dem „ethnischen Partikularismus" ein „ethischer Partikularismus" entwickeln. Das bedeutet, dass Verhaltensregeln und moralische Überlegungen keine allgemeine Gültigkeit haben, sondern nur für das eigene Kollektiv oder Volk gelten. Man misst mit zweierlei Maß und unterscheidet streng zwischen der eigenen Gruppe und dem „Fremden", für den die Regeln nicht gelten. In einem solchen Denken kann z.B. die Würde einer Frau relativ sein. Eine Frau aus der eigenen Ethnie wird als „Heilige" geachtet und respektiert. Man geht mit ihr nur ein Verhältnis ein, wenn man eine ernsthafte Beziehung haben und sie ehelichen möchte. Eine fremde Frau hingegen gilt als „Freiwild": Sie wird als „Hure" stilisiert.

Der Clan beziehungsweise die Familie ist ein wichtiger Baustein in einer solchen Gesellschaft, die sich durch eine strikte Unterscheidung von Belangen, die die Familie betreffen, und allen Dingen, die außerhalb der Familie passieren, auszeichnet. Dieser auf das eigene Kollektiv fixierte soziale und moralische Anspruch wird in den Sozialwissenschaften als „ethischer Partikularismus" bezeichnet. Arabische und türkische traditionelle, ländliche Gesellschaften funktionieren noch oftmals nach diesem Prinzip, auch wenn sich das türkische Dorf in einem Neuköllner Kiez befinden mag.

Bist du nicht für mich, dann bist du gegen mich

„Den Menschen in der Familie ist man verpflichtet, nach außen nehmen die Verpflichtungen ab. Prüfstein dessen, was als (ethisch) gut oder schlecht gilt, ist sein Nutzen bzw. Schaden für die Familie. Der Begriff dafür ist ‚Ehre' (namus). Die Ehre eines Mannes gilt als befleckt, wenn jemand die Grenzen seiner Sphäre verletzt, sich den Frauen seines Hauses nähert oder ein Familienmitglied angreift. Dieser Ehrbegriff schließt aber keineswegs aus, daß man sich den Frauen eines anderen Hauses nähert. Die abstrakte Schuldfrage ist zweitrangig; die Angehörigen des eigenen Haushaltes muß man verteidigen; auch wenn sie nach abstrakten Maßstäben im Unrecht sind. Es gelten nur soziale Wahrheiten."
Schiffauer, Die Gewalt der Ehre, S. 26.

„Der Ehrbegriff, der die Familie zum Maßstab des Handelns
macht, rechtfertigt seine aggressive Haltung gegenüber der
Außenwelt. Das taucht aber den Ehrbegriff in ein anderes Licht.
Er wirkt zynisch und auch inadäquat im Westberliner Kontext,
der die Sicherheit des einzelnen nicht durch seine Stärke oder den
familiären Schutz verbürgt, in dem sich vielmehr auch ‚Schutzlose‘
frei bewegen können. Die deutsche Umwelt erscheint, im Licht des
Ehrbegriffs, seltsam verzerrt: Die Frauen ehrlos, ‚sie sind nichts‘,
die Männer außerstande, ihre Ehre zu schützen, also schwach,
irgendwie erbärmlich.“
Schiffauer, Die Gewalt der Ehre, S. 28f.

Im Rahmen der ethnischen Grenzen wird dem Ehrbegriff eine konstruktive Funktion für eine friedvolle Kooperation zwischen verschiedenen Gruppierungen beigemessen. Während die Beziehungen innerhalb der Familie hierarchisch geordnet sind, stellt der Ehrbegriff außerhalb der Familie eine Gleichheit der Männer her und trägt zur Wahrung der Integrität und Würde des Einzelnen bei. Die Ehre des Mannes ist das Kapital oder die Gabe zur Herstellung eines gesellschaftlichen Gleichgewichts, und das Verhältnis der Männer ist geprägt durch den Gabentausch. Gabe und Gegengabe in den Tauschbeziehungen dürfen allerdings nie gleichwertig sein, um die Dynamik des Tausches zu erhalten. Die Stellung eines Mannes in der Gesellschaft hängt von seinen „Tauschbeziehungen“ ab. Ehre funktioniert hier als gesellschaftliches Tauschprinzip.[4]

„Der Wert, mit dem dies ausgedrückt wird, heißt ‚seref‘, übersetz-
bar als Ehre, Ansehen, Achtung. Seref erwirbt, wer großzügig ist, wer
viele Schuldner hat. Im Unterschied dazu kann die Ehre (namus)
nicht erworben, sondern nur verloren werden. Die Spannung
zwischen namus und seref, zwischen Gleichheit und Ungleichheit
bestimmt die Beziehungen zwischen Männern im türkischen Dorf:
Weder darf immer Gleichheit herrschen, denn das hieße Konflikt,
noch dauerhaft Ungleichheit. Die durch eine Gabe hergestellte
Ungleichheit muß umkehrbar sein. Eine Gabe, deren Wert an eine
Vergeltung nicht denken läßt, ist eine Beleidigung.“
Schiffauer, Die Gewalt der Ehre, S. 70.

4   Vgl. hierzu Mauss, Die Gabe.

Die Männer vertreten nach außen die Ehre der Familie. Nicht das Subjekt steht hier im Vordergrund, sondern das Kollektiv. Die Familie beziehungsweise der Haushalt bildet in traditionellen Gemeinschaften eine Rechtseinheit. Das Individuum ist ein Element dieser Rechtseinheit. Ein Angriff auf einen Teil der Rechtseinheit wird als Angriff auf den gesamten sozialen Körper verstanden und gewertet. Die wichtigste Pflicht des türkischen oder arabischen Mannes besteht darin, die Ehre seiner Familie zu verteidigen, die untrennbar von seiner eigenen Ehre ist.

Das Konzept der Ehre als Rechtsprinzip der Gesellschaft

„Der Gedanke der Rechtseinheit wird in dem Konzept der Ehre (namus) faßbar gemacht und ausdifferenziert. ,Ehre' bezeichnet die Integrität, die Unantastbarkeit und Unbescholtenheit eines Haushaltes. Sie wird verletzt, wenn ein Außenstehender ein Familienmitglied, besonders aber eine der Frauen angreift oder beleidigt; sie wird aber auch verletzt, wenn sich ein Familienmitglied ,unehrenhaft' (namus-suz) verhält, d.h. als Mann in den Ruf eines ,Feiglings', als Frau in den einer ,Hure' (fahişe, orospu) gerät. In beiden Fällen sind alle anderen Familienmitglieder mitbetroffen; von ihnen wird verlangt, die ,befleckte' (lekelenmiş olan) Familienehre zu ,reinigen' (temizlemek), um nicht ihrerseits dem Verdikt der Ehrlosigkeit zu verfallen. Ehrlos wäre der Mann, der nicht bedingungslos dem Bruder beistehen würde, wenn dieser angegriffen wird; ehrlos aber auch der Mann, der ein ehrloses Verhalten eines Angehörigen hinnehmen würde, der beispielsweise den Ehebruch seiner Frau nicht ahnden, sie nicht verstoßen oder unter Umständen töten würde.
Jedes Familienmitglied ist so für die Ehre des gesamten Haushalts mitverantwortlich – allerdings auf eine seiner Stellung entsprechenden Weise. Die einzelnen Angehörigen verkörpern jeweils einen besonderen Aspekt der kollektiven Familienehre.
Der Haushaltsvorstand, der Vater bzw. in seiner Abwesenheit der älteste Sohn, repräsentiert den Haushalt als Ganzes, er steht für seine Einheit und Geschlossenheit. Er vertritt alle anderen Haushaltsangehörigen im Gemeinwesen; nur er ist wirtschaftlich und politisch rechtsfähig. Die anderen Haushaltsmitglieder werden im politisch-rechtlichen Kontext lediglich als seine Stellvertreter wahrgenommen. Ein Angriff auf irgendein Familienmitglied wird deshalb vor allem als Angriff auf den Familienvorstand gewertet. Man erzählt in Subay von Fällen, in denen Frauen nur in der Absicht geschändet wurden, ihre Ehemänner oder Väter zu treffen. Ebenso ,haftet' ein Haushaltsvorstand für alle Handlungen seiner Angehörigen – sie wurden in dieser Rechtskonstruktion ja nur stellvertretend begangen. Eine Distanzierung, etwa von einem ,mißratenen' Sohn,

wird nicht akzeptiert. Aus dieser Verantwortung wird die Notwen-
digkeit der Autorität der Väter abgeleitet. Sie liegt nicht nur im
wohlverstandenen Eigeninteresse der Haushaltsvorstände selbst,
sondern gilt darüber hinaus im Gemeinwesen insgesamt als Garant
der Rechtssicherheit. Weil die Väter die einzigen sind, die strafen
dürfen (jedes direkte Eingreifen seitens eines Dritten würde sie
als Repräsentanten treffen und deshalb als Angriff auf die Recht-
seinheit insgesamt gewertet werden), sind sie auch diejenigen, die
strafen müssen."

Schiffauer, Die Bauern von Subay, S. 23f.

Während Männer die politische Ehre der Familie bewahren müssen, kommt Frauen in der arabischen und türkischen Gesellschaft eine eher bewahrende, moralische Funktion zu. Die Ehre einer Frau wird in der traditionellen islamischen Gesellschaft mit dem physischen Körper in Verbindung gebracht. Die Unantastbarkeit des Frauenkörpers für Unbefugte steht für die Unberührtheit der Familienehre (dem sozialen Körper). Von einer ehrbaren Frau wird erwartet, dass sie als Jungfrau in die Ehe geht. Wird dieses Prinzip verletzt, kann die Familienehre entweder durch eine Bestrafung der Frau oder durch eine Bestrafung des „Täters" wiederhergestellt werden, wenn nötig auch durch das Vergießen von Blut, was die Körpergebundenheit dieses Ehrkonzepts nochmals zum Ausdruck bringt. Der hier skizzierte Ehrbegriff ist allerdings nicht nur auf den islamischen Kulturkreis beschränkt, sondern wird manchmal auch noch in traditionellen süd- und südosteuropäischen Gesellschaften verfolgt. Nicht immer wird selbstverständlich die Blutrache zur Wiederherstellung der Familienehre eingesetzt; auch die gesellschaftliche Ächtung und Stigmatisierung kann zum Zuge kommen.

Mit der Körpergebundenheit untrennbar verbunden ist die Bedeutung der rituellen „Reinheit" und die Symbolik von „Unreinheit", wobei dies auch häufige Metaphern für soziale Ordnung beziehungsweise Unordnung sind. Vorstellungen der rituellen Reinheit und die Reglementierung des Sexuallebens sind ein Ausdruck für das Bestreben nach einer gesellschaftliche Ordnung, die Bestand hat. Insofern kommt in diesen Regeln auch die Angst vor dem Chaos, die Angst vor dem Unkontrollierbaren, zum Ausdruck. Reinheit bedeutet hier gesellschaftliche Ordnung, während Unreinheit die Auflösung fester Strukturen versinnbildlicht. Offensichtlich kommt Frauen in diesen Denkmodellen eine zentrale Bedeutung zu, weshalb gerade ihre Sexualmoral so wichtig für den Erhalt der Gemeinschaft, neben machtpolitischen Beweggründen, ist.[5]

5   Vgl. hierzu Douglas, Reinheit und Gefährdung.

Rituelle Reinheit und Ehre in der türkischen Gesellschaft

„So heißt es von einer Familie, in der die Beziehungen den Idealen der sozialen Ordnung entsprechen, sie sei ‚sauber‘ (temiz). Besonders wichtig ist die Sauberkeitsmetaphorik für den Gedanken der ‚Ehre‘ (namus): Sie wird ‚befleckt‘ (lekelemek); entsprechend muß sie wieder ‚gereinigt‘ (temizlemek) werden. Besonders relevant ist daher der Gegensatz schmutzig/sauber für die Bewertung von Frauen, die die Familienehre verkörpern. Der Gedanke der Reinheit spielt auch eine große Rolle bei den Gastritualen, die ja ebenfalls bei den verschiedenen Bewirtungen der Hochzeitsgäste ausgeführt werden."

Werner Schiffauer, Die Bauern von Subay, S. 37.

„Die Zuschreibung von ‚Ehre‘ (namus) ist notwendig, um sich im Dorf behaupten zu können. Eine Familie, deren Ehre in Frage gestellt wird, deren Integrität zweifelhaft erscheint, die als zerstritten und schwach gilt, wird im Dorf nicht mehr respektiert werden. Sie wird zunehmend an den Rand des Systems von Tauschen und Teilen rücken und immer häufiger Opfer von Grenzverletzungen oder Provokationen werden. Sie muß sich dann um so energischer wehren – oder eine weitere Statuseinbuße hinnehmen."

Schiffauer, Die Bauern von Subay, S. 46.

Der Ehrbegriff umspannt ein weites Bedeutungsfeld, das von der religiösen Ehrerbietung über ein ethisches Prinzip bis zur gesellschaftspolitischen Strategie des Kräfteausgleichs reicht. Und er ist ein ausgesprochen sozialer Begriff, der stets im Verhältnis zu anderen Menschen oder einem Ideal definiert wird und ohne Prinzipien, seien diese religiöser, politischer oder moralischer Natur, nicht denkbar ist. Gerade deshalb provoziert vielleicht gerade der Ehrbegriff so viel Zündstoff zwischen Menschen, denn hinter dem Begriff der Ehre steht stets eine größere Idee oder ein einflussreiches Kollektiv, mit dem der Einzelne sich identifiziert oder dem er genügen muss. Ehre ist vor allem eine Verpflichtung. Diese Verpflichtung kann ordnungsstiftend sein, sie kann aber auch zerstörend wirken. Sie kann kommunikativ sein oder ausschließend. Sie kann Ausdruck von Achtung und Respekt sein oder zu Missachtung und Respektlosigkeit missbraucht werden.

إحـتـرام

ى

شـرف

تسامح

طاعة

حياء

Claudia Hafner / Handan Kaymak

„Gute Töchter und Söhne" aus Neukölln

Eindrücke von den Ausstellungsführungen für Schulklassen

Ein Projekt ist zu Ende gegangen, bei dem wir als Team für die Ausstellungsführungen viele neue Einsichten gewinnen konnten und das uns – nebenbei bemerkt – sehr viel Spaß gemacht hat. Dieses Team bestand aus vier Personen: Ali Aru, Claudia Hafner, Handan Kaymak, Şenay Kılıç, von denen drei türkischer Herkunft sind.

Wir wollen im Folgenden einen Einblick in das Konzept der Führungen und in unsere Erfahrungen geben, die wir in den rund drei Monaten der Ausstellung sammeln konnten. Das Konzept der Führungen basierte auf der Grundidee, dass wir mit den Erfahrungswerten der Jugendlichen arbeiten wollten. Insofern erscheint der Begriff „Führung" für unser Konzept irreführend (auch wenn wir ihn mangels Alternativen weiterhin gebrauchen). Die Zielgruppe waren vorwiegend Schulklassen der 5.-13. Klassenstufe. Die Ausstellungsführungen wurden in erster Linie von Haupt- und Gesamtschulklassen aus Neukölln besucht. Überwiegend kamen die Eltern der SchülerInnen aus islamisch geprägten Ländern. Die meisten Jugendlichen sind in Berlin geboren und deutsche Staatsbürger. Uns ist aufgefallen, dass in den Klassen wenige Kinder der dritten Zuwanderergeneration vertreten waren. Dies liegt vielleicht daran, dass Eltern, die bereits in Berlin geboren oder aufgewachsen sind, den Bezirk Neukölln meiden, weil sie sich für ihre Kinder ein anderes Wohnumfeld wünschen.

Die Veranstaltung dauerte zumeist rund eineinhalb Stunden und war in fünf Phasen unterteilt, in denen sich Gespräche über Themen und Inhalte der Ausstellung mit verschiedenen Aktionen abwechselten. Allerdings folgten die konkreten Veranstaltungen keinem streng festgelegten Ablaufschema, in dem alle Elemente enthalten sein mussten. Auch wenn die Zeit gereicht hätte (was nie der Fall war), wollten wir nicht ein Programm „durchziehen", sondern mit dem arbeiten, was von den Jugendlichen kam. Deshalb stellten wir an uns selbst in erster Linie den Anspruch, offen und flexibel zu sein, auch wenn das schwierig war und sicherlich nicht immer gelang. Wir wollten den Jugendlichen zeigen, dass diese Ausstellung aus ihrem Alltag in Neukölln erzählt und sie ein Teil dessen sind, mit all ihren Ängsten, Erwartungen und Vorurteilen. Für diesen Zweck war der kulturelle Hintergrund des Führungsteams vorteilhaft, da die überwiegend nichtdeutsche Herkunft der Teammitglieder oftmals der kulturellen Zusammensetzung der Schulklassen entsprach. Dies erleichterte uns den Einstieg in die Vermittlung kulturell bedingter Missverständnisse, da wir von den SchülerInnen als Repräsentanten unterschiedlicher Kulturen wahrgenommen wurden.

In den nachfolgenden Abschnitten stellen wir eine idealtypische Führung durch die Ausstellung vor.

Gespräche über Gute Töchter und Söhne

Die Führungen eröffneten wir mit einer einleitenden Gesprächsrunde, was die jugendlichen BesucherInnen unter einer guten Tochter oder einem guten Sohn verstehen. Damit wollten wir den Jugendlichen von Beginn an vermitteln, dass sie mit ihren Antworten zum Verlauf der Veranstaltung beitragen würden. Zweitens wollten wir mit diesen Gesprächen verdeutlichen, dass man gute Töchter und Söhne nicht wie greifbare Dinge objektiv beschreiben kann, sondern dass es sich dabei um normative Vorstellungen handelt, die wir von Kindesbeinen auf übernehmen und wenig reflektieren. Diesen an sich trivialen Gedanken zu vermitteln war wesentlich anspruchsvoller, als wir dies zunächst vermutet hatten, da die Jugendlichen ihre Vorstellungen von einer guten Tochter oder einem guten Sohn häufig nicht als erworbene soziale Normen, sondern als Selbstverständlichkeit begriffen.

In diesen Gesprächen wurde zunächst deutlich, dass die Mädchen und Jungen sehr genau wissen, was von ihnen erwartet wird. Neben der Mithilfe im Haushalt (Kochen, Aufräumen, Müll wegbringen, auf die Geschwister aufpassen) betonten viele Jugendliche unabhängig von ihrer Herkunft, dass sie insbesondere ihre Eltern mit Respekt zu behandeln hätten und tun sollten, was die Eltern erwarten. Einige Jugendliche nichtdeutscher Herkunft betonten, dass man der Familie keine Schande machen dürfe. Auch bezogen auf die Schule konnten die Jugendlichen die an sie gerichteten Erwartungen sehr genau formulieren. Dabei fielen die Stichworte Mitarbeit, gute Leistungen, gute Noten, Pünktlichkeit und die üblichen „Kopfnoten"-Eigenschaften.

In diesem frühen Stadium der Veranstaltung wurde uns relativ unpersönliches „Normwissen" präsentiert. In den wenigsten Fällen wurden die genannten Regeln kritisiert. Allerdings gaben uns die Jugendlichen zu verstehen, dass sie sich nur bedingt an elterliche oder anderweitige Forderungen halten. Damit war das gewünschte Spannungsfeld eröffnet: Alle wissen genau, was von ihnen verlangt wird, stellen die Forderungen nicht in Frage, halten sich aber nicht unbedingt daran. Daraus ergab sich beinahe selbstverständlich die Frage, an welchen Stellen es tatsächlich kracht und wie die Jugendlichen mit solchen Situationen umgehen. Um solche persönlichen Angelegenheiten mitzuteilen, ist allerdings ein Mindestmaß an Vertrauen notwendig, das einige der Jugendlichen im Verlauf der Veranstaltung aufbauten.

„Ali grüßt nicht"

Im Anschluss an die Gespräche über „Gute Töchter – Gute Söhne" wollten wir anhand eines Beispiels verdeutlichen, wie unterschiedliche kulturelle Regeln des Zusammenlebens zu Fehlinterpretationen von bestimmten Verhaltensweisen führen können. Das Missverständnis zwischen Ali und Ulrike sollte in Form eines Rollenspiels erarbeitet werden. Dieses Vorgehen erschien deshalb besonders geeignet, weil ein großes Podest sich als Bühne geradezu anbot.

Hinter dem Podest illustriert ein großes Plakat die Karl-Marx-Straße, auf der Ali unterwegs ist. Ihm kommen Ulrike (seine Klassenkameradin) und ihre Eltern auf einem gemeinsamen Einkaufsbummel entgegen. Diese Dreiergruppe sieht man von hinten und scheint vom Bildbetrachter weg ins Bild hineinzugehen, während Ali auf den Bildbetrachter zuläuft. Ali grüßt Ulrike nicht, obwohl er sie gesehen hat.

Irritierend an der Bildgestaltung war für viele, dass Ulrike scheinbar ein Kopftuch trägt, eher belustigend fanden die meisten, dass das Grüppchen sich mitten auf einer viel befahrenen Straße befindet. (Viele erkannten die Karl-Marx-Straße und das dortige McDonalds-Lokal.)

Das Rollenspiel brachte nach der vorangegangenen Gesprächssituation wieder Bewegung und Auflockerung in die Gruppe. Die Übernahme einer fremden Rolle bot zudem die Möglichkeit, ohne Integritätsverlust andere Verhaltensweisen kennenzulernen und auszuprobieren. So kam es beispielsweise vor, dass Mädchen Alis Rolle übernahmen, während Ulrikes Rolle durchaus auch mit Jungen besetzt wurde.

Das Rollenspiel wurde meistens freudig angenommen, und es fanden sich mehr oder weniger schnell Freiwillige. Die Erklärungen dafür, warum Ali nicht grüßt, variierten von Gruppe zu Gruppe sehr, immer aber kamen Ulrikes Eltern als Erklärungsmodell schnell mit ins Spiel. In vielen Klassen gab es Schülerinnen und Schüler nichtdeutscher Herkunft, die sofort erkannten, welche Gründe tatsächlich hinter dem Nichtgrüßen stecken, da sie dies aus eigener Erfahrung kannten. Für diese Jugendlichen war Alis Verhalten einfach nachvollziehbar und eigentlich keiner Erklärung bedürftig. Andere Jugendliche kannten das Begrüßungsverbot zwar aus ihren Familien, kritisierten es aber heftig. Wieder andere (überwiegend deutscher und asiatischer Herkunft) fanden gänzlich andere Begründungen; so vermuteten sie häufig, dass Ali in Ulrike verliebt sei und ihn dieses Treffen auf der Straße verunsichere, zumal die Eltern zugegen seien. Auch Ulrike wurde kritisiert, denn sie hätte schließlich selbst grüßen können.

Neben der Interpretation des Verhaltens von Ulrike und Ali entwickelten die Jugendlichen auch Lösungsvorschläge, wie der anschließende Streit zwischen den beiden hätte vermieden werden können: miteinander reden, die eigenen Eindrücke schildern, fragen, ob die eigene Interpretation die richtige gewesen sei.

Gang durch die Ausstellung

Nach dem Rollenspiel wollten wir den Jugendlichen die Möglichkeit geben, die gesamte Ausstellung kennen zu lernen. War die Klasse sehr groß, so teilten wir diese. Bei der Aufteilung der Gruppen erwies es sich als sinnvoll, diese nach Mädchen und Jungen zu trennen, da reine Mädchen- beziehungsweise Jungengruppen konzentrierter arbeiteten und mehr bei der Sache waren. Zudem dominierten die Jungen häufig die Gruppen und hatten weniger Hemmungen mitzumachen, so dass die Mädchen kaum aus ihrer Deckung kommen mussten.

Unsere Aufgabe während dieser Phase bestand darin, die Jugendlichen zu begleiten, für Fragen bereitzustehen, und Einzelnen oder kleineren Gruppen die jeweiligen Exponate näherzubringen. Leider waren die technischen Geräte nicht immer störungsfrei, was (oft genug erfolglos) auch einen Teil unserer Zeit in Anspruch nahm.

Erfreulicherweise hatten die Jugendlichen keinerlei Scheu beim Betrachten und Ausprobieren der verschiedenen Kunstobjekte und Installationen. Sie zeigten sich zumeist sehr interessiert, auch wenn bestimmte Inhalte schwierig zu verstehen waren. Das Leseangebot wurde wenig angenommen. Demgegenüber stießen diejenigen Objekte auf großes Interesse, die einen hohen Wiedererkennungseffekt hatten.

Dies galt vor allem für das Kunstwerk „Superstars". Die Bilderkästen zeigten auf der einen Seite Porträtfotos von Schülern und Schülerinnen aus Neukölln, auf der gegenüber liegenden Seite des Kastens entwickelten diese eine Art Utopie ihrer selbst. Die Jugendlichen kannten einige der abgelichteten Schüler und Schülerinnen von gemeinsamen Aktivitäten oder vom Sehen. Zumeist fanden die Jugendlichen die Aussagen auf den Kästen übertrieben bis schockierend. Insbesondere die Aussage eines der Mädchen, die von sich behauptete, jeden Jungen kriegen zu können und den schönsten Po zu haben, stieß durchweg auf heftige Ablehnung. Ebenso wurden die sehr materialistisch geprägten Wünsche kritisiert, denn Geld sei doch nicht alles im Leben. Bei den Gesprächen zeigten sich die Jugendlichen aber auch beeindruckt von den abgebildeten Jugendlichen, da sehr viel Mut dazu gehöre, die eigenen (auch die geheimen) Wünsche zu formulieren und öffentlich zu machen.

Auch die „Babybändchen" hatten mit steigender Zahl der Führungen einen Wiedererkennungseffekt. So entdeckte eine Schülerin begeistert ein Bändchen, das ihr Bruder wenige Tage zuvor beschrieben hatte. Je mehr Babybändchen beschriftet wurden, desto mehr suchten die Jugendlichen, ob ihnen der oder die jeweilige Schreiberin bekannt sein könnte, oder aber sie suchten Anregungen für ein eigenes Babybändchen. Dabei hielten sie sich selten an die vom Künstler vorgeschlagenen Sätze, die man vervollständigen konnte (z.B. „Manchmal fühle ich mich wie …"), sondern benutzten die Bändchen zumeist zur Angabe ihres Traumberufs oder einfach nur, um ihre Namen aufzuschreiben. Letztlich führten die Babybändchen ähnlich wie die Bilderkästen zu der Frage nach den eigenen Wünschen und nach dem Besonderen des einzelnen Menschen, ungeachtet oder trotz der Normen, die er mit seinem kulturellen Umfeld teilt.

War die Technik uns hold (die Versuche vieler Jugendlicher, ins Internet zu kommen, ließen den Computer regelmäßig abstürzen), so erfreute sich das Computerspiel „Ich will mit" großer Beliebtheit. Ausgesprochen wenige Jugendliche erreichten allerdings die geforderte Punktzahl, um mit der Person ihrer Wahl in Urlaub fahren zu dürfen. Nur wenige Jugendliche hatte eine Idee, warum das Ziel verfehlt wurde: Was innerhalb einer Kultur als höfliche Geste gedacht ist (z.B. beim Abwasch zu helfen), kann in einer anderen Kultur als aufdringliches, penetrantes Verhalten empfunden werden. Allerdings hatten wir oft den Eindruck, dass abwegige Antwortmöglichkeiten auch deshalb gewählt wurden, weil sie sehr witzig waren.

Auf viel Resonanz stieß der Videofilm „Wir liegen dazwischen", in dem fünf Schülerinnen unterschiedlicher Herkunft von sich berichteten. Viele teilten das Gefühl der Entwurzelung, von dem eine der befragten Schülerinnen sprach. Nicht so recht zu wissen, wo man hingehört, in Deutschland als Türkin zu gelten und in der Türkei als Deutsche, war für viele BesucherInnen ein vertrautes Gefühl. Deutlich geäußert wurde der Wunsch, irgendwohin zu gehören. Mit einer Ausnahme richtete sich der Wunsch darauf, in Deutschland beheimatet zu sein, da die Türkei oder andere Herkunftsländer der Eltern den Jugendlichen nur aus Urlaubsaufenthalten bekannt sind.

Ein schwierig zu verstehendes Missverständnis stellte die Installation „Assia kommt zu spät" dar. Schwierig deshalb, weil in diesem Fall Gespräche und daraus resultierendes Verständnis nur bedingt zu einer Lösung beitragen können. Zwei gegenläufige gesellschaftliche Normen schließen ein verträgliches Miteinander aus. Assias familiäre Pflichten stehen den Anforderungen der Schule nach Pünktlichkeit gegenüber. Die Jugendlichen suchten bei dieser Geschichte vehement nach Lösungen: Assia solle früher losgehen, die Eltern sollten selbst das jüngere Geschwisterkind in die Schule bringen, die Eltern sollten andere Arbeitszeiten wählen, die Lehrer müssten bei Assia eine Ausnahme machen, so dass sie etwas später in den Unterricht kommen könne und ähnliches mehr. Das Bemühen, eine Lösung für Assia zu finden, war ausgesprochen groß. Tatsächlich könnte im Einzelfall eine Lösung gefunden werden, gesellschaftliche Realität ist aber auch, dass es Konfliktpotentiale aus widerstreitenden Normen gibt, die keiner „einfachen" Lösung zugänglich sind.

Vereinzelt gaben uns Jugendliche zu verstehen, dass sie sich in einer vergleichbaren Situation befinden. Sie empfanden es als schwierig, dass sie sich mit ihrem Problem allein gelassen fühlten und zudem an ihrer Glaubwürdigkeit gezweifelt wurde (Unpünktlichkeit und entsprechend ausgefeilte Ausreden waren in fast jeder Klasse ein sehr bekanntes Thema). Insofern erschienen gerade für diese Betroffenen Verständnis und Hilfeangebote seitens der Mitschüler als sehr wichtig. Uns erschien diese Erfahrung für die Jugendlichen wichtig, da sie ständig mit unlösbaren Konflikten zu tun haben, trotzdem aber Wege finden müssen, um mit Situationen umzugehen, die schwierig sind und es auf absehbare Zeit bleiben werden.

Der Bilderwald hatte bei vielen Schülerinnen und Schülern den bereits angesprochenen Erkennungswert, sei es, dass die Jugendlichen abgelichtete Familienmitglieder wiedererkannten oder aber eine bestimmte Gegend in Neukölln (Gropiusstadt). Erstaunlich fanden viele, wie viele Familien aus unterschiedlichen Kulturen in Neukölln angesiedelt sind. Ansonsten wurde der Bilderwald ebenso wie die Hörstation mit den Tischgesprächen zwar gerne besucht, führten aber nicht zu weiteren Gesprächen.

Das Begrüßungsspiel

Im „Begrüßungsspiel" ging es darum, dass die Jugendlichen einen Partner (manchmal auch mehrere) finden mussten, der dieselbe Begrüßungsgeste verwendet. Jeder Jugendliche erhielt eine Karte, auf der die jeweilige Begrüßungsgeste beschrieben war. Sie hatten die Auflage, den Partner nur über das Ausprobieren ihrer Geste zu finden, und durften dabei weder reden noch sich gegenseitig die Karten zeigen. Das Spiel sollte der Gruppe die Möglichkeit geben, sich nach der vorangegangenen Gesprächsphase wieder bewegen zu können. Über das Erleben „fremder" Verhaltensweisen konnten sie eigene Reaktionsmuster auf Fremdes oder Ungewohntes erkennen lernen.

Das Spiel erwies sich zumeist als ausgesprochen auflockernd. Die verschiedenen Begrüßungsformen kamen ganz unterschiedlich an. Die Reaktionen reichten von strikter Weigerung mitzumachen bis zu großartigen schauspielerischen Inszenierungen. Vor allem die Begrüßungsformen, die nahen körperlichen Kontakt verlangten, wurden sehr unterschiedlich aufgenommen. Einige Jugendliche fanden es sehr unangenehm, anderen so nahe kommen zu müssen, besonders beim Kontakt zwischen Jungen und Mädchen. Hier konnten die Jugendlichen unmittelbar feststellen, wo eigene körperliche Grenzen liegen, die andere nicht überschreiten sollten. Andere Jugendliche hatten mit körperlicher Nähe überhaupt keine Probleme und zeigten uns ihre eigenen, zum Teil sehr raffinierten Begrüßungsrituale, was sehr viel Spaß machte.

Gespräche über Scham, Respekt, Toleranz, Ehre und Gehorsam

Den Abschluss der Führungen bildeten Gruppenarbeiten zu ausgesuchten normativen Werten. Jede Kleingruppe bekam den Auftrag, sich mit einem der Begriffe Scham, Respekt, Toleranz, Ehre und Gehorsam zu beschäftigen und die Ergebnisse später vor der großen Gruppe darzustellen. Als Einstieg für diese Gruppenarbeit verteilten wir an jede Gruppe Aufgabenkarten mit kurzen, prägnanten Sätzen und Zitaten. Weiteres Textmaterial zu den einzelnen Begriffen befand sich in den fünf Wissensboxen („Wissen auf Rädern"), die wir aus Zeitgründen allerdings nur selten einbeziehen konnten. Für die Präsentation in der Gesamtgruppe sollten die Jugendlichen darstellen, was der jeweilige Wertbegriff für sie persönlich bedeutet und welche konkreten Inhalte sie damit verbinden.

Bei der Präsentation durch die Kleingruppen entstanden im Plenum einige sehr spannende Diskussionen, bei denen vielfach die Gespräche aus den vorangegangenen Stationen der Führung aufgegriffen und fortgeführt wurden. Häufig diskutierten die Jugendlichen sehr kontrovers über die Inhalte der einzelnen Wertkategorien. Damit wurde offensichtlich, dass die bestehenden normativen Erwartungen an Jugendliche in Abhängigkeit vom jeweiligen kulturellen und sozialen Hintergrund durchaus unterschiedlich sein können. Gerade junge Frauen wiesen auf die Ungleichbehandlung hin, dass sie bestimmte Normen erfüllen sollen, die bei Jungen keine Rolle spielen. So wurde in den Gesprächen beispielsweise nachgefragt, wieso Mädchen, die sich anfassen lassen, keinen Respekt verdienten, wohl aber der Junge, der dies tut. Oder warum dicke Frauen sich schämen sollten, wenn sie Hot Pants tragen, bei Jungen aber eine solche Schamschwelle nicht zu existieren scheint.

Zur Lösung von kulturell bedingten Normkonflikten (z.B. „Ali grüßt nicht", siehe oben) wurde häufig der Vorschlag gemacht, dass sich die „Ausländer" doch bemühen müssten, sich besser zu integrieren, was auch bedeute, die Regeln zu übernehmen, die hierzulande herrschen. Es schien auf wenig Verständnis zu stoßen, dass Integration eine langwierige und anstrengende Angelegenheit ist. Bei dieser Diskussion war es sehr hilfreich, auf Erfahrungen mit dem geteilten Ost- und Westdeutschland hinzuweisen, wo Konflikte und Vorbehalte auch 14 Jahre nach der Wiedervereinigung fortbestehen, obwohl dies Menschen betrifft, die nicht aus unterschiedlichen, Jahrtausende alten Kulturkreisen kommen, sondern lediglich 40 Jahre in unterschiedlichen politischen Systemen gelebt haben.

Besonders intensiv waren die Gespräche über Situationen, in denen normative Erwartungen mit persönlichen Bedürfnissen kollidieren, oder über die Unvereinbarkeit von verschiedenen kulturellen Normen.

Einen solchen Themenkreis bildete immer wieder die Frage, ob ein Mädchen vor der Ehe einen Freund beziehungsweise sexuellen Kontakt mit Männern haben dürfe. Einige muslimische Jungen vertraten in dieser Diskussion sehr traditionelle Positionen. Dabei spielte die Familienehre eine wichtige Funktion, die nicht befleckt werden dürfe. Wenn doch, dann sei es ihre Aufgabe, diese

Familienehre wiederherzustellen. An sich aber sei es Aufgabe der Mädchen, ihre Scham zu bewahren, wobei unter Scham eine Form von Anständigkeit verstanden wurde, die von der äußeren Erscheinung bis hin zur sexuellen Unantastbarkeit vor der Ehe reicht. Gehorsam und Respekt gegenüber den Regeln der Familie bedeute für die Mädchen auch, dass sie in eine frühe Verheiratung einwilligten, wobei der Bräutigam von den Eltern ausgesucht werde.

Besonders auffällig war bei dieser Diskussion die Vielfalt im Umgang mit normativen Erwartungen. Bei den muslimischen Mädchen stießen diese Aussagen auf unterschiedliche Reaktionen. Einige akzeptierten die Forderungen als gegeben, auch wenn sie es sich anders wünschten. Andere Mädchen betonten, dass sie die Regeln zwar kennen, sich aber nicht daran hielten. Sie waren entweder ausdrücklich nicht bereit, den Forderungen ihrer Familien zu entsprechen, oder suchten heimlich nach einem Weg, um diese zu umgehen. Wieder andere Mädchen erklärten, dass in ihren Familien solche Regeln längst keine Rolle mehr spielten.

Besonders auffällig war bei diesen Diskussionen die Vielfalt im Umgang mit normativen Erwartungen. Daher ist es ausgeschlossen, allein aus dem Wissen um die Existenz einer Norm, hier also das Verbot des vorehelichen Sexualkontakts für muslimische Mädchen, darauf zu schließen, wie sich die Betroffene persönlich zu dieser Norm verhält. Das Wissen um kulturell bedingte Normen kann bei Missverständnissen zwischen den Kulturen also allenfalls ein möglicher Erklärungsansatz sein.

Resümee

Was hat die Ausstellung gebracht? Zunächst einmal fanden wir besonders wichtig, dass die Jugendlichen eine Ausstellung besuchen konnten, die zum Mitmachen und Mitdenken einlud. Wir bekamen häufig die Rückmeldung, dass Kunst und Kultur in dieser Form gar nicht so „megaout" seien, wie die anfänglich geäußerten Vorbehalte gegen die Ausstellung meinen ließen. Eine wichtige Rolle spielte dabei der hohe Identifikationswert der Ausstellung für die Jugendlichen, für den nicht nur der Bezug vieler Exponate auf Neukölln verantwortlich war, sondern auch, dass die Jugendlichen sich mit (einzelnen) ihrer Probleme in der Ausstellung wiederfanden und ernst genommen fühlten.

Aus den Gesprächen über die Inhalte der Ausstellung und eigenes Erleben können wir als Fazit ziehen, dass in jeder Gruppe (unterschiedlich viele) Jugendliche die Ausstellung mit einem „Aha-Erlebnis" verließen. Sie lernten sich selbst und ihre MitschülerInnen auch in unterschiedlichen kulturellen Schattierungen etwas genauer kennen. Manche werden in Zukunft zur Erklärung von Konflikten und Missverständnissen nicht nur die gängigen Erklärungsmuster und Vorurteile heranziehen, sondern einen zweiten Blick auf das Problem werfen, wenn es um Normen und kulturelle Unterschiede, aber auch um Eigenheit und Identität geht.

Und schließlich hatten wir den Eindruck, dass die Führung trotz der beliebten Frage „Sind wir jetzt endlich fertig?" vielen der Jugendlichen Spaß machte. Für uns, das Team für die Ausstellungsführungen, waren die Führungen eine echte Bereicherung, da wir es oft mit sehr netten Schulklassen zu tun hatten, deren Lebendigkeit und Offenheit es zuließ, innerhalb einer so kurzen Veranstaltung vieles zu erarbeiten. Besonders ergiebig waren dabei Veranstaltungen mit Schulklassen, die bereits im Unterricht thematisch vorbereitet worden waren. So erlebten wir die Lehrer und Lehrerinnen häufig als sehr engagierte Personen, denen viel an ihren Schülerinnen und Schülern liegt, ungeachtet der vielfältigen Probleme und Konfliktlagen beim Unterricht an den Neuköllner Haupt- und Gesamtschulen.

Paul Räther

Erziehungsideale in den Weltreligionen

Im Begleitprogramm der Ausstellung „Gute Töchter – Gute Söhne" fand eine Vortragsreihe über das Thema aus der Perspektive der vier Weltreligionen Judentum, Buddhismus, Christentum und Islam statt, die von der Werkstatt der Kulturen organisiert wurde. Der Schwerpunkt dieser Vorträge lag auf den Aussagen der kanonischen Texte in diesen Religionen und weniger auf der alltäglichen Erziehungspraxis in religiös orientierten Familien. Ideale waren also eher gefragt als die konkrete Umsetzungspraxis. Die Referenten waren:

- Jael Botsch-Fitterling, Mitglied des Vorstandes der Jüdischen Gemeinde Berlin und Jüdische Vorsitzende der Gesellschaft für Jüdisch-Christliche Zusammenarbeit, Berlin;
- Renate Noack, Lehrerin für buddhistischen Religionsunterricht an Berliner Schulen;
- Dr. Emel Topcu, Mitarbeiterin von „Aktion Courage – Schule ohne Rassismus" und freie Mitarbeiterin am Bildungswerk Berlin der Heinrich-Böll-Stiftung;
- Dr. Helmut Ruppel, Studienleiter am Pädagogisch-Theologischen Institut Berlin des Bildungswerkes der Evangelischen Kirche Berlin-Brandenburg-Schlesische Oberlausitz.

Im Folgenden sollen die Vorträge resümiert und ein Rückblick auf die Resonanz an diesen Abenden gegeben werden.

Judentum

„Ehre deinen Vater und deine Mutter, damit fortlaufen deine Tage auf dem Erdacker, den ER, dein Gott, dir gibt."
Exodus 20, 12

In der hebräischen Sprache bezieht sich das Wort „Kind" nicht nur auf die leiblichen Eltern, sondern ebenso auf die Zugehörigkeit zum Volk und zur Religion und auf die geistige Verwandtschaft zu dem das eigene spirituelle Leben prägenden Rabbiner. Dieser vielfältige Bezug ist immer zu beachten, wenn von Pflichten oder Rechten von Kindern gesprochen wird – es sind also nicht nur die Eltern zu ehren, sondern auch das eigene Volk, die jüdische Religion, die geistigen Lehrer.

Das oben zitierte fünfte (nach christlicher Zählung vierte) Gebot ist die einzige Stelle der Thora, die explizit auf Pflichten von Kindern Bezug nimmt. Das Wort „ehren" in diesem Gebot wird in der jüdischen Überlieferung in zwei Richtungen interpretiert: einerseits bedeutet es, dass man seinen Eltern (und alten Menschen allgemein) rein körperlich ein würdiges Leben ermöglichen soll, indem man sie mit Kleidung und Nahrung versorgt und für ihre Hygiene Sorge trägt. Andererseits wird es im Sinne von „Ehrfurcht und Achtung entgegenbringen" verwendet: Man soll sie nicht blamieren, ihnen nicht widersprechen und sie nicht von ihrem Platz verdrängen.

Neben dieser Achtung vor den Alten ist besonders die Fortführung der Tradition durch die Kinder von großer Bedeutung. Tradition meint hier nicht nur die „große Tradition" des Judentums, sondern ebenso die Familientradition, die sich in Sitten und Bräuchen oder auch in Erziehungsmethoden erkennen lässt. Darüber hinaus wird von den Kindern Achtung vor anderen Menschen und vor der Schöpfung verlangt, auch Wohltätigkeit (Kranken- und Armenfürsorge, Spenden für religiöse Aktivitäten) und Sparsamkeit im Umgang mit den Ressourcen.

Gegenüber dem Sohn werden fünf Pflichten eines Vaters aufgeführt:

- den Sohn beschneiden zu lassen
- ihn, wenn er der Erstgeborene ist, zu lösen
- ihn in der Thora zu unterrichten
- ihn ein Gewerbe zu lehren
- ihn zu verheiraten.

Die wichtige Bedeutung der Eltern wird in dem großen Tischgebet deutlich, das vor jeder feierlichen Mahlzeit (also circa 60- bis 70-mal im Jahr) rezitiert wird und in dem neben der Ehrung der Alten und der Verstorbenen der Dank an die Eltern einen zentralen Stellenwert hat.

Ziemlich zu Beginn der langen Erzählnacht am Pessachfest werden vier Typen von Söhnen (sprich: Kindern) charakterisiert, die angesichts der Erzählungen von der Flucht der Juden aus Ägypten unterschiedliche Fragen stellen:

- Der Intelligente fragt: „Warum machen wir das?"
- Der Böswillige fragt: „Was tut ihr denn da?"
- Der Einfältige fragt: „Was soll denn das Ganze heute abend?"
- Dem, der nicht zu fragen weiß, muss man von sich aus alles erklären.

Die Erwartungen an Jungen und Mädchen sind recht unterschiedlich – traditionelle jüdische Erziehung vermittelt ein recht festes Bild von geschlechtsspezifischen Rollen. Töchter sollen lernen, die „kleine Umwelt" des häuslichen Lebens zu gestalten, in der alle Traditionen zum Heranziehen guter Kinder in Harmonie (in ethischer und seelischer Hinsicht) ermöglicht werden. Jungen sollen Weisheit erwerben, Dinge und Menschen der äußeren Welt hineinbringen und die Kinder auf diese äußere Welt vorbereiten. Dabei ist auch Härte nicht verpönt. Ein traditioneller Spruch lautet: „Wer seinen Stock schont bei seinem Sohn, der hasst seinen Sohn."

Buddhismus

„So sollt ihr auf euch selbst achten, dann achtet ihr zugleich auf die anderen, weil sie eurem guten Beispiel folgen. Indem ihr aber durch Milde, durch Schonung, durch freundliche Gesinnung, durch Mitgefühl auf die anderen achtet, achtet ihr zugleich auf euch selbst."

Samyuttanikâya 47, 19

Buddhistische Erziehungsvorstellungen bauen vor allem auf der Vorbildwirkung elterlichen Verhaltens auf. Eine buddhistische Kindererziehung sollte somit bei den Erwachsenen beginnen. In unserer Zeit sind Erfahrungswerte jedoch schnell überholt, so dass alle Erziehungsbemühungen als unvollkommen angesehen werden, zumal die Erwachsenen selbst unsicher sind (so Walter Karwath in einem Aufsatz von 1981). Wesentlich ist, die Individualität des Kindes, die von der karmischen Vorprägung des Individuums und den elterlichen Genen bestimmt wird, und die Umwelt, in die es geboren wird, zu berücksichtigen. Eine buddhistische Erziehung will in erster Linie lehren, das Leben hier und jetzt zu verstehen und zu bewältigen, ist also zutiefst realistisch, um dann erst Wege darüber hinaus zu zeigen. Erst eine entwickelte Persönlichkeit kann Fortschritte auch in spirtueller Hinsicht machen. Der Einzelne sollte die Mitte zwischen Außen- und Innenorientierung finden, zwischen Anpassung an die äußere Welt und innerer Einsicht in das bedingte Entstehen aller Phänomene. Das eigene Verhalten wird dabei nach dem Grundsatz geprüft, ob es einem selbst und anderen schadet.

Als Qualitäten guter Kinder werden Eigenschaften wie Geduld, Ausdauer, Fleiß, Neidlosigkeit, Güte, Mitgefühl, Gleichmut, Höflichkeit, Vermeidung von Aggressivität, Selbstsicherheit, Zivilcourage, Realitätsbezug, wache Aufmerksamkeit, soziales Verhalten und Bereitschaft zum Lernen genannt.

Moral unterliegt ganz wesentlich den Bedingungen von Zeit und Ort – für jegliche moralische Vorschrift gilt, dass sie konventionelle Gültigkeit haben muss. Dies erläutert der Buddha im Sigâlovâdasutta, wo die „rechte Lebenspraxis" für Laienanhänger ausführlich dargestellt wird. Grundsätzlich spricht der Buddha von den „vier Verderbtheiten", die es zu meiden gilt und die in den „Geistesgiften" Gier, Hass, Dummheit und Angst wurzeln:

- Lebendiges zu töten,
- nicht Gegebenes zu nehmen,
- falsche sexuelle Beziehungen zu pflegen,
- zu lügen.

Der Buddha verurteilt weiterhin jede Art von Ausschweifung und Faulheit und geht sehr ausführlich auf die Unterscheidung von wahren und falschen Freunden ein.

Selbst in dieser grundlegenden, einfachen Liste zeigt sich, dass der gesellschaftliche Konsens bezüglich Fehlverhaltens (z.B. in sexueller Hinsicht) diese

Liste zu verschiedenen Zeiten durchaus anders interpretieren lässt, aber die Grenze liegt stets da, wo der Einzelne sich selbst oder andere schädigt.

Wichtig ist, dass den Forderungen an das Verhalten von Kindern immer entsprechende Pflichten der Eltern gegenübergestellt werden. So wird das erwartete Verhalten zwischen Eltern und Kindern (explizit sind hier nur Eltern und Sohn angesprochen) wie folgt beschrieben:

Auf fünf Arten soll der Sohn den Eltern entgegenkommen:
- sie haben mich erhalten, nun werde ich sie erhalten,
- ihre Arbeit werde ich ihnen abnehmen,
- der häuslichen Überlieferung werde ich treu bleiben
  (= eingespielte Regeln für das Zusammenleben in der Familie),
- ihr Erbe werde ich fortführen,
- ich werde bei ihrem Tode die Totenopfer darbringen.

Auf fünf Arten sollen die Eltern dem Sohn entgegenkommen:
- vor Schlechtem halten sie ihn zurück,
- zum Guten lenken sie ihn hin,
- sie lassen ihn zu einem Beruf ausbilden,
- sie bringen ihn mit einer geeigneten Frau zusammen
  (Zuneigung vorausgesetzt),
- sie lassen ihm beizeiten das Erbe zukommen.

Sigâlovâdasutta, Dîghanikâya 31 (Übersetzung nach Schäfer: Der Buddha sprach nicht nur für Mönche und Nonnen)

Genauso haben Auszubildende und Lehrmeister/innen, Lebenspartner, Freunde/Freundinnen, Chefs und Untergebene sowie spirituelle Lehrer/innen und Schüler/innen wechselseitige Aspekte zu beachten, wenn sie eine gute Beziehung pflegen möchten.

In den kanonischen Texten wird – der Zeit entsprechend – fast nur von Söhnen gesprochen, doch ist nach heutigem buddhistischen Verständnis das Wort „Sohn" einfach durch „Tochter" oder „Kind" ersetzbar. Der Buddha hob jedoch des Öfteren die Vorzüge von Frauen hervor, wenn er merkte, dass sie gering geschätzt wurden, und ließ letztendlich die Gründung von Nonnenorden zu, was den Frauen seiner Zeit erlaubte, die für sie vorgesehenen Rollen zu durchbrechen.

Christentum

„Ihr Kinder, gehorcht euren Eltern in allem, denn dies ist wohlgefällig im Herrn. Ihr Väter, reizt eure Kinder nicht, damit sie nicht mutlos werden."
Kolosser 3, 20-21

In der christlichen Erziehungstradition steht neben dem (einseitigen) alttestamentarischen Gebot der Elternliebe auch eine Verantwortung der Eltern.

Vor allem diese betonte der Vortragende, der sich zur erzählenden, undogmatischen, unprinzipiellen Pädagogik Janusz Korczaks und Hartmut von Hentigs bekannte.

Eine religiöse Erziehung dieser Prägung soll das Kind verstehen lehren, was gerecht ist. Durch die Nachahmung von Vorbildern soll es zwischen Recht und Unrecht zu unterscheiden lernen. Erziehung sollte die Intuition des Kindes schärfen und es analysieren und abwägen lehren. Von diesen Schritten herkommend (nicht aber anders herum) sollen dem Kind Lieder, Bilder und biblische Erzählungen nahe gebracht werden.

Kinder lernen Religion nicht primär als ein Dogma, sondern erfahren sie in Verbindung mit rhythmisch wiederkehrenden Zeiten, mit bestimmten Orten und Ritualen. Kinder brauchen geordnete Welten – die äußere Ordnung in Raum und Zeit ermöglicht Kindern eine innerliche Vergewisserung. Zwei Empfehlungen an Eltern sind besonders hervorzuheben:

- Baut den Kindern aus Orten, Zeichen und Gesten eine bezeichnete Welt!
- Erzählt ihnen Geschichten!

Als die wichtigsten christlichen Erziehungsideale wurden benannt:

- Eine Erziehung zur Aufmerksamkeit – nicht zu verwechseln mit einer Gehorsamserziehung: Kinder sollten zum Hinhören, nicht zur Unmündigkeit angehalten werden. (Dazu ein Zitat von Simone Weil: „Aufmerksamkeit ist die wahre Form der Gottesliebe.")
- Kinder sollen im Dialog die Gelegenheit erhalten, ihre Gefühle zu versprachlichen. Aufmerksamkeit ist die Grundlage eines solchen Dialogs.
- Kinder sollen zu einer widerstandsfähigen Hoffnung hin erzogen werden („der Kleine kann den Großen besiegen").

Der Referent wandte sich gegen die vielfache Beschwörung christlicher (oder anderer) Werte. Werte einfach zu behaupten sei autoritär-diktatorisches Verhalten. Vielmehr seien Werte eher als Spielregeln zu sehen, über die man streiten und sich verständigen müsse.

Islam

„Das beste Erbe, das Eltern hinterlassen, ist eine gute Bildung und Erziehung."
(Mohammed)

Im Unterschied zum christlichen Konzept der Erbsünde gehen Muslime davon aus, dass jedes Kind unschuldig und mit einem grundsätzlich guten Charakter zur Welt kommt – als Muslim, wobei „Muslim" hier nicht den Angehörigen einer bestimmten Religion bezeichnet, sondern den guten Menschen schlechthin. Diesen von Grund auf guten Charakter des Kindes zu erhalten und zu stärken ist das höchste Ziel muslimischer Erziehung: „Ich wurde gesandt, um den guten Charakter zu vervollkommnen" (Mohammed).

Direkt nach der Geburt flüstert ein anwesender Verwandter dem Neugeborenen das islamische Glaubensbekenntnis ins rechte Ohr: „Es gibt keinen Gott außer Allah und Mohammed ist sein Prophet." Damit beginnt die religiöse Erziehung, die allerdings erst im Alter von sieben Jahren richtig ansetzt.

Gemäß dem muslimischen Menschenbild gliedert sich das Erwachsenwerden eines Kindes in drei je siebenjährige Phasen. Während der ersten sieben Lebensjahre sind Kinder vor allem frei. Die Vorbildfunktion der Eltern und die Nachahmung des elterlichen Verhaltens durch das Kind stehen im Mittelpunkt. Zentral für diese Lebensphase ist die elterliche Liebe, die dem Kind entgegengebracht wird.

In den folgenden sieben Jahren sollen die Kinder allmählich an die Glaubensinhalte herangeführt werden: den Glauben an den allmächtigen Gott, an die Engel, an die Bücher Gottes (Altes und Neues Testament, Koran), an die Propheten und Gesandten, an das jüngste Gericht und an die Bestimmung. Während dieser Phase sollen ihnen die Gebete nahe gebracht werden, sie werden mit den verschiedenen rituellen Handlungen vertraut gemacht, die sie allmählich selber auszuüben lernen. So beginnen Kinder in dieser Phase ihres Lebens schrittweise mit dem Fasten im Ramadan, das einen wichtigen Schritt zur Selbstdisziplinierung bedeutet.

Mit dem Ende der Pubertät beginnt die dritte Phase des Erwachsenwerdens, in der das Kind voll für die Erfüllung der eigenen religiösen Pflichten (nicht aber anderer gesellschaftlicher Pflichten) verantwortlich ist.

Generell sollten Erziehungsinhalte nicht auf die bloße Vermittlung von Traditionen beschränkt sein, sondern sich an den konkreten Bedürfnissen der Zeit orientieren: „Erziehet die Kinder für die Zeit, in der sie leben, und nicht für die Zeit, in der ihr lebt", lautet eine Weisung des 4. Kalifen Ali.

Prinzipiell wird zwischen Töchtern und Söhnen nicht unterschieden. Die großen Unterschiede in den Geschlechterrollen und im geforderten Verhalten nannte die Referentin als nicht islamisch, diese seien vielmehr den verschiedenen regionalen Traditionen zuzurechnen. Sie führte dazu ein von Mohammed überliefertes Zitat an: „In Bescherung und Zuwendung behandelt eure Kinder gleich. Wenn ich eines bevorzugt hätte, dann hätte ich die Töchter bevorzugt."

Der Begriff der Ehre, der immer wieder auftaucht, wenn es Probleme mit (und zwischen) muslimischen Kindern in Deutschland gibt, bezieht sich in der religiösen Perspektive allein auf die Beziehung zwischen einer Person und Gott. Entsprechend gibt es im Islam keinen geschlechts- oder altersspezifischen Ehrbegriff. Allerdings ist die Ansicht weit verbreitet, dass die Ehre junger Menschen gefährdeter sei als die der Alten und deshalb besonderer Kontrolle bedürfe. Verantwortlich für die Ehre der Kinder sind einzig die Eltern, nicht aber Geschwister; wo diese Verantwortung für das Verhalten ihrer Geschwister übernähmen, sei dies allein traditionellen Überlieferungen geschuldet. Häufig werde der Ehrbegriff auf Sexualität reduziert. Außerehelichen Geschlechtsverkehr verbietet der Koran beiden Geschlechtern gleichermaßen. Bei Mädchen ist dieser allerdings leichter nachweisbar und im Falle einer Schwangerschaft wesentlich folgenschwerer, weshalb die Sexualmoral von Mädchen meist wesentlich genaueren Kontrollen unterworfen wird als die der Jungen.

Wohlwollendes Interesse versus Fundamentalkritik

Allen vier Vorträgen schlossen sich lebhafte, ausgiebige Diskussionen an, in denen immer wieder Fragen nach der Umsetzung der von den religiösen Systemen geforderten Erziehungsziele und -maximen gestellt wurden. Bemerkenswert und gewissermaßen typisch für den aktuellen deutschen Religionsdiskurs war die Tatsache, dass einzig im Falle des Islam die nicht zu leugnenden Diskrepanzen zwischen den idealen Forderungen der kanonischen Texte und der Realität von Erziehung heute immer wieder hervorgehoben und dem Islam als Religion angelastet wurden. Dagegen akzeptierte das Publikum bei den anderen drei Religionen als selbstverständlich, dass Theorie und Praxis sich nicht immer entsprechen und dass es nicht Verschulden der Religion ist, wenn ihre Anhänger sie nicht angemessen praktizieren, auch wenn sie sich als Gläubige betrachten.

Deutlich wurde dies beim Thema der Unterdrückung von Mädchen und Frauen in muslimischen Familien, das in der Diskussion extensiv aufgerollt wurde, während die sehr prononcierten Aussagen zu religiös begründeten unterschiedlichen Geschlechterrollen im Judentum im Auditorium keinerlei Kontroverse verursachten. In ähnlicher Weise wurde häusliche Gewalt ausschließlich im Bezug auf den Islam thematisiert.

Ein positiver Aspekt des aktuellen deutschen Islamdiskurses jedoch ist, dass erstmals ein großes öffentliches Interesse an Informationen über eine andere Religion besteht. Dies zeigte sich auch in dieser kleinen Vortragsreihe: Der Vortrag über den Islam interessierte mehr Besucher als die anderen drei Vorträge zusammen. Für die hier lebenden Muslime könnte die andauernde kritische Betrachtung ihrer Religion zu einer intensiven Beschäftigung mit ihren religiösen Traditionen führen. Eine selbstkritische Analyse könnte durchaus von Vorteil bei der Übertragung traditioneller Lehren in moderne Zeiten sein. Aber dazu ist es notwendig, dass Kritik von außen einen wohlwollenden Unterton hat und sich nicht als Fundamentalkritik äußert, denn diese würde nur ein Zusammenrücken in der Orthodoxie und eine Lagermentalität auf Seiten der Muslime fördern.

as Wollen
asst
schtendig
iehen
Was wollen die von mir
Ok warte ich mach es morgen ich bin müde
ja ich habe keine Lust ... ich mach es später
Warum soll ich das machen warum nicht er oder sie
die sollen das selbst machen
a
St

Jutta Aumüller

„Söhne und Töchter sollten ihre Eltern respektieren…"

Gute Söhne und Töchter in den Augen Neuköllner Schüler und ihrer Eltern

Was ist eine gute Tochter, was ein guter Sohn? In mehrtägigen Workshops wollten wir dieses Thema mit Schülerinnen und Schülern der 8. Klassen an drei Neuköllner Schulen klären. In Rollenspielen dachten sich die Schülerinnen und Schüler fiktive Familiensituationen aus, die sich zumeist um typische Konflikte drehten: eine schlechte Zensur, zu spät nach Hause gekommen, der Umgang mit Gleichaltrigen, die den Eltern nicht gefallen. In Bildcollagen formten die Jugendlichen Idealbilder von guten beziehungsweise schlechten Töchtern und Söhnen. Schließlich sollten die Jugendlichen in einer Hausaufgabe einen Aufsatz zum Thema „Gute Töchter – Gute Söhne" verfassen.

Auch die Eltern wurden gebeten, ihre Meinungen zu guten Töchtern und Söhnen zu äußern. Eltern ohne ausreichende Deutschkenntnisse stand es frei, in ihrer Muttersprache zu schreiben. Oftmals diktierten Eltern ihren Kindern einen Text, den diese in die deutsche Schriftsprache brachten. Schrieben Eltern in ihrer Herkunftssprache, so ließen wir die Texte ins Deutsche übersetzen.

Die Texte der Schülerinnen und Schüler spiegeln stark die normativen Erwartungen wider, denen sie sich von den Erwachsenen ausgesetzt fühlen. Respektvoll sein, hilfsbereit sein, Gehorsam sind Attribute einer guten Tochter/eines guten Sohnes, die die Jugendlichen unabhängig von der kulturellen Herkunft immer wieder formulieren. Trotzdem schlagen sich auch immer wieder die unterschiedlichen kulturellen Hintergründe in den Schüleraufsätzen nieder: Dazu gehören etwa Erwartungen, die aus der religiösen Zugehörigkeit resultieren, oder unterschiedliche Erwartungen an die beiden Geschlechter. Liest man die Schüleraufsätze, so fällt auf, dass die Schülerinnen und Schüler, gleich welcher Herkunft, sich viel stärker mit unterschiedlichen Rollenerwartungen an Mädchen und Jungen beschäftigen, als dies ihre Eltern tun. Bei den Eltern sticht dagegen der eher geschlechtsneutrale Umgang mit dem Thema „Kind" ins Auge – dies gilt überwiegend auch für die Antworten von Eltern türkischer und anderer ausländischer Herkunft. Man kann sich beim Lesen häufig des Eindrucks nicht erwehren, dass die Schüler in ihren Aufsätzen vorwegnehmen, was an Erwartungen an sie gestellt werden könnte. Wie sie sich tatsächlich als Söhne und Töchter verhalten, steht möglicherweise auf einem anderen Blatt.

Die Antworten der Eltern sind in mehrerer Hinsicht interessant. Zum einen tritt der Aspekt der Persönlichkeitsentfaltung häufig vor den des kindlichen Gehorsams. Den meisten Eltern, die sich an der Befragung beteiligt haben, erschien es wichtiger, dass ihre Kinder das menschlich richtige Verhalten erlernen, und weniger, dass diese „parieren" und lenkbar sind. Interessant sind auch Antworten, aus denen hervorgeht, wie sich das hierarchische Gefälle zwischen den Generationen verändert hat: Wenn sich die Mutter von ihrem Mann trennt und eine neue Beziehung eingeht, müsse die Tochter verständnisvoll für sie da sein, schreibt eine Schülerin. Die Erwachsenen wiederum erwarten von den Kindern Kommunikationsfähigkeit, die Fähigkeit, einen eigenen Standpunkt zu vertreten, Offenheit – kurzum Fähigkeiten des aktiven Handelns, die zeigen, wie stark sich aus der Sicht der Erwachsenen die Distanz zwischen den Generationen verringert hat. Dabei mag es überraschen, dass auch Eltern türkischer Herkunft offensichtlich schrittweise solche Ideale als Erziehungsziele übernehmen. Daneben aber spiegelt sich in den Antworten die Vielfalt der kulturellen und sozialen Hintergründe in den Neuköllner Familien wider.

Die folgende Auswahl von Schüler- und Elterntexten ist nicht streng repräsentativ, sondern wurde getroffen, um die Vielfalt des Meinungsspektrums und der vertretenen Herkunftsnationalitäten wiederzugeben. Nicht verschwiegen werden soll, dass der Rücklauf an Antworten bei den Eltern von Gymnasiasten weitaus höher war als an der Haupt- und Realschule. Auch bei den Schülerinnen und Schülern gibt es große Differenzen zwischen den Schultypen, was die sprachliche Ausdrucksfähigkeit betrifft. Wir aber möchten nicht werten und gewichten, sondern die Texte für sich sprechen lassen.

Eine Auswahl aus den Schüleraufsätzen

In einer Hausaufgabe wurden die Schülerinnen und Schüler aufgefordert, einen Aufsatz zu einem der folgenden Themen zu verfassen: „Wie ist eine gute Tochter und wie ist ein guter Sohn?", „Eine wahre Geschichte über eine schlechte Tochter/einen schlechten Sohn" und „Bin ich ein guter Sohn? Bin ich eine gute Tochter?"

„Also ein guter Sohn bzw. eine gute Tochter sollte viel Respekt gegenüber den Eltern haben, z.B. die Kinder sollten nicht frech sein und sollten das tun, was die Eltern sagen. Und ein Kind, das schon alt genug ist, sollte auch selbständig sein, z.B. sollte es die Hausaufgaben machen, sein/ihr Zimmer aufräumen und putzen, oder auch den Müll wegbringen, kochen, die Spülmaschine ausräumen usw. Aber ein guter Sohn/eine gute Tochter sollte den Eltern auch gut zuhören und wenn die Eltern mal etwas sagen, sollte man es gleich tun und nicht auf später verschieben. Ein guter Sohn/eine gute Tochter sollte die anderen Kinder/Leute nicht hänseln, nicht klauen, sollte sich nicht mit anderen Kindern schlagen und aber auch für den Frieden und nicht für den Krieg sein."

Junge

Herkunftssprache des Vaters: Türkisch (Kurdisch)
Herkunftssprache der Mutter: Türkisch (Kurdisch)

„Eine gute Tochter sollte Ehre über die Familie bringen. Das heißt, dass sie im Haushalt helfen sollte. Zum Beispiel sollte sie ihrer Mutter helfen. Sie sollte gastfreundlich zu den Gästen sein und Respekt vor Älteren haben. Außerdem sollte sie nett zu ihren Geschwistern sein. Wenn ihre Eltern ihr etwas erzählen, muss sie zuhören und muss es auch behalten (wissen), was sie damit meinten. Zum Beispiel wenn meine Mutter mir sagt, dass ich aufstehen soll, merke ich, dass ich jemandem Tee eingießen soll. Aber das wichtigste bei einem Mädchen ist es, dass sie ein gutes Betragen zu den anderen haben muss."

Mädchen

Herkunftssprache des Vaters: Türkisch
Herkunftssprache der Mutter: Türkisch

„Söhne und Töchter sollten ihre Eltern respektieren. Das ist der Anfang zur guten Tochter oder zum guten Sohn. Aber das ist nicht alles, denn Söhne und Töchter sollten ebenfalls gehorsam gegenüber den Eltern sein. Als gute Tochter und guter Sohn sollte man auch keinen Vater- oder Muttertag vergessen, denn Geschenke sind das A und O in einer guten Beziehung zwischen den Eltern und den Kindern. Zu guten Töchtern und Söhnen gehört auch, dass diese selbstständig handeln können (z.B. Geschirr waschen, Zimmer aufräumen, kochen). Das alles gehört zu guten Töchtern und guten Söhnen."

Junge

Herkunftssprache des Vaters: Deutsch
Herkunftssprache der Mutter: Deutsch

„Ein guter Sohn bzw. eine gute Tochter sollte den Erwartungen der Eltern entsprechen, weil die Eltern wollen, dass die Kinder nicht für sie, sondern für ihre Zukunft etwas lernen. Ich finde, dass kein Elternteil will, dass ihre Tochter bzw. ihr Sohn nichts davon lernen soll. Ich finde auch, dass die Kinder nicht rummeckern sollten. Es gibt Eltern, die zuhause sitzen und [wo] die Kinder Geld verdienen müssen. Aber wenn die Eltern den ganzen Tag arbeiten und sie Geld verdienen, sollten die Kinder beim Haushalt helfen. Denn in einer Wohnung wohnt nicht nur einer, sondern eine Familie, und jeder sollte seine Aufgabe machen."

Mädchen

Herkunftssprache des Vaters: Türkisch
Herkunftssprache der Mutter: Türkisch

„Eine gute Tochter sollte
- gut in der Schule sein
- Selbstbewusstsein, Selbstvertrauen [besitzen] und selbständig sein
- ehrlich [sein] und Ältere, aber auch Kleinere respektieren
- sollte auf die Eltern hören und auch das tun, was sie ihr sagen
- aber auch sagen können, was sie verärgert und weh tut und im Haushalt mithelfen.

Bei den Jungs ist es dagegen ein wenig anders.
- Sie müssen nicht unbedingt kochen, putzen oder Wäsche waschen lernen.
- Sie müssen alles tun, um im Leben einen guten Beruf [zu] haben und ihre Familie zu ernähren.
Aber auch die Frau muss versuchen, einen selbständigen Job zu finden. Aber heutzutage studieren viele afrikanische Mädchen und afrikanische Jungen und machen ihre Familien stolz und glücklich."

Mädchen

Herkunftssprache des Vaters: Lingala und Portugiesisch
Herkunftssprache der Mutter: Lingala und Portugiesisch

- „Für mich ist eine gute Tochter oder ein guter Sohn jemand, der die Eltern ehrt und darauf achtet, mit was für Freunden man zusammen ist, weil schlechte Freundschaften können gute Gewohnheiten verderben. Ein guter Sohn oder eine gute Tochter behandelt jeden so, wie er selbst behandelt werden möchte. Dieser Grundsatz stammt aus der Bibel. Daher ist es meiner Meinung nach wichtig, sich von Gottes Wort anleiten zu lassen, um ein guter Mensch zu sein.
- Dina, eine Israelitin, die in der Bibel erwähnt wird, hat eine schlechte Erfahrung gemacht, da sie nicht den biblischen Rat, gute Freunde auszusuchen, angewandt hat. Ihre Freunde, die Kanaaniter, führten ein gottloses Leben. Sie haben schon vor der Ehe Beziehungen gehabt, was gegen Gottes Willen war.
Als Dina mit ihnen zusammen war, kam es dazu, dass sie von einem Kanaaniter vergewaltigt wurde. Hätte sie den Rat der Bibel angenommen, so wäre sie nie in so eine Lage gekommen.
- Ich weiß nicht, ob ich eine gute Tochter bin, aber ich bemühe mich, mich an die Bibel zu halten. Mein Wunsch ist es, eine Zeugin Jehovas zu werden."

Mädchen

Herkunftssprache des Vaters: Serbisch
Herkunftssprache der Mutter: Serbisch

„Eine gute Tochter/ein guter Sohn ist, wenn man seine Grenzen nicht überschreitet."

Mädchen

Herkunftssprache des Vaters: Türkisch
Herkunftssprache der Mutter: Türkisch

„In unserer Religion ist da kein Geschlechtsverkehr vor der Ehe. Man darf keinen Freund haben, und wenn jemand einen Freund hat, dann bezeichnet man sie als Schlampe. Bei uns ist es nicht wie bei den Deutschen. Z.B. wenn man 18 Jahre ist, zieht man bei den Deutschen aus, bei uns gibt es so was nicht, man muss zu Hause bleiben, bis man verheiratet ist. In unserer Religion ist es so, dass wenn das Mädchen ihre Regel hat, muss man schon ein Kopftuch tragen, aber man darf nicht gezwungen werden, das ist Pflicht."

Junge

Herkunftssprache des Vaters: Arabisch
Herkunftssprache der Mutter: Arabisch

„Ich finde, eine gute Tochter sollte auch kochen bzw. backen lernen und das Zimmer von selbst ordentlich halten. Sie sollte gut in der Schule sein und den Eltern nicht zur Last fallen. Wenn ein Elternteil krank ist, sollte man die Eltern nicht stressen. Man sollte, wenn es geht, freundlich zu den Eltern sein, nicht rumzicken und sie später nicht in ein Altersheim schicken. Man sollte auch immer daran denken, dass die Eltern einen auch jederzeit in ein Internat oder auf eine Militärschule schicken können."

Mädchen

Herkunftssprache des Vaters: Deutsch
Herkunftssprache der Mutter: Deutsch

„Wenn z.B. eine Mutter sich von ihrem Mann trennt und einen neuen Freund hat, dann muss die Tochter für sie da sein, weil sie ja auch eine Frau ist, und sie versteht ihre Mutter bestimmt, besser als ein Junge. Sie muss wissen, dass die Mutter alles für sie machen würde."

Mädchen

Herkunftssprache des Vaters: Türkisch
Herkunftssprache der Mutter: Türkisch

*„Eine gute Tochter hat Respekt vor den Eltern. Sie dient den
Eltern (auch zukünftig) und sie gehorcht den Eltern. Eine gute
Tochter hilft viel im Haushalt mit und sie ist selbstständig. Sie ist
höflich gegenüber den Mitmenschen.
Eine gute Tochter ist meistens gut in der Schule, damit sie eine
bessere Zukunft hat. Sie bringt keinen Ärger nach Hause.
Ich glaube, dass eine gute Tochter nicht jeden Tag um 20.00 Uhr
nach Hause kommen würde. Denn sie weiß, dass sie zu Hause
im Haushalt mithelfen muss. Außerdem ist eine gute Tochter ein
gutes Vorbild für ihre Geschwister (wenn sie welche hat)."*

Mädchen

*Herkunftssprache des Vaters: Vietnamesisch
Herkunftssprache der Mutter: Vietnamesisch*

*„Ein Mädchen namens Leyla wurde von ihren Eltern sehr unter Druck gesetzt, sie
durfte nicht allein oder mit Freundinnen raus.
Als Leyla und ihre Klasse in einem Park spazieren gingen, fragte Derya, ob sie ihren
Hefter in ihre Tasche legen dürfe.
‚Na klar', sagte Leyla.
Leyla ging nach Hause und ihr fiel ein, dass sie noch den Hefter hatte.
Sie fragte ihren Vater, ob sie den Hefter zurückbringen dürfte.
Der Vater schrie sie an und sagte: ‚Hältst du mich für blöd? Du willst raus und dich
mit einem Jungen treffen.' Und scheuerte ihr eine. Leyla wurde sauer und schrie
ihren Vater an: ‚Ihr gönnt mir nichts, ich bin wie eine Sklavin für euch.'
Nach ein paar Jahren wollten die Eltern von Leyla sie mit einem Jungen verloben.
Doch Leyla wollte nicht mit dem Jungen verlobt werden. Denn sie hatte schon
jemanden, mit dem sie gerne verlobt sein wollte.
Sie redete mit ihrer Mutter darüber, die Mutter meinte, dass es nicht ginge,
weil das ihr Vater entscheiden müsse.
In der gleichen Nacht rannte sie weg.
Ihre Eltern wussten nicht, wo sie ist, bis zu dem Tag, als sie hörten, dass Leyla mit
jedem Mann zusammen ist und sie zwei Kinder von verschiedenen Männern hat."*

Mädchen

*Herkunftssprache des Vaters: Türkisch
Herkunftssprache der Mutter: Türkisch*

„Eine gute Tochter muss diszipliniert, ruhig und aufmerksam sein. Eine gute Tochter darf keine Widerworte gegenüber Älteren geben. Eine gute Tochter muss eine gute Ausbildungsstelle haben. Eine gute Tochter muss für den Haushalt sorgen. Eine gute Tochter muss mithelfen.

Ein guter Sohn muss diszipliniert und aufmerksam sein. Ein guter Sohn darf keine Widerworte gegenüber Älteren geben. Ein guter Sohn muss eine gute Ausbildungsstelle haben. Ein guter Sohn muss, wenn er groß ist, in die Armee eintreten. Ein guter Sohn muss Verantwortung übernehmen. Ein guter Sohn ist tatkräftig. Ein guter Sohn …"

Mädchen

Herkunftssprache des Vaters: Türkisch
Herkunftssprache der Mutter: Türkisch

„Ein guter Sohn ist für mich, wenn der Sohn der Mutter hilft und ihre Arbeit erleichtert. Seinem Vater oder Gästen Tee oder Kaffee bringt. Seine Eltern nicht ärgert und gut in der Schule ist, damit die Eltern stolz sein können. Ein guter Sohn ist auch einer, der draußen mit Freunden nichts Böses anstellt. Der keine Schande über die Familie verbreitet. Der mit seinen Eltern zu Besuch geht und dort nett ist und mit den Kindern der Gastgeber spielt. Ein guter Sohn ist auch einer, der seine Mutter von der Arbeit abholt und wenn er seiner Mutter beim Einkaufen hilft."

Junge

Herkunftssprache des Vaters: Albanisch
Herkunftssprache der Mutter: Kroatisch

„Mein Freund ist ein schlechter Sohn. Er hört nie auf seine Eltern. Er sagt Ausdrücke zu ihnen. Aber wenn er Geld braucht, schleimt er dann bei seiner Mutter und seinem Vater. Zum Beispiel: Sein Vater sagt, er soll sein Zimmer aufräumen und Geschirr waschen. Er antwortet zurück, dass er kein Mädchen ist, um Geschirr zu waschen. Und sein Zimmer will er auch nicht aufräumen, und wenn er aufräumen muss, dann geht er einfach zu seinem Bruder. Der Junge raucht und kifft. So ist mein alter Freund. Ich hänge nicht mehr mit ihm rum."

Junge

Herkunftssprache des Vaters: Deutsch
Herkunftssprache der Mutter: Russisch

Was erwarten Eltern von guten Töchtern und Söhnen?

Die Bögen, die an die Eltern verteilt wurden, enthielten folgende Fragen:

- Was ist für Sie eine „gute Tochter" und was ein „guter Sohn"?
- Wie würden Sie damit umgehen, wenn Ihre Tochter/Ihr Sohn diesen Erwartungen nicht entspricht?
- Waren Sie nach Ihrem Empfinden eine „gute Tochter" bzw. ein „guter Sohn"?

- *„Eine gute Tochter bzw. ein guter Sohn sind für mich Menschen, die respektiert und akzeptiert werden und mit beiden Beinen im Leben stehen. Die Liebe geben und auch annehmen können. Die ihre eigene Meinung haben und diese auch vertreten, aber auch andere Meinungen akzeptieren.*
- *Ich setze in meine Kinder keine Erwartungen, ich kann sie und will sie nicht formen wie ich es will! Sie müssen ihren Weg alleine finden. Ich kann lediglich mit Rat und Tat zur Seite stehen.*
- *Ich habe meinen Weg gefunden und wurde von meinen Eltern sehr gut begleitet! Meine Eltern haben mit mir keine Probleme gehabt. Außer die ganz normalen pubertären Probleme!"*

Mutter
Herkunftssprache: Deutsch

„Meines Erachtens ist eine gute Tochter die, die akzeptiert und respektiert, was die Eltern sagen. Sie sollte ihre Hausaufgaben regelmäßig machen.
Wenn es die eigene Zeit erlaubt, sollte sie ihren Eltern helfen. Sie soll liebevoll mit ihren jüngeren Geschwistern zusammen leben und nicht streiten.
Dinge des täglichen Gebrauchs sind so zu hinterlassen, wie sie sie gefunden hat, und das eigene Zimmer sollte sauber gehalten werden.
Eine gute Tochter zeichnet sich durch Toleranz aus. Für ihre jüngeren Geschwister sollte sie ein Vorbild sein, damit diese von ihr lernen können.
Sie sollte erst denken und sich dann erst äußern und nicht gleich aussprechen, was ihr auf der Zunge liegt. So was darf nicht passieren."

Mutter
Herkunftssprache: Hindi

- „Beziehungsfähigkeit, mit Güte und Umsicht auf Mitmenschen eingehen, dadurch vorbildlich sein, das Wesentliche immer erkennen und die Handlungen danach ausrichten.
- Kritische Analyse des eigenen Verhaltens, ggf. Korrektur des eigenen Verhaltens und evtl. Anpassung des Erziehungsstils und fortgesetzte Einwirkung auf die Bewusstseinslage des Kindes bis zum endgültigen Scheitern, danach Verzweiflung.
- Wir wurden nicht zu Ebenbildern, unsere Eltern hatten andere Maßstäbe, doch Klagen hören wir heute von unseren Eltern nicht."

Mutter und Vater
Herkunftssprache: Deutsch

„Sehr geehrte Lehrer,
wir als Eltern stellen zuallererst die Erwartung an unsere Tochter, dass alles zu ihrem guten Nutzen [in ihrem Sinne] verläuft. Wir erwarten, dass sie, wie bisher, stets innerhalb der guten Sitten ein normales, ausgeglichenes und ordentliches Leben führt. Es soll wie bisher so weiter verlaufen und sie soll es weiterhin so führen. Genauso wie heute soll sie im Hinblick auf ihre Zukunft einen Schwerpunkt auf ihre Ausbildung legen, um dann in ihrem späteren Leben, genau mit ihren jetzigen Gedanken und Ansichten, eine gesicherte Zukunft zu erlangen. Aber vor allem sollte sie sich selbst, den Eltern, den Geschwistern, der Gesellschaft gegenüber als ein nützlicher [dienlicher] Mensch heranwachsen und sie soll sich steigern [Anm.: i.S. von reifen, verbessern; auch Karriere]. Dabei sollte sie uns gegenüber immer respektvoll, ehrerbietig sein. Indem sie Menschen wertschätzt, soll sie eine respektierte und angesehene Person sein. Das, was wir von unserer Tochter erhoffen, besteht, kurz dargestellt, aus diesen Erwartungen.
Außerdem möchten wir uns bedanken, dass Sie, als Lehrer, uns das Recht eingeräumt haben, Ihnen unsere Gedanken und Ansichten mitzuteilen und Sie diese mit uns teilen. Ihnen, den Lehrern, übersenden wir unseren Dank und bekunden unseren Respekt."

Vater
Herkunftssprache: Türkisch
(Die Anmerkungen in Klammern stammen aus der Übersetzung ins Deutsche.)

„Meiner Meinung nach sollte ein gutes Kind in seinem Leben im zivilisierten 21. Jahrhundert den Worten der Eltern gehorchen. Täglich sollte es nach dem Unterricht den Eltern etwas behilflich sein. Eine Tochter sollte nicht täglich ausgehen, sie sollte sich bemühen zu lernen und gute Zensuren zu erzielen. Sie sollte nicht zu früh einen Freund haben und höflich zu jedermann sein. In der Schule sollte sie die Lehrer und Lehrerinnen achten und sich zugleich in die Kultur der Region, in der sie lebt, einfügen.
Vielleicht einmal pro Woche sollte sie eine Stunde etwas über die Religion lernen oder in der Bibel lesen. Sie sollte sich von Alkohol- und Teestuben fernhalten und nicht rauchen oder andere Drogen, die dem Körper schaden, zu sich nehmen. Sie sollte niemandem etwa stehlen und das Geld ihrer Eltern nicht achtlos verschwenden.
Und ein Sohn sollte nicht zu viele Freunde haben, er sollte sich bemühen zu lernen. Als ich noch klein war, habe ich auch auf die Worte meiner Eltern gehört, deshalb habe ich bis heute immer ein gutes und schönes Leben geführt und eine glückliche Familie aufgebaut."

Mutter
Herkunftssprache: Vietnamesisch

- „Ein guter Sohn sollte im Haushalt helfen, ehrlich sein, einen Schulabschluss haben, eine Lehre absolvieren, damit er später auf eigenen Füßen stehen kann. Auch sollte er über alles mit mir reden können.
- Ich würde ihm die Lage der Wirtschaft erklären, weil es heutzutage sehr schwer ist, ohne eine vernünftige Schulausbildung eine Arbeit zu finden. Schließlich soll er ja mal seine Familie selbstständig ernähren können.
- Ich war eine gute Tochter. Fleißig, ehrlich, hilfsbereit. Den Erwartungen meiner Eltern habe ich nicht immer entsprochen, da ich recht früh mein eigenes Leben lebte, durch die Geburt meines ersten Kindes."

Mutter
Herkunftssprache: Deutsch

- „Eine ‚gute' Tochter ist für mich meine Tochter. Sie ist stets freundlich, anderen gegenüber hilfsbereit, hat einen ‚vernünftigen' Umgang, raucht und trinkt nicht, nimmt keine Drogen, lernt viel für die Schule, hat einen guten Umgangston.
- Es kommt ganz auf die Situation an: Bei kleineren Sachen könnte man vielleicht darüber hinwegsehen. Bei größeren Sachen, z.B. Entgleisungen (solche wie Drogen, Alkohol), würde ich als erstes Beratungsstellen aufsuchen, um eine Lösung des Problems zu finden. Schulische Probleme könnten durch Nachhilfe gelöst werden, anstatt die Hand zu heben!
- Bei weitem nicht. Ich wollte immer meinen eigenen Weg gehen und mir von meinen Eltern nichts sagen lassen. Nur meine Oma schien mich im Griff zu haben. Vielleicht waren meine Eltern etwas zu lasch damals."

Mutter
Herkunftssprache: Deutsch

- „‚Ein guter Sohn, eine gute Tochter' bedeutet in erster Linie für mich ein offener und ehrlicher Mensch zu sein. Es sind damit keine Pflichten verbunden. Hilfsbereitschaft und Freundlichkeit gegenüber anderen haben meine Kinder hoffentlich aus unserem gelebten Umgang mit anderen gelernt. Dazu kann man sowieso niemanden zwingen.
- Schwer zu sagen. Das wäre auf die Situation ankommend vielleicht verschieden.
- Ich denke, im Groben ja, im Einzelnen nein. Meine Mutter war immer der Meinung, dass ich nicht genug aus meinem Leben gemacht habe (materiell). Menschlich, denke ich, gab es keine Beanstandung."

Mutter
Herkunftssprache: Deutsch

- „Jede Tochter und jeder Sohn ist gut. Von Anfang an.
- Erwartungshaltung überprüfen, gegebenenfalls ändern. Miteinander sprechen, erklären, Kompromisse schließen, Unterstützung anbieten.
- Meiner Meinung nach: ja.
  P.S. Jedes Kind ist gut und muss auch gut behandelt werden. Von jedem!"

Mutter
Herkunftssprache: Deutsch

„Ich würde meine Tochter/meinen Sohn als ‚gute Tochter', ‚guten Sohn' ansehen, wenn sie/er folgende Charaktereigenschaften hat:
- Ehrlichkeit gegenüber älteren und jüngeren Mitmenschen
- Hilfsbereit gegenüber älteren und jüngeren Mitmenschen
- Klug in ihrem/seinem eigenen Handeln
- Gehorsam gegenüber berechtigten Forderungen der Eltern, aber auch Infragestellung bei unberechtigten Forderungen
- Verinnerlichung einer islamischen Weltanschauung mit allen daraus resultierenden Geboten und Verboten, die sie/er als gute Moslems akzeptieren und praktizieren.
- Ich würde meine Tochter/meinen Sohn dazu anspornen, diese Erwartungen doch zu erfüllen. Hierbei ist weniger Druckausübung, sondern Überzeugungsarbeit gefragt, denn wenn sie/er diese Charaktereigenschaften verinnerlicht, wird sie/er selber nach diesen streben, und ich kann und werde ihr/ihm dabei helfen.
- Ja, nach meinem Empfinden war ich ein guter Sohn, aber kein ‚sehr guter Sohn'!"

Vater
Herkunftssprache: Türkisch

Liebe Eltern,

wie angekündigt möchten wir Sie bitten, uns die folgenden Fragen kurz zu beantworten.
1) Was ist für Sie eine „gute Tochter" und was ein „guter Sohn" ?
2) Wie würden Sie damit umgehen, wenn Ihre Tochter/ Ihr Sohn diesen Erwartungen nicht entspricht?
3) Waren Sie nach ihrem Empfinden eine „gute Tochter" bzw. „ein guter Sohn" ?

Sie können auch gern Ihre Muttersprache benutzen.

Vielen Dank für Ihre Unterstützung !
Das Projektteam „Gute Töchter & gute Söhne
Ali Bulat, Caroline Ashar, Judith Sachtleber und Xiaoqing Xu
(Kulturamt Neukölln/ Humboldt-Universität Berlin)

Trong đời sống văn minh ở thế kỷ 21 này theo
ý của tôi, một đứa con hiếu thảo, phải nghe
lời cha mẹ, mỗi ngày sau giờ học giúp đỡ cha mẹ
một ít, con gái không được đi chơi mỗi ngày,
phải cố gắng học tập để được điểm tốt, không
được có bạn trai sớm, phải lễ độ với tất cả
mọi người, trong học đường phải kính trọng bậc
thầy cô, biết hoà nhập văn hoá của địa phương
mình ở, có thể trong tuần học 1 giờ về tôn giáo
hoặc đọc Kinh Thánh, tránh xa rượu chè, thuốc lá
và những chất kích thích có hại có thể, không được
ăn cắp đồ đạc của mọi người và không nên xài tiền
phung phí của cha mẹ.

        Và con trai không nên có bạn bè quá nhiều
phải cố gắng học tập.

        Ngay từ khi tôi còn bé tôi cũng nghe lời
của mẹ tôi dạy bảo, nên bây giờ tôi có một
đời sống tốt đẹp và một gia đình hạnh phúc
        đến ngày nay.

Mutter ☒
Vater ☐
Herkunftssprache : Vietnamesisch

Jutta Aumüller

Crash in Neukölln
Vom Versuch eines Schreibwettbewerbs

Wie erleben Kinder und Jugendliche die multikulturelle Realität in Neukölln? Rufen die Beispiele kultureller Missverständnisse, die wir in der Ausstellung präsentiert haben, bei den jugendlichen Besucherinnen und Besuchern Erinnerungen oder Assoziationen herauf, in denen sich die eigene Erfahrungswelt manifestiert? Wir waren gespannt auf die Sichtweisen unserer jugendlichen Ausstellungsbesucher und hatten deshalb einen Jugendschreibwettbewerb ausgelobt. Mit dem eher neutralen Titel „Crash in Neukölln" wollten wir es den Teilnehmern selbst überlassen, welche Art von Konflikten sie in ihren Beiträgen thematisieren wollten. Wichtig erschien es uns aber, dass die beschriebenen Missverständnisse oder Auseinandersetzungen selbst erlebt waren. Die eingehenden Beiträge sollten auf einer Plakatwand in der Saalbau-Galerie für ein interessiertes Publikum einsehbar und in einer abschließenden Lesung von einer prominenten Autorin öffentlich präsentiert werden.

Bekannt gemacht wurde der Wettbewerb mittels eines Flyers. In den zahlreichen Führungen für Schulklassen und Neuköllner Jugendgruppen wurde für die Teilnahme geworben. Die tatsächliche Resonanz auf den Wettbewerb war jedoch enttäuschend gering. Auf der Suche nach den Gründen dafür fragten wir bei den Lehrerinnen und Lehrern nach, die mit ihren Klassen die Ausstellung besucht hatten. Zusätzlich schickten wir Fragebögen an die Schulen, deren Schüler und Lehrer die Ausstellung kannten. Ganz offen räumten nahezu alle befragten Lehrkräfte ein, dass sie die Schreibfähigkeiten ihrer Schüler für nicht ausreichend hielten, um an einem „Wettbewerb" teilzunehmen. „Ich habe in der Klasse über den Schreibwettbewerb gesprochen, aber ich habe nur eine Schülerin, der ich zutraue, einen solchen Aufsatz zu verfassen", erklärte eine befragte Lehrerin. Diese Antwort blieb kein Einzelfall. Aber auch fehlende Motivation bei den Schülerinnen und Schülern sowie die Schwierigkeit, das Thema kultureller Missverständnisse in einen ohnehin überbordenden Unterrichtsplan zu integrieren, wurden als Gründe für die geringe Teilnahme angeführt. Die Ausstellung eingegangener Texte sowie die geplante öffentliche Lesung mussten schließlich abgesagt werden.

Welche Schlüsse können wir aus der geringen Resonanz auf diese Aktion ziehen? Die eingegangenen Reaktionen der Lehrerinnen und Lehrer lassen einige vorsichtige Antworten zu und geben uns Ausstellungsmachern zugleich neue Fragen auf. Das Thema kultureller Missverständnisse ist offensichtlich schwer im Rahmen der existierenden Lehrpläne zu berücksichtigen. Sicherlich kann es Schule nicht leisten, Wissen über alle menschlichen Lebensbereiche zu vermitteln. Das Problem dabei ist jedoch, dass dadurch die Lehrkräfte, die an den Neuköllner Schulen manchmal täglich mit kulturellen und ethnischen Konflikten in ihren Klassen konfrontiert sind, keine fachliche Handhabe für den Umgang damit erhalten. „In meiner Klasse gibt es ständig Streit zwischen den türkischen und den arabischen Schülern, und ich weiß überhaupt nicht, was der Hintergrund für diesen Zoff ist und wie ich damit umgehen kann", erzählte eine Lehrerin, die in der 5. Klasse einer Neuköllner Grundschule unterrichtet.

Als Ausstellungsmacher fragen wir uns, ob ein Wettbewerb in der sehr traditionellen Kulturtechnik des Aufsatzschreibens überhaupt noch die Chance auf irgend eine Resonanz haben kann. Es ist völlig offensichtlich, dass eine Computer-Simulation in der Ausstellung einen unvergleichlich höheren Anklang als der klassische Schreibwettbewerb findet. Sollen wir diesen Umbruch in den Kulturtechniken als gegeben hinnehmen, uns darauf einstellen und unsere Angebote den Gegebenheiten widerspruchslos anpassen?

Schließlich gibt uns die mangelnde Schreibfähigkeit, die den Neuköllner Schülerinnen und Schülern attestiert wird, zu denken. Dabei müssen wir berücksichtigen, dass die Ausstellung überwiegend von Klassen aus Neuköllner Haupt-, Real- und Gesamtschulen besucht wurde. Darf man ein Kriterium wie „geringe Schreibfähigkeiten" überhaupt gelten lassen und Jugendliche damit von vorneweg von jedem Schreibversuch exkulpieren? Was bedeutet es für junge Menschen in unserer Gesellschaft, wenn sie ihren Gedanken keinen schriftlichen Ausdruck geben können? Die schnörkellosen Stellungnahmen der Neuköllner Lehrerinnen und Lehrer hinsichtlich der Schreibkünste ihrer Schüler sind schmerzlich, sollten aber dennoch auch außerhalb des Schulbereichs gewissenhaft zur Kenntnis genommen werden.

Für die zehnjährige Yasemin Yolalan war der Wettbewerb dennoch ein Anlass, ihre Erfahrungen und Überlegungen zu kulturellen Missverständnissen in unserem Bezirk niederzuschreiben. Ihr Beitrag zeigt, dass religiöse und kulturelle Intoleranz eine alltägliche Erfahrung von Schulkindern in Neukölln sind. Es liegt an uns Erwachsenen, Techniken und Strategien für den Umgang mit dieser Intoleranz zu vermitteln.

Yasemin Yolalan
Crash in Neukölln

Ich heiße Yasemin und bin 10 Jahre alt. Mein Papa ist in der Türkei geboren und meine Mama in Deutschland. Ich kann überhaupt nicht verstehen, dass sich Menschen über ihren Glauben oder über den Glauben anderer streiten. Meine Eltern sagen immer zu mir, ich soll hilfsbereit allen Menschen gegenüber sein. Wir sind doch alle Bewohner dieser Erde, warum können wir nicht alle zusammen ruhig leben? Das Leben ist so schön und kann so lustig sein. Leider habe ich schon viel gehört und gesehen, dass ich traurig bin über diesen ganzen Streit.

Ich stand mit meinen Klassenkameraden im Flur vor unserer Klasse. Ein Mädchen sagte, wir wurden von Gott geschaffen. Ich meinte dazu nur, im Geschichtsbuch würde stehen, dass wir von Affen – Neandertalern – Urmenschen abstammen würden. Da waren die moslemischen Kinder – meine Freundinnen – so wütend, dass sie mich als Höllenbrut bezeichneten. Sie sagten, dass die Deutschen Kartoffelfresser seien und alle Moslems sowieso die besseren Menschen seien. Ich bin dann sehr verwirrt und traurig nach Hause gegangen. Zu Hause habe ich meiner Mutter das erzählt und sie war ganz sauer über so eine Aussage von meinen Klassenkameraden. Sie hat mir erklärt, dass es vollkommen egal ist, was für einen Glauben ich habe. Der ist nicht entscheidend dafür, ob ich ein guter oder schlechter Mensch bin oder werde. Ein guter Mensch ist der, der das Herz am richtigen Fleck trägt und soviel Verstand besitzt, Recht von Unrecht zu unterscheiden.

Im Fernsehen wurde mal gezeigt, dass im Iran eine Frau eine Blinddarmentzündung hatte. Sie musste ins Krankenhaus. Da aber Frauen im Iran keine Arbeit haben dürfen, war keine Ärztin im Krankenhaus. Die kranke Frau durfte sich aber vor fremden Männern (Arzt) nicht ausziehen, weil ihr das der Glauben verbietet. Die kranke Frau starb am nächsten Tag und sie war erst 29 Jahre. WARUM?
Sind Ärzte auf der ganzen Welt nicht dafür da, kranken Menschen zu helfen?

Ich würde mir wünschen, dass alle Menschen anderen helfen, egal was sie für einen Glauben haben.

In der U-Bahn saßen mal zwei Jungs, die hatten Glatzen und trugen Stiefel. Sie sprachen ganz schlecht von Ausländern. Dann stiegen zwei Mädchen mit Kopftüchern ein und die Jungs standen auf und streckten ihre Hände nach vorne. Meine Mama schüttelte den Kopf und erklärte mir, das sei ein „Hitler-Gruß". Sie brüllten außerdem, sie seien stolz Deutsche zu sein. Daraufhin brüllten zwei Türken, sie seien stolz, Türken zu sein. Es waren soviel Menschen in der U-Bahn und keiner sagte was dazu. Da sagte ich ganz laut: „Ich bin stolz, ein gesunder Mensch zu sein!" Erst haben mich viele angeschaut, dann gelacht und ein alter Mann kam zu mir und sagte: „Richtig, kleines Fräulein." Die zwei Deutschen und die zwei Türken haben gar nichts mehr gesagt.
Wie kann man denn stolz sein, wo man doch nichts dazu beigetragen hat, außer dass man in dem Land geboren ist? In Ländern, wo Kinder von den eigenen Eltern umgebracht werden und wo alte Menschen verhungern oder erfrieren.
Auf so was kann man stolz sein?

Meine Fragen:

1) Ist der CHRIST ein guter Mensch, der eine Bank überfällt und Menschen Angst macht?
2) Ist der KATHOLIK ein guter Mensch, der Alkohol trinkt und dann ein Kind totfährt?
3) Ist der BUDDHIST ein guter Mensch, der seine Kinder totschlägt?
4) Ist der MOSLEM ein guter Mensch, der seinen Bruder tötet?
5) Ist der JUDE ein guter Mensch, der eine Bombe in eine Moschee wirft?

Oder – ist derjenige, der keinen festen Glauben hat, ein schlechter Mensch, der anderen hilft und immer ehrlich ist?

Ich möchte als Kind von euch Erwachsenen wissen, warum es vom Glauben abhängt, ob man ein guter oder schlechter Mensch ist?!

Eure Yasemin

Anhang

Bibliographie

Abu-Lughod,Lila: Veiled Sentiments. Honor and Poetry in a Bedouin Society.
Berkeley/Los Angeles (University of California Press) 1986.

Bätschmann, Oskar: Ausstellungskünstler. Köln (Dumont) 1997.

Benedict, Ruth: The Chrysanthemum and the Sword: Patterns of Japanese Culture.
Cleveland/New York (Meridian Books) 1967.

Boll, Klaus: Kulturwandel unter Deutschen aus der Sowjetunion. Marburg (N.G. Elwert) 1993.

Bolten, Jürgen: Interkultureller Trainingsbedarf aus der Perspektive der Problemerfahrung
entsandter Führungskräfte. In: Götz, Klaus (Hg.), Interkulturelles Lernen/Interkulturelles Training.
München/Mering (Rainer Hampp Verlag), 2003, S. 61-80.

Buber, Martin: Werke Band 1. Bilder von Gut und Böse. Köln 1962.

Cohn-Bendit, Daniel / Schmid, Thomas: Heimat Babylon.
Das Wagnis der multikulturellen Demokratie. Hamburg (Hoffmann & Campe) 1992.

Comte-Sponville, André: Ermutigung zum unzeitgemäßen Leben.
Ein kleines Brevier der Tugenden und Werte. Reinbek (Rowohlt) 1998.

Douglas, Mary: Reinheit und Gefährdung. Eine Studie zu Vorstellungen von
Verunreinigung und Tabu. Frankfurt am Main (Suhrkamp) 1988.

Ebers, Thomas/Melchers, Markus: Vom Wert der Wertedebatte. Freiburg (Herder) 2002.

Enzyklopädie des Islam. Leiden (Brill) 1927.

Forst, Rainer: Toleranz im Konflikt. Frankfurt am Main (Suhrkamp) 2003.

Fritzsche, Yvonne: Moderne Orientierungsmuster – Inflation am „Wertehimmel".
In: Deutsche Shell (Hg.), Jugend 2000. Band 1. Opladen (Leske + Budrich) 2000, S. 93-156.

Gensicke, Thomas: Individualität und Sicherheit in neuer Synthese? Wertorientierungen und
gesellschaftliche Aktivität. In: Deutsche Shell (Hg.), Jugend 2000. Zwischen pragmatischem
Idealismus und robustem Materialismus. Frankfurt am Main (Fischer) 2002, S. 139-212.

Grimm, Jacob und Wilhelm: Deutsches Wörterbuch. München (dtv) 1991.

Hentig, Hartmut von: Ach, die Werte! Über eine Erziehung für das 21. Jahrhundert.
Weinheim (Beltz) 2001.

Hilgers, Micha: Scham – Gesichter eines Affekts.
Göttingen (Vandenhoeck & Ruprecht) 1996.

Kant, Immanuel: Über Pädagogik, in: Beutler, Kurt/Horster, Detlef (Hg.),
Pädagogik und Ethik. Stuttgart (Reclam), S. 36-44.

Kaschnitz, Marie-Luise: Ein Vater. In: Härtling, Peter (Hg.), Die Väter.
Frankfurt am Main (S. Fischer) 1968.

Kersten, Hans-Volkmar und Joachim: Der Kick und die Ehre. Vom Sinn jugendlicher Gewalt.
München (Kunstmann) 1999.

Khoury, Adel Theodor/Hagemann, Ludwig/Heine, Peter: Islam-Lexikon.
3 Bände. Freiburg (Herder) 1991.

Kolakowski, Leszek: Erkenntnistheorie des Strip-tease.
In: Traktat über die Sterblichkeit der Vernunft. Philosophische Essays. München 1967.

Kolland, Dorothea: „Kiez International" in der „Contact Zone". Interkulturelle Konzepte
in Neukölln. In: Institut für Kulturpolitik der Kulturpolitischen Gesellschaft (Hg.),
Jahrbuch der Kulturpolitik 2002/2003. Bonn/Essen (Klartext Verlag).

Kolland, Dorothea: Neue Aufgaben kommunaler Kulturpolitik im Einwanderungsland
Deutschland. In: Loccumer Protokolle 07/02. Loccum 2003.

Konfuzius: Gespräche (Lun-yu). Stuttgart (Reclam) 2003.

Krockow, Christian Graf von: Fahrten durch die Mark Brandenburg. Stuttgart (DVA) 1991.

Lessing, Gotthold Ephraim: Nathan der Weise. Werke Band 1.
Frankfurt am Main (Insel) 1967, S. 467-594.

Linck, Gudula: Frau und Familie in China. München (C.H. Beck) 1988.

Lingnau, Susanne: Erziehungseinstellungen von Aussiedlerinnen aus Russland.
Oldenburg (Bibliotheks- und Informationssystem der Universität Oldenburg) 2000.

Mauss, Marcel: Die Gabe. Frankfurt am Main (Suhrkamp) 1984.

Milgram, Stanley: Das Milgram-Experiment. Zur Gehorsamsbereitschaft gegenüber Autorität.
Reinbek (Rowohlt) 1982.

Nauck, Bernhard: Sozialer Wandel, Migration und Familienbildung bei türkischen Frauen, in:
ders./ Schönpflug, Ute (Hg.), Familien in verschiedenen Kulturen.
Stuttgart (Enke) 1997, S. 162-199.

Ohlemacher, Andreas: Der Cultural Assimilator. Unveröffentlichtes Manuskript,
im Internet unter www.user.gwdg.de/~kflechsig/iikdiaps1-93.htm. 1993.

Petersen, Andrea: Ehre und Scham. Berlin (Express Edition) 1985.

Raub, Michael: Scham – ein obsoletes Gefühl? Einleitende Bemerkungen zur Aktualität eines
Begriffs. In: Kühn, Rolf / Raub, Michael / Titze, Michael (Hg.), Scham – ein menschliches Gefühl:
Kulturelle, psychologische und philosophische Perspektiven.
Opladen (Westdeutscher Verlag) 1997.

Rebentisch, Juliane: Ästhetik der Installation. Frankfurt am Main (Suhrkamp) 2003.

Riksen, Knut Inge: Im Anfang war die Scham: Eine europäische Perspektive auf das
Schamgefühl und das Ethische. Oslo (University of Oslo) 1999.

Ruthven, Malise: Der Islam. Stuttgart (Reclam) 2000.

Schäfer, Fritz: Der Buddha sprach nicht nur für Mönche und Nonnen.
Heidelberg (Kristkeitz) 1995.

Schiffauer, Werner: Die Gewalt der Ehre. Erklärungen zu einem türkisch-deutschen
Sexualkonflikt. Frankfurt am Main (Suhrkamp) 1983.

Schiffauer, Werner: Die Bauern von Subay. Das Leben in einem türkischen Dorf.
Stuttgart (Klett-Cotta) 1987.

Schmidinger, Heinrich (Hg.): Wege zur Toleranz. Darmstadt
(Wissenschaftliche Buchgesellschaft) 2002.

Schulze, Reinhard: Toleranzkonzepte in islamischer Tradition. In: Wierlacher, Alois (Hg.),
Kulturthema Toleranz. München (iudicium) 1996, S. 495-513.

Seidel, Eberhard: Toleranz ist nicht genug – ohne Toleranz geht es nicht. In: Forum 4/2002,
herausgegeben von der Deutschen UNESCO-Kommission Bonn.

Sennett, Richard: Respekt im Zeitalter der Ungleichheit. Berlin (Berlin Verlag) 2002.

Tibi, Bassam: Europa und der Rest der Welt. Römerberggespräche. Frankfurt am Main 1997.

Treppte, Carmen: „Ein Kind ist wie ein Diamant…". Gespräche mit türkischen Familien in
Deutschland über Erziehung und erzogen werden. Berlin (Projekt Interkulturelle Elternarbeit
im Arbeitskreis Neue Erziehung) 1998.

Uslucan, Haci-Halil: Gewalt in Kontexten kultureller und sozialer Verunsicherung.
In: Frühe Kindheit, Nr. 4/2000.

Voltaire: 16 Artikel aus dem philosophischen Taschenwörterbuch.
Ebenhausen (Langenwiesche) 1966.

Wagner, Bernd: Multikultur als „Leitkultur". Ein ärgerlicher Anlass und eine notwendige
Diskussion. In: Kulturpolitische Mitteilungen 91, IV/2000, S. 36ff.

Weber, Max: Die protestantische Ethik und der Geist des Kapitalismus.
In: Gesammelte Aufsätze zur Religionssoziologie 1. Tübingen (J.C.B. Mohr) 1988.

Weggel, Oskar: Die Asiaten. München (C.H. Beck) 1990.

Wenchao Li: Buddhistisch philosophieren. Münster (Waxmann) 1999.

Weikert, Annegret: Kursbuch Erziehung. München (Südwest Verlag) 1997.

Wulff, Michaela: 1995, Identifikation zentraler Kulturstandards in der Interaktion zwischen
deutschen Managern und Hongkong-Chinesen. Unveröffentlichte Diplomarbeit,
Universität Regensburg, FB Psychologie.

Wurmser, Léon: Die Maske der Scham:
Die Psychoanalyse von Schamaffekten und Schamkonflikten. Berlin u.a. (Springer) 1993.

Zaimoğlu, Feridun: Eure Coolness ist gigaout. In: Lottmann, Joachim (Hg.), Kanaksta.
Von deutschen und anderen Ausländern. Berlin (Quadriga) 1999, S. 23-32.

An der Ausstellung beteiligte Personen

Das Projekt „Gute Töchter – Gute Söhne" ist eine Kooperation von
Kulturamt Neukölln, Kulturnetzwerk Neukölln e.V., Neuköllner Kulturverein e.V.

in Zusammenarbeit mit
dem AK Kulturelle Sensibilisierung an der Humboldt-Universität zu Berlin,
dem Institut für Kunst im Kontext an der Universität der Künste Berlin,
der Werkstatt der Kulturen
und Flüchtlings- und Migrationsvereinen in Neukölln

Beirat:
Katja Jedermann, Universität der Künste, Institut für Kunst im Kontext
Dr. Dorothea Kolland, Leiterin des Kulturamtes Neukölln
Karin Korte, Migrationsbeauftragte im Bezirksbürgermeisteramt Neukölln
Dr. Ursula Nguyen, HU Berlin, Institut für Erziehungswissenschaften
Paul Räther, Werkstatt der Kulturen
Niki Reister, Leiterin des Zentrums To Spiti
Burkard Weinmann, Leiter des Interkulturellen Arbeitskreises
der Evangelischen Kirche Neukölln

Projektleitung: Bettina Busse (Kulturamt Neukölln)

Mitarbeit / Koordination Begleitprogramm: Regina Kramer (Kulturnetzwerk Neukölln e.V.)

Ausstellungsdesign: Karen Scheper de Aguirre, Hanna Sjöberg

Wissenschaftliche Mitarbeit: Jutta Aumüller, Andrea Weilbacher (Kulturnetzwerk Neukölln e.V.)

PreisträgerInnen des KünstlerInnenwettbewerbs:
Ulrich Buge, Sandra Contreras, Ines Doleschal, Annette Munk

Presse- und Öffentlichkeitsarbeit:
Nils Steinkrauss, Carola Thiede, Leonie Wild

Plakat: Mustafa Erdoğan

Konzeption und Durchführung der Führungen:
Ali Aru, Diana Rickmann, Claudia Hafner, Handan Kaymak, Şenay Kılıç

Erstellung von Videoclips einer Seminargruppe der Fakultät Gestaltung der UdK:
Cindy Carlsson, Nadia Daskalova, Christian Filla, Georgi Gavazov, Vassilen Iotzov,
Dessilava Kostova, Anke Kreter, Adrian Lorberth, Marta Martin, Silviya Mateeva,
Maria Nunez, Maria Paliysna, Anke Sademann, Stephan Schätzel,
Leitung: Barbara Kasper, Filmemacherin (UdK)

Schulworkshops des AK Kulturelle Sensibilisierung der Humboldt-Universität zu Berlin:
Caroline Ashar, Ali Bulat, Judith Sachtleber, Xiaoqing Xu, Didem Yüksel
Leitung: Dr. Ursula Nguyen

Künstlerische Schulworkshops und interaktive Exponate der Projektgruppe GTGS,
Institut für Kunst im Kontext (UdK):
Irene Ammaturo, Sandra Contreras, Ines Doleschal, Silvia Hildebrand, Tiko Karrasch,
Kristina Leko, Roman Minaev, Despina Stokou, Tanja Ravlic
Leitung: Katja Jedermann

Schulworkshops in Kooperation mit der Jugendförderung des Bezirks Neukölln

Schulworkshops Computeranimation:
Melanie Beyer, Anke Brakemeier, Ali Bulat, Hülya Dursun, Ruth Frei, Jörg Hagel, Besa Qoqaj
Technische Erarbeitung und Programmierung: Sabine Krackhardt, Susanne Gross
Leitung: Bettina Busse

und 22 Schulklassen der folgenden Schulen:
Albrecht-Dürer-Oberschule, Ernst-Abbe-Oberschule, Kurt-Löwenstein-Oberschule,
Liebig-Oberschule, Rütli-Oberschule, Thomas-Morus-Oberschule, Wildmeister-Oberschule,
Zuckmayer-Oberschule

Finanzielle Unterstützung durch:
Entimon (BMFSFJ, Gsub), Fonds Soziokultur, Kulturamt Neukölln

Galerie im Körnerpark,
Ausstellungsort von „Gute Töcher – Gute Söhne"

Bildnachweis

Jeannette Abée: Umschlag (Vorderseite), S. 22, 33, 34 u., 143
Ulrich Buge: S. 145
Mustafa Erdoğan: Umschlag (Rückseite)
Katja Jedermann: S. 41, 42, 43 o.
Jörg Kretschmann / Jeannette Abée: S. 34 o., 35 u., 49, 52, 58, 59, 61, 62
Kulturamt Neukölln: S. 183
Roman Minaev: S. 43 u.
Hanna Sjöberg: S. 31, 32 u., 34 Mi., 37 u., 39
Karen Scheper de Aguirre: S. 30, 32 o., 35 o., 36, 37 o., 146, 147
Universität der Künste: S. 64, 65
Edeltraud Veidt: S. 44, 45, 56

Wir danken zudem allen Kindern und Jugendlichen, deren Zeichnungen und Collagen
aus den Workshops wir als Illustrationsmaterial verwenden konnten.
Für die freundliche Abdruckgenehmigung danken wir Herrn Eberhard Seidel sowie
den Verlagen Klett-Cotta (Stuttgart), Springer (Heidelberg), Berlin Verlag (Berlin)
und C.H. Beck (München).